Dagmar Herzog
Helmut Reinke

Jedes Projekt gelingt!

Vom MindMapping
zur reibungslosen Projektdurchführung

Dagmar Herzog
Helmut Reinke

Jedes Projekt gelingt!

Vom MindMapping
zur reibungslosen
Projektdurchführung

HANSER

Die Autoren:
Dagmar Herzog, Alzenau
Helmut Reinke, Ludwigsburg

http://www.hanser.de

Alle in diesem Buch enthaltenen Informationen wurden nach bestem Wissen zusammengestellt und mit Sorgfalt getestet. Dennoch sind Fehler nicht ganz auszuschließen. Aus diesem Grund sind die im vorliegenden Buch enthaltenen Informationen mit keiner Verpflichtung oder Garantie irgendeiner Art verbunden. Autor und Verlag übernehmen infolgedessen keine Verantwortung und werden keine daraus folgende oder sonstige Haftung übernehmen, die auf irgendeine Art aus der Benutzung dieser Informationen – oder Teilen davon – entsteht, auch nicht für die Verletzung von Patentrechten, die daraus resultieren können.

Ebenso wenig übernehmen Autor und Verlag die Gewähr dafür, dass die beschriebenen Verfahren usw. frei von Schutzrechten Dritter sind. Die Wiedergabe von Gebrauchsnamen, Handelsnamen, Warenbezeichnungen usw. in diesem Werk berechtigt also auch ohne besondere Kennzeichnung nicht zu der Annahme, dass solche Namen im Sinne der Warenzeichen- und Markenschutz-Gesetzgebung als frei zu betrachten wären und daher von jedermann benutzt werden dürften.

Die Deutsche Bibliothek – CIP-Einheitsaufnahme

Ein Titeldatensatz für diese Publikation
ist bei Der Deutschen Bibliothek erhältlich.

Gesamtlektorat: Sieglinde Schärl
Copy-editing: Josef Forster, München
Herstellung: Monika Kraus
Umschlaggestaltung: Büro für Text und Gestaltung Herbert und Herbertsfrau, Augsburg
Gesamtherstellung: Kösel, Kempten
Printed in Germany

ISBN 3-446-21994-3

Inhaltsverzeichnis

Vorwort

Lassen Sie sich zum Kauf dieses Buches beglückwünschen. Es ist anders als andere: praxisnah, Anwender orientiert, lösungsnah und umfassend. Wir haben uns eine hohe Messlatte gelegt und hoffen nun, dass wir auch Ihren Ansprüchen, liebe Leser, gerecht werden.

Sicherlich werden Sie sich fragen, wer wir überhaupt sind. Unser Autorenteam setzt sich zusammen aus

- Helmut Reinke, der bereits verschiedene Bücher veröffentlicht hat. Er ist Organisationsprogrammierer mit dem Schwerpunkt der Erfolgs- und Unternehmensplanung. Großprojektplanung und Consultingtätigkeit sind weitere „Steckenpferde". Zu seiner langjährigen Tätigkeit in Vertrieb und Handel kommen fundierte didaktische Erfahrungen, die er als Dozent und Schulungsleiter gewonnen hat und beispielsweise in Seminaren an verschiedenen Fachhochschulen vermittelt.
- Dagmar Herzog; ist Leiterin der Mindjet Academy. Sie lebt das Prinzip des visuellen Denkens, arbeitet mit dem MindManager seit einigen Jahren und ist spezialisierte Trainerin. Sie ist bekannt durch die Veröffentlichungen des Titels „MindManager – effektiver arbeiten" und weiterer Publikationen in verschiedenen Verlagen. Betriebswirtschaftliches und didaktisches Knowhow vermittelt sie begeisternd in ihren Workshops und Seminaren. Ihr Motto lautet: Von Mensch zu Mensch.

Das vorliegende Buch ist der erste Titel einer neuen Reihe, die von der winex GmbH und dem Hanser Verlag konzipiert wurde. Weitere Titel zum Thema Controlling und Kommunikation mit e-Management-Schwerpunkt erscheinen demnächst. Die winex GmbH macht sich seit Jahren einen Namen als Unternehmen, in welchem verschiedenste Branchen kompetente Unterstützung bei der Planung und Einführung von Management Informationssystemen finden. Neben dem traditionellen Consulting bietet die winex GmbH Beratung und innovative Lösungen für Internet und Intranet. Dabei stehen alle Aufgaben der winex GmbH unter einem Motto: Leistung aus Leidenschaft!

Während der Arbeit an diesem Buch hat uns fachlich Andrea Mikolaizik bei der Erstellung des Theorieteils unterstützt. Robert Bruch war für den Intrexx-Teil verantwortlich. Er ist selbständiger Berater und gehört im Reinke Solutions Team zu den Experten für Projektmanagement. Dabei hat er das Mind Mapping als wertvolles Planungselement für sich entdeckt. Er stellt als Autor sein Wissen zum Thema Microsoft Project zur Verfügung. Sein Schwerpunkt liegt im Bereich Projektmanagement im Intranet. Das Mindjet Team und unsere Lektorin Frau Sieglinde Schärl standen uns jederzeit mit Rat und Tat zur Seite und Frau Sybille Geisenheyner sorgte mit ihrer Endredaktion des Manuskripts für eine reibungslose Herstellung des Titels. Nicht zuletzt möchten wir unseren Familien und Freunden danken, die diesen Dauerstress mit uns durchhielten und auch Ihnen, liebe Leser, die hoffentlich aus dem Buch einen großen Nutzen ziehen werden. Sollten Sie Schwierigkeiten oder Fragen haben, stehen wir Ihnen sehr gerne zur Verfügung. Besuchen Sie doch einfach unsere Homepage unter www.winex.de oder http://www.mindjet.de/. Dort finden Sie auch einige interessante Beispiele und Lösungen zu den verschiedenen Themen, die Sie sich herunterladen können und Foren, in denen Sie sich mit anderen Programmnutzern austauschen können.

So, nun lassen Sie sich nicht weiter aufhalten und lassen Sie uns wissen, wenn wir trotz Sorgfalt irgendwo einen Fehler gemacht haben.

Wir wünschen Ihnen viel Spaß.

TEIL I
Grundlagen

1 Wie ist dieses Buch aufgebaut?

Ob Sie im kaufmännischen oder technischen Bereich Projektleiter sind, dieses Buch wird Ihnen Nutzen bringen. Es ist Anwender orientiert aufgebaut und durch unsere eigene langjährige Erfahrung im Projektmanagement wissen wir, wo der Schuh drückt.

Was Sie zum Verständnis dieses Buches mitbringen sollten, ist Erfahrung mit der Windowsoberfläche und Kenntnis der gängigen Office Programme. Dann können Sie ohne Umwege loslegen.

Teil I – Die Grundlagen

Wieso, weshalb, warum? Dies sollten wir nie aufhören zu fragen. Was ist Mind Mapping und wozu brauchen wir es. Projektmanagement, was macht man da überhaupt? Oder Intranet, ist das nicht kompliziert und aufwändig? In diesem Abschnitt des Buches versuchen wir, Ihnen ein Grundverständnis zu vermitteln.

Teil II – Die Programme

Dieser Abschnitt bringt Ihnen die im Buch verwandte Software näher. In jeweils 30 Minuten lernen Sie Schritt für Schritt die Grundfunktionen des MindManager, von MS Project und Intrexx. Diesen Abschnitt können Sie selbstverständlich überspringen, falls Sie schon die notwendigen Kenntnisse in den Programmen besitzen.

Teil III – Theorie und Praxis

In diesem Teil des Buches finden Sie das Thema **e-Projektmanagement** von verschiedenen Seiten beleuchtet. Auf der einen Seite lesen Sie die Definition des jeweiligen Themas, fachlich aufgebaut wie ein Lexikon. Das trockene Thema ist dann mittels einer Mind Map visualisiert. Mit Hilfe der Map können Sie überprüfen, ob das Thema verstanden wurde.

Natürlich wissen wir aus eigener Erfahrung, dass die Theorie im Allgemeinen mit der Praxis nicht viel gemein hat. Genau aus diesem Grund haben wir eine fiktive Firma gegründet und anhand ihrer Geschichte die Praxis beschrieben. Die Geschichte verläuft parallel zu den in der Theorie vorgesehenen Projektphasen und ist ebenfalls möglichst auf eine Seite beschränkt und mit einer Mind Map visualisiert.

Wir nutzen dabei die Gelegenheit, die Aufgabe als Geschichte zu beschreiben, zeichnen dann den Weg auf, würzen das Ganze mit einer Lebensweisheit und setzen es mit dem MindManager in die Praxis um. Falls von Nöten, bringt Sie ein kurzer Exkurs in den für das Projekt benötigten Programmen auf Trab.

Kann die Praxis noch praktischer werden? Ja, sie kann. In einem weiteren Abschnitt wird der Aufbau eines Intranets für unsere fiktive Firma linear verwirklicht.

Selbstverständlich finden Sie die Mind Maps nicht nur als Abbildungen im Buch sondern auch auf der dem Buch beigelegten CD-Rom. Das nebenstehende Symbol gibt Ihnen einen Verweis auf das Verzeichnis und den Namen der entsprechenden Datei.

Im letzten Kapitel des Buches erklären wir Ihnen, wie Sie die fertige Projektlösung im Intranet mit der Software installieren können.

Um Ihnen das Arbeiten, Suchen und Finden zu erleichtern, arbeiten wir mit der Marginalspalte. Wie Anker finden Sie dort wichtige Textpassagen ohne großes Suchen, was Ihnen auch das Querlesen bestimmter Abschnitte erleichtern wird (siehe **Tabelle 1**).

Tabelle 1:
So verwenden wir die Marginalspalte

Marginalspalte	**Beschreibung**
Die Aufgabe	Definition der Aufgabe
Der Weg	Zeigt in wenigen Schritten den Weg zum Erfolg
Die Umsetzung	Erklärt, wie Sie mit dem MindManager die Aufgabe visualisieren
Wichtig oder Hinweis	Wissenswerte Zusatzhinweise
Tipp	Tipps und Tricks zum Thema
Weisheit	Schlaue, witzige und teilweise provokante Aussagen, die zum Nachdenken anregen sollen

Tipp

In diesem Zusammenhang gleich ein kleiner Tipp von uns: Vergessen Sie, was Sie von Ihren Eltern oder in der Schule gelernt haben. Schreiben, notieren, malen Sie in diesem Buch, wo es Ihnen gefällt. Füllen Sie das Buch eifrig mit Heftklammern und Post-Its. Schreiben Sie Wissenswertes in die Marginalspalte oder kennzeichnen Sie Neues mit Zeichen.

Das Ziel des Buches

Ob Sie bereits mit der Mind Mapping Methode gearbeitet haben oder nicht, ob Sie nur nach neuen aussagekräftigen Maps suchen oder diese Kreativitätstechnik erst in Ihren beruflichen Alltag integrieren möchten: dieses Buch soll Ihnen Anreize geben. Es soll Ihnen neue Wege im Projektmanagement aufzeigen nach dem Motto: Alle wissen Bescheid, statt ich weiß Bescheid.

Das erklärte Ziel des Buches ist es nicht, Ihnen die Programme MindManager, Intrexx und Project in Handbuchmanier zu erklären. Zwar gibt es am Anfang des Buches jeweils eine kleine Programmeinführung, aber am Ende des Buches sollen Sie eine erfolgreiche Kommunikation im Projektmanagement beherrschen. Professionelle Organisation statt Improvisation ist das Ziel.

Kurz gesagt:

- e-Projektmanagement bietet Know-how und Kreativität zum Nachmachen
- Es bietet Rezepte für gelungenes Projektmanagement
- Es zeigt, wie auch komplexe Zusammenhänge einfach dargestellt werden können
- Es gibt Tipps, wie auf Marktzusammenhänge schnell reagiert werden kann
- Es fördert und erleichtert den Umgang mit dem Wissen
- Es zeigt auf, wie virtuelle Firmenkommunikation gesteuert und beseelt wird

Mit welcher Software arbeiten wir?

Damit Sie, lieber Leser, die praktischen Beispiele an Ihrem PC oder für Ihren Intranetaufbau verwenden können, ist es wichtig zu wissen, mit welchen Programmversionen wir arbeiten.

- Intrexx 2001 Deluxe Version 2.5
- MindManager 2002 Enterprise Version 4.5

Dies sind die momentan aktuellen Softwareversionen mit allen benötigten Add-ins. Bitte beachten Sie, dass die Entwicklung der Programme schnell voranschreitet und sich Anwendungen von einer zur nächsten Version ändern können.

2 Was ist was? MindMapping, Projektmanagement und Intranet

Mind Mapping – was ist das?

Kreativität ist heutzutage ein Modewort, das nicht mehr nur im künstlerischen oder im Werbebereich verwendet wird – auch in den öffentlichen Sprachschatz ist es längst eingegangen. Unsere industrialisierte Gesellschaft benötigt Kreativität in allen menschlichen Lebensbereichen. Man könnte fast sagen, dass wir einen großen Nachholbedarf an kreativen Ideen haben. Denken Sie nur an einige „große" Themen: Überbevölkerung, Umwelt oder Verkehr. Aber auch im Projektmanagement könnte ein Quäntchen mehr an Kreativität nicht schaden.

Auch in Ihrem persönlichen Bereich ist Kreativität immer mehr gefragt: Schließlich leben wir in einer Gesellschaft, in der wir ständig aufgefordert sind, unser Alltags- und Arbeitsverhalten neu zu überdenken und zu verändern, um es auf geänderte Bedingungen einzustellen. Auch die Fähigkeit, in diesem Zusammenhang flexibel und dynamisch zu reagieren und zu handeln, ist ein Bestandteil von kreativem Denken. Wenn Sie zu dieser Art der Kreativität fähig sind, haben Sie heute die allerbesten Chancen. Kinder besitzen von Natur aus Kreativität, während das Denken Erwachsener durch Erziehung und angelernte Verhaltensweisen immer starrer wird. Dem lässt sich jedoch entgegenwirken. Kreativität kann erlernt werden.

Natürlich hat niemand Ideen aus dem Nichts heraus, auch wenn es bei erfahrenen „Kreativen" so scheinen mag. In Wirklichkeit muss jede Idee erst einmal geboren werden. Und das kann ein mühsamer und auch schmerzlicher Vorgang sein. Dazu ist es notwendig, sich intensiv mit einem Thema auseinander zu setzen. Hat man die Idee einmal gefunden, wird man ganz selbstverständlich mit ihr umgehen, so dass man vergessen mag, wie schwierig die „Geburt" war.

Man kann sich den „Geistesblitz", die kreative Idee, ungefähr als einen Kampf, der in unserem Gehirn stattfindet, vorstellen. Dabei treten »Umwandlungen« in den Gedankenstrukturen auf, aber auch ganz neue Strukturen. Auf diesem Schlachtfeld entsteht das, was man im Allgemeinen als „Kreativität" bezeichnet.

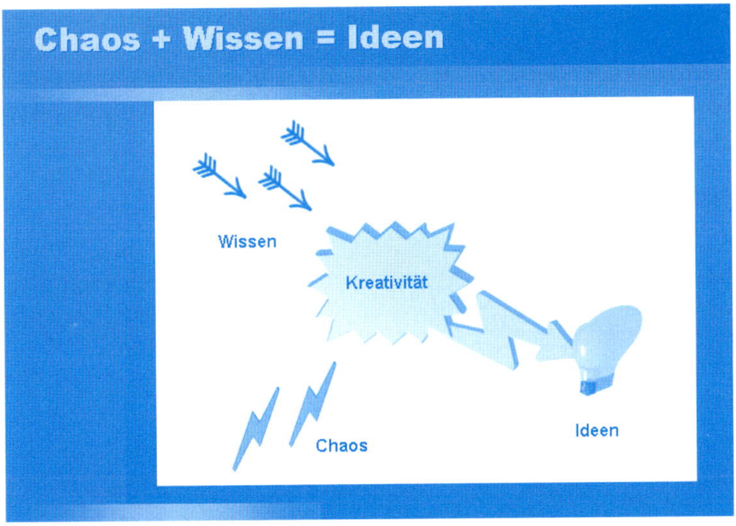

Abbildung 1: *So oder ähnlich sieht wohl ein Geistesblitz aus*

Möglichkeiten des Mind Mapping

Zum einen erhöht sich die Kreativität mit wachsendem Wissen und wachsender Erfahrung, zum anderen erleidet sie auch Verluste, da jede neue Idee um ihren Platz zwischen den synaptischen Verbindungen Ihres Gehirns kämpfen muss. Beim bloßen »Gedankenspiel« können Ihnen also sehr viele Ideen verloren gehen. Daher gibt es verschiedene Methoden zur Kreativitätstechnik, zum Beispiel das Mind Mapping. Mind Mapping ist quasi ein Brainstorming mit sich selbst, das auch für andere sichtbar gemacht werden kann. Mit dieser genauso erfolgreichen wie zeitsparenden Visualisierungsmethode können Sie

- Informationen rasch darstellen beziehungsweise erfassen,
- Situationen und Probleme schnell analysieren und
- Aufgaben zeitig planen und besser organisieren.

Je häufiger die Mind Mapping Methode angewandt wird, desto deutlicher werden die Vorteile im Vergleich zum linear strukturierten Konzept. Außerdem ist Mind Mapping kinderleicht anzuwenden. Die einzige Schwierigkeit dabei ist eigentlich unsere »Schulweisheit«, da in der Schule und im späteren Berufsleben systematisch das lineare Denken der linken Gehirnhälfte trainiert wurde. Auf Kreativität, Intuition wird dabei oft wenig Rücksicht genommen.

Die »Erfinder« der Mind Mapping Methode, *Tony Buzan* und *Peter Russell*, gingen vom Denkprozess im menschlichen Gehirn aus. Dieser Prozess geht recht chaotisch vonstatten. Das menschliche

Gehirn arbeitet im Gegensatz zu einem elektronischen „Hirn", einem Computer, nicht einfach und linear, sondern komplex und stark vernetzt. Beide Prozesse, sowohl das Vorgehen eines Computers als auch das eines organischen Gehirns, lassen sich auf einem Stück Papier simulieren.

Ein Beispiel

Nehmen wir an, Sie möchten ein Projektmeeting planen. Dabei muss natürlich viel beachtet werden. Damit Sie nichts vergessen, wollen Sie sich Notizen auf einem Stück Papier machen. Die erste Vorgehensweise ließe sich simulieren, indem man Notizen auf einem Blatt Papier oder auch am PC aufzeichnete, etwa wie in **Abbildung 2**.

Abbildung 2: *Eine lineare Liste eignet sich weniger gut, um komplexe Gedanken festzuhalten*

Sie haben damit Ihre Gedanken in eine lineare Form gezwungen. Viele Ideen, die nicht in die hierarchische Struktur passten, sind dabei vielleicht verloren gegangen. Andere, vielleicht weniger gute oder weniger wichtige Ideen, wurden festgehalten, eventuell nur, weil sie sich gut in die hierarchische Struktur einpassen. Wenn Sie die Arbeit des menschlichen Gehirns am gleichen Thema auf einem Stück Papier oder am PC simulieren möchten, erhalten Sie vielleicht das Ergebnis auf der folgenden Abbildung.

Abbildung 3: *Mit Hilfe von Mind Mapping lassen sich viele Gedanken zusammentragen*

Diese Form, seine Gedanken und Ideen aufzuschreiben, nennt man Mind Mapping. Das Ergebnis ist eine so genannte Mind Map. Wahrscheinlich erkennen Sie die Vorteile der Mind Map sofort:

- Sobald Sie eine neue Idee haben, egal zu welchem Thema, können Sie diese in Ihre Aufzeichnungen integrieren, ohne die Struktur zu zerstören. Bei einer linearen Form der Aufzeichnung ist das oft nicht möglich, besonders, wenn Unterpunkte vorhanden sind.
- Sie können Ihre Gedanken frei schweifen lassen und beginnen beziehungsweise aufhören, wo Sie wollen.
- Jeder Gedanke erhält einen eigenen Zweig. Die nachfolgenden Gedanken werden als neue Zweige angehängt. Der ursprüngliche Zweig wird als Ast identifiziert.
- Die Verzweigung kann fortgesetzt werden, so lange Sie möchten, und zu einem späteren Zeitpunkt neu arrangiert werden.

Während der Entwicklung einer Mind Map entsteht ein ganzer Baum, der alle Ihre Gedanken zeigt und besonders die Verbindung zwischen ihnen hervorhebt.

3 Was ist und kennzeichnet Projektmanagement?

Ein Projekt ist ein Vorhaben, das im Wesentlichen durch die Einmaligkeit der Bedingungen in ihrer Gesamtheit gekennzeichnet ist. Solche Bedingungen sind

- Zielvorgabe
- zeitliche, finanzielle, personelle und andere Bedingungen
- Abgrenzung gegenüber anderen Vorhaben
- projektspezifische Organisation.

Wichtig in der Definition ist die Abgrenzung zwischen Projekten und Routineaufgaben. Projekte unterscheiden sich von Routinearbeiten dadurch, dass neue oder in dieser Kombination noch unbekannte Anforderungen und Teilaufgaben auftreten. Die Einmaligkeit der Bedingungen ist ein sehr wesentliches Element eines Projektes. Ein weiteres ist die Abgeschlossenheit: Es handelt sich um ein Vorhaben, nicht um eine endlose Reihe von Vorhaben. Gerade für eine Projektplanungssoftware wie Project 2000 ist es wichtig, eine solche Abgeschlossenheit klar zu definieren: Das Programm kann nur richtig rechnen, wenn das Projekt einen Anfang und ein Ende hat.

Projektdefinition

Am Anfang eines Projektes steht eine Idee, ein Sachzwang oder ein Problem, welches es zu lösen gilt. Der erste Schritt besteht aus einem Vorschlag verschiedener Projektideen und dem Beschluss, welche der Ideen weiter verfolgt werden soll. In einem zweiten Schritt wird die Projektidee in einem Gespräch am „runden Tisch" vorgestellt und mit den Teilnehmern diskutiert. Vertreten sind hierbei alle Unternehmensbereiche, die direkt oder indirekt von dem Projekt betroffen sind. Deren Anforderungen ermöglichen eine noch genauere Definition des Projektes. Im dritten Schritt erfolgt eine Grobplanung der durchzuführenden Arbeiten und des damit verbundenen Aufwandes. Die Grobplanung wird im vierten Schritt den Entscheidungsträgern im Unternehmen vorgelegt. Diese beschließen, ob ein Projektauftrag erteilt oder das Projekt nicht weiter verfolgt werden soll. Die Erteilung des Projektauftrages stellt der fünfte Schritt dar. Dabei werden die Mitarbeiter, die am Projekt mitwirken sollen sowie einzelne Termine benannt.

Projektplanung

Der sechste Schritt besteht darin, den Projektmitgliedern den Projektauftrag vorzustellen, Zuständigkeiten und Organisatorisches zu erläutern und das Projektteam in die anstehende Feinplanung einzubinden. Die Feinplanung, oder auch der siebente Schritt, umfasst Folgendes:

- Den Projektstrukturplan
- Den Projektablaufplan
- Den Projektterminplan
- Die Szenarienpläne

Projektrealisierung

Im achten Schritt werden alle in der Feinplanung vorgegebenen Arbeiten ausgeführt. Parallel dazu läuft das Projektcontrolling als neunter Schritt. Beim Controlling wird der jeweilige Stand der Arbeiten ausgewertet und erforderliche Maßnahmen zur Projektsteuerung eingeleitet.

Projektabschluss

Im zehnten und letzten Schritt wird ein Abschlussbericht des Projektes erstellt und den Entscheidungsträgern vorgelegt. Das Projekt ist abgeschlossen, wenn es vom Auftraggeber abgenommen wird.

Probleme und Risiken

Da jedes Projekt durch seine Einmaligkeit gekennzeichnet ist, besteht eine besondere Schwierigkeit der Projektplanung darin, eine in ihrem Umfang noch wenig bekannte Aufgabe nach Dauer und Kosten einzuschätzen. In Abhängigkeit von Vorgehensweisen und erreichbarer Schätzgenauigkeit werden folgende grundsätzliche Schätzmethoden unterschieden:

- Bei intuitiven Methoden (Grobschätzung) erfolgt die Schätzung auf der Grundlage grober Richtwerte und der Erfahrung von Fachleuten.
- Bei parametrischen Methoden (Top-Down-Schätzung) wird der Gesamtaufwand für ein Projekt mit Hilfe mathematischer Algorithmen geschätzt und dann auf die Arbeitsphasen und -pakete des Projektes verteilt.
- Bei der detaillierten Projektkalkulation (Bottom-Up-Schätzung) wird für jedes Arbeitspaket eines Projektes der Aufwand getrennt ermittelt. Der Gesamtprojektaufwand ergibt sich als Summe dieser Einzelaufwände.

Der Streithansel-Zuschlag

Wird eine realistische Zeit- und Kostenschätzung angestrebt, empfiehlt sich in jedem Fall die Berücksichtigung eines Streithansel-Zuschlages. Ein Streithansel ist ein Mitarbeiter, vom Projekt betroffen oder auch nicht, dessen Arbeitsphilosophie auf den folgenden Leitsätzen beruht:

- Das geht nicht!
- Das haben wir noch nie so gemacht!
- Da könnte ja jeder kommen!

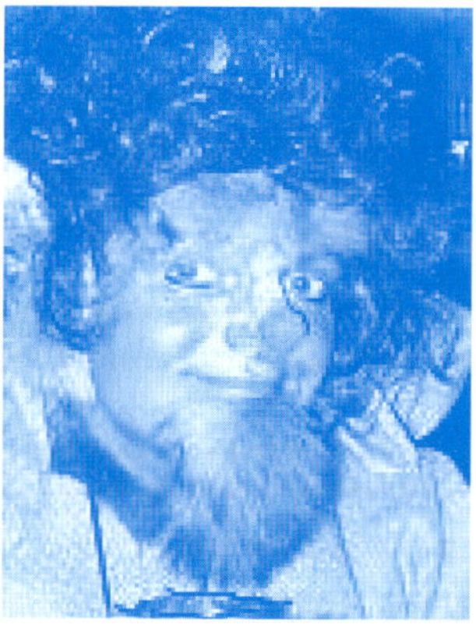

Abbildung 1: *So eindeutig wie auf diesem Bild, ist der Streithansel oft nicht zu erkennen*

Er ist der geborene Widerstandkämpfer, solange der Widerstand gegen Neues oder Veränderungen geht. Von Natur aus eigentlich ein Einzelgänger, rottet er sich im Notfall mit Gleichgesinnten zusammen, um ein unbeliebtes Projekt zu stoppen oder ganz zu Fall zu bringen. Er tritt umso energischer auf, je höher er in der Unternehmenshierarchie steht.

Auf der Grundlage dieser Erkenntnis lässt sich ein Streithansel-Zuschlag ermitteln, der ungefähr so aussieht:

- Pro Streithansel auf Sachbearbeiterebene einen Tag Verzögerung
- Pro Streithansel auf Abteilungsleiterebene eine Woche Verzögerung
- Pro Streithansel auf Bereichsleiterebene einen Monat Verzögerung

Gerade für firmenfremde Projektmanager kann aus einem Streithansel ein riesiges Problem werden. Der erfahrene Projektmanager bedient sich schon vor Projektstart eines einfachen Tricks: man stelle einfach das eigene Auto auf den Parkplatz des Bereichsleiters und wartet ab, was passiert …

Intranet, was ist das?

Sie haben sicherlich schon einmal den Ausdruck *Intranet* gehört. Genau wie das Internet einen großen Einfluss auf die Art und Weise hat, wie wir kommunizieren, verspricht das Intranet, die Unternehmenswelt umzuformen.

Eine Definition

Ein Intranet ist ein Netz innerhalb des Unternehmens, das nicht öffentlich zugänglich ist, aber die gleichen Dienste wie das Internet bietet. Es nutzt sozusagen die Internet-Technologie für den Hausgebrauch. Diese „private" Seite des Internets entwickelte sich in den USA in den vergangenen Jahren rasant, aber auch in Europa beginnt die Kommunikationsplattform Intranet ein elementarer und bestimmender Bestandteil im Geschäftsalltag zu werden.

Was ist möglich?

Mitarbeiter von Organisationen sind auf Informationen angewiesen. Diese Tatsache ist nicht neu, aber bisher war der Zugang zu diesen Daten oftmals nicht so einfach. Ein Intranet stellt ein unternehmensweites Informationslager dar. Ein Ort, wo Jahresberichte aufgerufen, Konferenzen angekündigt oder Urlaubspläne eingesehen werden können. 24 Stunden am Tag, sieben Tage die Woche, 365 Tage im Jahr sind die Informationen abrufbar, sei es, ob der Mitarbeiter sich auf Geschäftsreise oder zu Hause befindet. Weiterentwickelte Intranet Eigenschaften lassen Mitarbeiter Formulare online ausfüllen, visuelle Archive aufsuchen und Material bestellen.

Der Nutzen eines Intranets kann enorm sein. Beispielsweise verschicken viele Firmen gedruckte Dokumente wie Memos, Handbücher und Firmenberichte an ihre Mitarbeiter. Indem diese Dokumente nun elektronisch erhältlich gemacht werden, können Ausgaben für Druckkosten drastisch gesenkt werden. Ein weiterer Vorteil ist die einfache Aktualisierung, die fast nichts kostet. Ein uns altbekanntes Beispiel sind Telefonverzeichnisse, die sich in schöner Regelmäßigkeit ändern und nun mit nur wenigen Tastatureingaben für alle Mitarbeiter gleichzeitig aktualisiert werden können.

Eine neue Art der Zusammenarbeit

Gerade in der Projektarbeit eröffnet das elektronische Teilen von Dokumenten neue Wege der Zusammenarbeit. Es ist nicht länger notwendig, alle Mitarbeiter in einem Raum zu versammeln, um ein Projekt zu besprechen. Erste Zeichnungen, Designs und Daten können in einer virtuellen Sitzung über das Telefon besprochen werden, während jeder Teilnehmer die Dokumente auf seinem Bildschirm einsehen kann. Teams aus aller Welt können zusammenarbeiten, ohne einen Pfennig für Reisekosten auszugeben.

Viele Firmen besitzen bereits LANs (Local Area Networks) mit sehr großen und schnellen Übertragungsraten. Diese Technologie ermöglicht nun nicht mehr nur das Teilen von Ressourcen wie Textdokumente, sondern es können Videoclips, Animationen und Audiodateien auf einem Intranetserver abgelegt und problemlos jedem Mitarbeiter zugänglich gemacht werden.

Teil II

TEIL II
Programme

1 MindManager in 30 Minuten

Wo Menschen mit Wissen umgehen und innovatives Denken gefragt ist, hat sich ein intelligentes Computerprogramm unentbehrlich gemacht: Der MindManager. Er bietet eine effektive Methode, um Ideen zu finden, Arbeitsprozesse effektiver zu gestalten und damit in weniger Zeit eine höhere Produktivität zu erzielen.

Die „Erfinder" der Mind Mapping Methode, *Tony Buzan* und *Peter Russell*, gingen vom Denkprozess im menschlichen Gehirn aus. Dieser Prozess geht recht chaotisch vonstatten. Das menschliche Gehirn arbeitet im Gegensatz zu einem elektronischen „Hirn", einem Computer, nicht einfach und linear, sondern komplex und stark vernetzt. Auf diese Idee stützt sich das Programm MindManager. Wie es funktioniert zeigen wir Ihnen auf den folgenden Seiten.

Die vier Hauptschritte

Grundsätzlich kommen Sie in vier Hauptschritten zu ihrer Mind Map:

- Schreiben Sie das zentrale Thema (Hauptthema) auf
- Sammeln Sie Schlüsselwörter
- Definieren Sie Oberbegriffe (Hauptäste) und sortieren Sie Unterbegriffe dazu (Zweige)
- Gestalten Sie die Map mit Farben, Symbolen, Schriftarten etc.

Es gibt verschiedene Möglichkeiten, die Software zu bedienen. Entweder Sie nutzen die Maus oder arbeiten über die Tastatur, gehen den Weg über die Symbolleiste oder das Menü. Das Kontextmenü öffnet sich immer über die rechte Maustaste.

So starten Sie

Um eine neue Map anzulegen, starten Sie zu allererst natürlich das Programm. Was dann folgt ist kinderleicht.

Neue Map

Eine neue Mind Map beginnen Sie entweder über den Button in der Symbolleiste oder aber Sie wählen aus dem Menü *Datei/Neu* eine entsprechende Vorlage aus.

Brainstormmodus

Nutzen sie den Brainstormmodus innerhalb des MindManagers, um ihre Ideen zu sammeln. Das hat den Vorteil, dass Sie sich nicht um die Astbildung kümmern müssen. Schalten Sie einfach über die Schaltfläche *Brainstormmodus* die Funktion ein. In der linken oberen Ecke erscheint eine blinkende Glühbirne. Der erste Ast ist bereits in der Map gebildet (Idee). Beschriften Sie den Zweig mit Ihrer Idee und drücken Sie die `Eingabe-Taste`. Es erscheint automatische ein neuer Zweig.

Sobald Sie das Brainstorming beenden wollen, klicken Sie auf das Glühbirnensymbol. Nun können Sie Ihre gesammelten Gedanken strukturieren und bearbeiten.

Wichtig

Während des Brainstormmodus können keine weiteren Ebenen eingefügt oder bearbeitet werden. Der Modus dient zum schnellen Sammeln der Ideen.

Mind Map Titel

Der Mind Map Titel wird bearbeitet, indem Sie mit der Maus draufklicken und ihn markieren. Nun können Sie die Map benennen.

Abbildung 1: *Der neue Maptitel ist eingefügt*

Zweige einfügen

Hauptzweige fügen Sie mit der `Einfg-Taste` ein oder über die Schaltfläche *Zweig einfügen*. Unterzweige fügen Sie auf dieselbe Art ein, nur muss vorher der betroffene Hauptzweig markiert sein.

Zweige löschen

Zweige löschen Sie am einfachsten über die Tastatur mit der `Entf-Taste`.

Hinweis

Alle Befehle (Zweig einfügen, ändern, löschen etc.) werden ab der Ebene ausgeführt, die Sie markiert haben. Der Zweig ist dann blau hinterlegt.

Tipp

Wenn Sie firmeninterne Layoutvorschriften haben (Schriftart, Schriftgröße, PowerPoint Vorlage etc.) ist es sinnvoll, eine eigene Vorlage zu erstellen. Sie sparen sehr viel Zeit, denn Sie müssen bei keiner weiteren Map das Layout neu bestimmen.

Zweige verschieben

Während der Bearbeitung der Map werden Sie öfter feststellen, dass der Zweig an einer anderen Stelle innerhalb der Map positioniert werden soll. Klicken Sie den Ast an und ziehen Sie per Drag & Drop den Zweig mit gedrückter linker Maustaste an die gewünschte Stelle.

Tipp

Schalten Sie vorher über das Menü *Ansicht* die Funktion *Autolayout* ein, dann wird die Mind Map automatisch angepasst.

Die Map Ansicht

Mapgröße

Sie haben die Grundstruktur gebildet und möchten nun die Map in einer bestimmten Größe auf dem Bildschirm sehen. Kein Problem. Drücken Sie einfach die Taste `F5` und die Map wird an den Bildschirm angepasst. Sie können mit den Schaltflächen *Vergrößern/Verkleinern* die Map anpassen.

Detailebene

Wenn die Map größer wird, wird die gesamte Mind Map auf dem Bildschirm schwer lesbar. Wählen Sie die Funktion *Detailebene* über die gleichnamige Schaltfläche (alternativ `Strg+D`) und Äste sowie deren Unteräste, an denen Sie im Moment nicht arbeiten, werden ausgeblendet. Die Detailebene können Sie von dem Mind Map Titel wählen, dann werden die Ebenen aller Hauptäste gleich angezeigt oder aber Sie wählen die Detailebene von den jeweiligen Ästen aus und der Befehl gilt nur für diesen Astbereich. Ausgeblendete Ebenen erkennt man an einer Pfeilspitze am Astende. Das Einblenden der Ebenen erfolgt auf demselben Weg.

Übersicht

Eine weitere Möglichkeit mit großen Mind Maps übersichtlich zu arbeiten, ist die Funktion *Übersicht* über das Menü *Ansicht/Übersicht*. Hier können Sie sehr einfach die Map auf dem Bildschirm verschieben und sich gleichzeitig in einem separaten Fenster die Struktur der Map anzeigen lassen. Das Fenster öffnet sich in dem unteren Bildschirm, das Sie auch über das Kontextmenü aus der Verankerung nehmen und an einen von Ihnen gewählten Platz setzen können, sowie in der Größe verändern. Die Größe verändern Sie, indem Sie in die Ecke des Fensters klicken und dann verkleinern.

Gesamtbild

Die gesamte Mind Map kann ohne Symbolleiste angesehen werden, indem Sie die Taste `F11` drücken.

Drucken der Map

Innerhalb des MindManagers haben Sie verschiede Möglichkeiten, die Map zu auszudrucken. Sie können generell wählen zwischen Druck als Map oder als Textgliederung.

Als Map

Unter dem Menü *Format/Mind Map...* wählen Sie in der Registerkarte *Druckformat* die gewünschten Einstellungen.

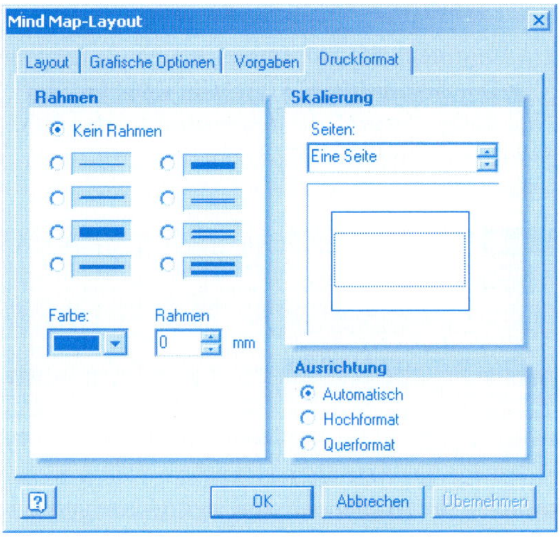

Abbildung 2: *Die Registerkarte Druckformat hilft Ihnen bei den richtigen Einstellungen*

Tipp

Bei einer Projektplanung wird die Map sehr groß werden. Sie können die gesamte Map im Format 2 × 2 Meter ausdrucken lassen. Zusammengeklebt bietet sie in Meetings eine hervorragende Übersicht. Kollegen haben die Möglichkeit, Ergänzungen einzutragen und das Projekt in seiner gesamten Übersicht zu sehen!

Unter dem Menü *Datei/Drucken* wählen Sie dann aus, ob Sie die Map als Gliederung oder im Map Format drucken möchten. Wenn

Sie die Option *Präsentationsdruck* anklicken, werden die Äste mit Farbe ausgefüllt. Hier können Sie dann auch Großformate auswählen, wie beispielsweise DIN A3 etc.

Wichtig

Wenn Sie die Schaltfläche *Drucken* aus der Symbolleiste verwenden, haben Sie keinen Einfluss mehr auf das Druckformat. Die Daten werden gleich zum Standarddrucker gesandt.

Als Gliederung

Unter dem Menü *Format/Textformate* wählen Sie das gewünschte Textformat aus (siehe hierzu auch im nächsten Abschnitt Format). Unter Menü *Datei/Drucken* wählen Sie dann das Druckformat *Gliederung*. Sie können hier zusätzlich einstellen, ob Sie Äste ohne Textnotizen (siehe Abschnitt Texte) nicht ausgedruckt haben möchten.

Druckvorschau

Die Mind Map können Sie vor dem Drucken nochmals ansehen, damit Sie die Ausrichtung, die Fußzeile, das Gesamtbild überprüfen können. Entweder über das Menü *Datei/Seitenansicht* oder über die Schaltfläche *Seitenansicht.*

Das Map Format

Die gesamte Mind Map wird über das Menü *Format/Mind Map...* gestaltet. In dem sich öffnenden Dialogfeld können Sie die Zweigstärken, Schriften sowie Farben zuweisen und ändern.

Abbildung 3: *Das Visuelle ist beim Mapping das A und O*

Tipp

Wenn Sie Ihre Mind Map gestalten, arbeiten Sie mit dem für Sie angenehmsten Layout. Wenn Sie die Map aber an Dritte weitergeben (per Mail, Präsentation, Druck etc.) beachten Sie bitte, dass der Inhalt und das Layout zusammenpassen. Beispielsweise passen organische Zweige und wolkige Umrandungen nur schlecht zu Finanzdaten. Geht es um eine Kindergarteneröffnung, sieht es schon wieder ganz anders aus.

Fußzeile

Über das Menü *Format/Fußzeile* bestimmen Sie, was dort eingetragen werden soll.

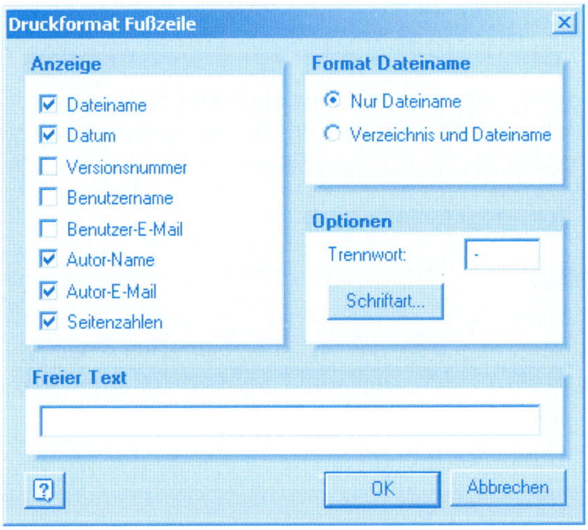

Abbildung 4: *Ein wichtiges Instrument für die spätere Zuordnung ist die Fußzeile*

Wichtig

Als Mailadresse wird die in der *Dokumenteneigenschaft* unter Menü *Datei/Dokumenteneigenschaft* eingetragene Adresse verwendet.

Zweiglänge

Die Zweiglänge bestimmen heißt, den Umbruch der Textzeile auf den Zweigen festzulegen. Die Standardeinstellung ist 4 cm. Sie können diese aber unter dem Menü *Format/Zweiglänge* verändern.

Hyperlinks & Lesezeichen in der Map

Definition

Hyperlinks bzw. Lesezeichen sind Verknüpfungen zwischen Maps oder innerhalb der Map zwischen Textnotizen und Ästen, sowie zwischen Asten.

Hyperlink zu Webseiten

Mit der Schaltfläche *Hyperlink definieren* haben Sie die Möglichkeit, in Ihrer Map wichtige Internetadressen einzubinden. Dies ermöglicht ein übersichtliches Arbeiten und spart viel Zeit. Sie können einen Link auch setzen, indem Sie den Zweig auswählen und mit der rechten Maustaste das Kontextmenü öffnen. Hier wählen Sie *Hyperlinkart* aus und fügen das entsprechende URL Prefix und die Internetadresse ein. Klicken Sie *OK*.

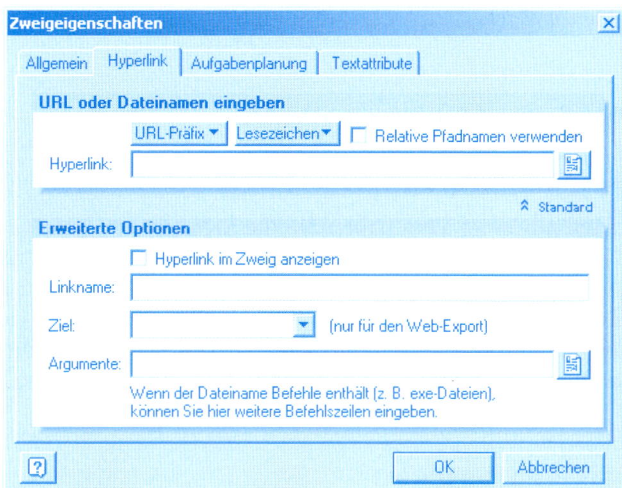

Abbildung 5: *Das Dialogfeld* Zweigeigenschaften *mit der Registerkarte* Hyperlink

Hyperlink zu Mailadressen

Über dieselbe Vorgehensweise können Sie auch ganz einfach Mailadressen einfügen. Wählen Sie als URL Prefix einfach *mail to:*.

Wichtig

Vom Maptitel aus ist kein direkter Hyperlink möglich, nur innerhalb der hinterlegten Textnotiz. Wenn Sie das verlinkte Dokument in einem anderen Ordner speichern, muss auch der Hyperlink neu gesetzt werden.

Lesezeichen in Maps

Mit so genannten *Lesezeichen* können Sie Zweige innerhalb der Map verlinken. Mit dieser Funktion vermeiden Sie die Wiederholung von Inhalten in der Map und arbeiten effektiver. Hierzu wählen Sie den Zweig aus und öffnen über die rechte Maustaste das Kontextmenü. Dort wählen Sie den Menüpunkt *Lesezeichen erstellen* und benennen es im nun geöffneten Dialogfeld. Bestätigen Sie Ihre Eingabe mit *OK*. Markieren Sie nun den zu verlinkenden Zweig und öffnen wiederum mit der Maustaste das Kontextmenü. Wählen Sie *Hyperlink definieren* und wählen Sie unter der Option *Lesezeichen* das Gewünschte aus.

Hyperlink zu Dokumenten

Auf dieselbe Art und Weise können Sie auch Textdokumente mit der Map verlinken. So stehen Ihnen alle relevanten Informationen mit einem Klick zur Verfügung.

Tipp Aktivieren Sie immer das Kontrollkästchen *Relativen Pfad* im Dialogfeld *Hyperlink definieren*, wenn Sie den Hyperlink setzen. Dies benötigen Sie dringend für HTML Formate und als aktive Verlinkung.

Textformen innerhalb der Map

Freie Texte in der Map

Innerhalb einer Map haben Sie die Möglichkeit, freie Texte einzufügen. Auf diese Weise können Sie Zweige mit Kommentaren versehen oder zusätzliche Informationen beifügen. Hierzu gehen Sie über das Menü *Einfügen/Freier Text* oder benutzen die gleichnamige Schaltfläche in der Symbolleiste. Klicken Sie nun an die Stelle in der Map, wo der freie Text erscheinen soll und schreiben Sie. Beenden Sie die Eingabe mit der `Eingabe-Taste`.

Freie Texte hervorheben

Freie Texte lassen sich durch Schriftfarbe, Umrandungen etc. hervorheben. Markieren Sie hierzu den Text und klicken Sie auf die Schaltfläche *hervorheben*.

Textnotizen hinterlegen

Um beispielsweise eine Dokumentation zu erstellen oder ein Besprechungsprotokoll zu schreiben, bietet sich die Funktion Textnotiz an. Das heißt, dass einem Ast oder Zweig eine Datei oder Information hinterlegt wird. Hierzu gehen Sie entweder über das Menü *Ansicht/Textnotiz* oder über die gleichnamige Schaltfläche in der Symbolleiste. Es öffnet sich am unteren Rand des Bildschirmes ein Textnotizfenster, in welches Sie mit Copy & Paste Texte oder auch Tabellen hineinkopieren können.

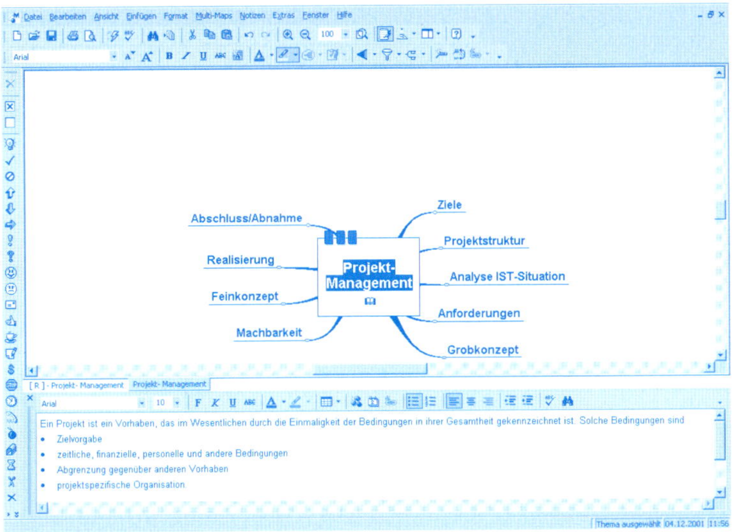

Abbildung 6: *Das MindManager Fenster mit eingeblendeter Textnotizzeile*

Einstellungen Maptitel

Wählen Sie den Maptitel aus und klicken die rechte Maustaste. Aus dem sich öffnenden Kontextmenü wählen Sie *Einstellungen*. Hier können Sie nun die *Textattribute*, *Symbole* und *Datum/Version* auswählen.

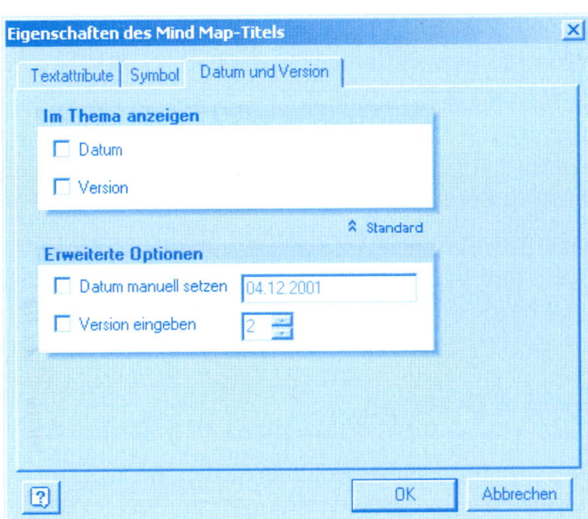

Abbildung 7: *Das Ein- und Ausschalten von Datum und Version erfolgt über die Mind Map-Titeleigenschaften*

Tipp Die Map mit Datum und Versionsnummer im Maptitel ist bei Präsentationen, wie auch als Image-Map in einer Webseite, nicht vorteilhaft. Nutzen Sie die Möglichkeit, diese Angaben im Hintergrund zu lassen. Die Versionsnummer wird versteckt weitergezählt.

Export- und Importfunktionen

Ein wichtiges Instrument des MindManagers ist seine Kompatibilität mit Microsoft Office Programmen.

Import und Export mit Word

Mind Maps können als Worddokument exportiert werden. Der Maptitel wird als Hauptüberschrift exportiert. Zweige werden, abhängig von ihrer Detailebene, zu Gliederungspunkten und Textnotizen zum Standardtext. Gehen Sie einfach auf das Menü *Datei/Export/Datei* und wählen Sie aus dem Dialogfeld *Gliederung*. Tragen Sie einen Namen für die Datei ein und bestätigen Sie Ihre Eingabe mit *OK*.

Ähnlich funktioniert der Import einer Worddatei in den MindManager. Gehen Sie über *Datei/Import* und folgen Sie der Bildschirmanweisung.

Microsoft Project

Sie haben ein Projekt geplant und mit Zeitangaben und Prioritäten versehen. Nutzen Sie nun die Möglichkeit die Mind Map in Microsoft Project zu exportieren, um von dort aus Ihr Projekt weiterzuplanen. Ebenso können innerhalb Microsoft Project schwer änderbare Bereiche über den MindManager eingearbeitet werden. Sie importieren hierzu einfach den Projektplan in die Map, verschieben und ergänzen Äste, füllen Zeitangaben hinzu und exportieren die Map wieder zurück in Microsoft Project.

Diese Form des Exports wie auch der Export nach Outlook, PowerPoint und HTML wird detailliert im Praxisteil dieses Buches besprochen.

Special Features

Den Abschnitt dieses Kapitels finden Sie auch nochmals detailliert auf der CD-Rom zum Buch im Verzeichnis \Teil II\MindManager\ aufgeteilt in verschiedenen Maps.

2 Microsoft Project in 30 Minuten

Stellen Sie sich vor, Sie haben den Auftrag bekommen, sich in aller Kürze mit den Grundfunktionen von Microsoft Project vertraut zu machen. Als Ergebnis soll ein kleiner Projektplan vorliegen. Was liegt da im Projektmanagement näher, als diese Aufgabe gleich selbst als Projekt aufzusetzen! Das Projektziel heißt: Die Basics von Microsoft Project zu erlernen. Der zeitliche Rahmen liegt bei 30 Minuten.

Glücklicherweise hat sich schon vorher jemand Gedanken gemacht. Sie haben bereits eine Mind Map vorliegen, die die einzelnen Schritte als Projektvorgänge aufzeigt und Sie somit an die Hand nimmt.

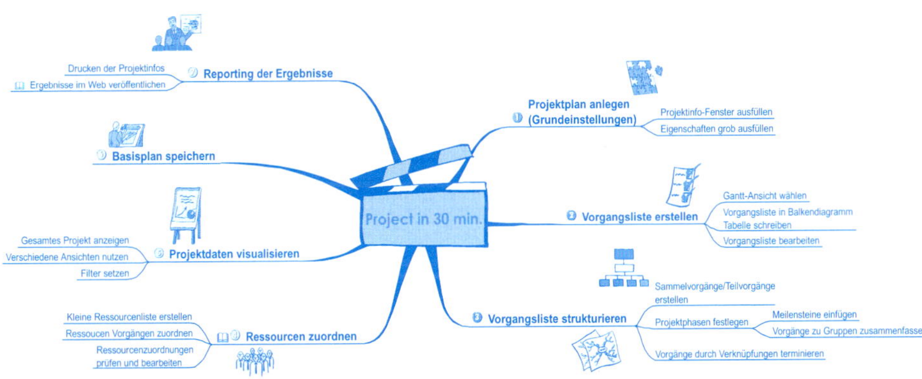

Abbildung 1: *Die Mind Map* Project in 30 Minuten

So legen Sie einen Projektplan an

Nachdem Sie Microsoft Project gestartet haben, legen Sie über den Befehl *Neu* aus der Standardsymbolleiste ein neues Projekt an. Es erscheint das Dialogfeld *Projektinfo* (**Abbildung 2**). Sie tragen hier den geplanten Projektanfangstermin ein und bestätigen mit *OK*. Im Anschluss daran speichern Sie die Projektdatei und vergeben einen Namen. Für weitere Informationen zum Projekt wählen Sie im

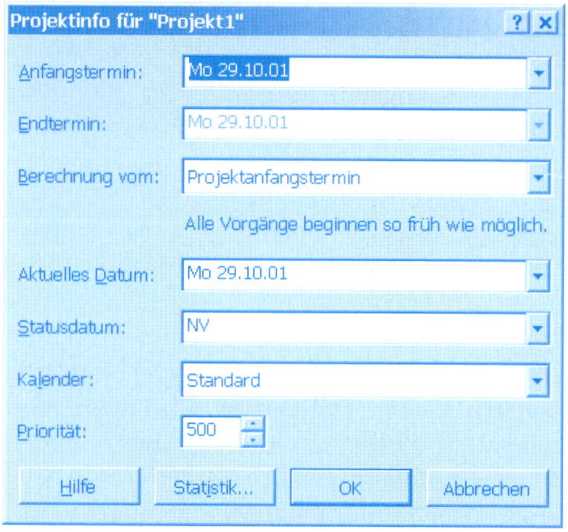

Abbildung 2: *Die Registerkarte* Projektinfo

Menü *Datei* den Befehl *Eigenschaften*. Auf der Registerkarte *Zusammenfassung* finden Sie entsprechende Felder.

So erstellen Sie eine Vorgangsliste

Eine Projektdatei enthält eine Liste mit Einzelschritten, die zum Erreichen des Projektziels erforderlich sind. Unsere Mind Map enthält im Prinzip ein Grobkonzept einer Vorgangsliste. Alle bisher bekannten Schritte, die einer Planung bedürfen, eine Zeitangabe erfordern oder für anderweitige Abstimmungen erforderlich sind, gehören in den Plan.

Schritt für Schritt wird nun der Projektplan Gestalt annehmen, wobei Sie im Uhrzeigersinn nacheinander sämtliche Äste der Mind Map einpflegen. Zuerst die Hauptäste, dann die nächst tiefere Ebene.

Wählen Sie hierzu die standardmäßig eingestellte Ansicht *Balkendiagramm (Gantt)* in Microsoft Project. Jeder Vorgang wird in der Spalte *Vorgangsname* in eine Zeile geschrieben. Mit der Eingabetaste gelangen Sie in die nächste freie Vorgangszeile. Wiederholen Sie die Schritte, bis alle Vorgänge erfasst sind.

Die Standardwerte für die Vorgangsdauer können Sie vorerst übernehmen. Das Fragezeichen im Feld *Dauer* steht solange für geschätzte Dauer, bis Sie später einen exakten Wert eingegeben haben.

Die Vorgangsliste bearbeiten

Jederzeit können Sie in der Vorgangstabelle neue Vorgänge einfügen, vorhandene Vorgänge im Projektplan verschieben oder einzelne Vorgänge wieder löschen. Zum Einfügen eines neuen Vorgangs klicken Sie auf die gewünschte Vorgangszeile und wählen die Befehlsfolge *Einfügen/Neuer Vorgang* oder drücken sofort die `Einfg-Taste`. Microsoft Project erstellt dann eine neue Vorgangszeile über der ausgewählten Zeile.

Erstellen Sie einen neuen Vorgang über der Vorgangszeile „Vorgangsliste strukturieren". Geben Sie dem Vorgang den Namen „Vorgangsliste bearbeiten" und bestätigen Sie anschließend mit der Eingabetaste.

Möchten Sie eventuell später den gesamten Vorgang samt all seinen Werten löschen, drücken Sie die `Entf.-Taste`.

Wichtig

Hierbei ist jedoch Vorsicht geboten! Selbst wenn Sie beispielsweise nur die Zelle des Vorgangsnamens markieren und dann auf Entfernen drücken, wird die gesamte Vorgangszeile gelöscht. Um nur einen Zellinhalt zu löschen, müssen Sie die Tastenkombination Strg. Entf. drücken.

Das Verschieben von Vorgängen lässt sich in Microsoft Project bequem mit der Drag&Drop-Methode durchführen. Microsoft Project legt dabei automatisch eine leere Zeile an der neuen Position an und löscht die Zeile an der vorherigen Position.

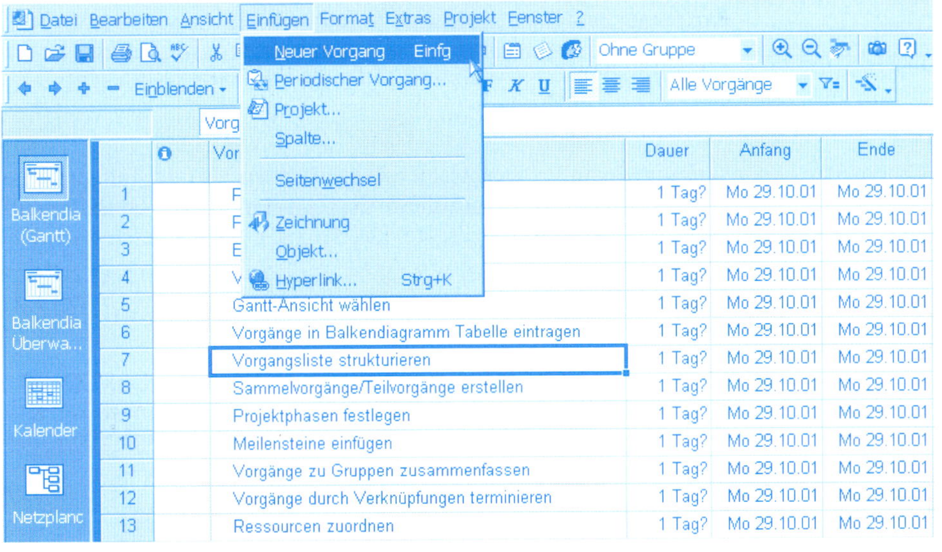

Abbildung 3: *Das Einfügen eines neuen Vorgangs*

Klicken Sie hierzu auf die Vorgangsnummer am Zeilentitel des entsprechenden Vorgangs, um den gesamten Vorgang zu markieren. Klicken Sie erneut mit der linken Maustaste darauf und ziehen Sie anschließend mit gedrückt gehaltener Maustaste den Vorgang an die gewünschte Position.

Nun haben Sie bereits ein Gefühl für die Vorgangstabelle von Microsoft Project bekommen und kennen schon einige der wichtigsten Befehle. Jetzt wird es Zeit, an die eigentliche Planung zu gehen und die Liste mit Leben zu füllen.

So strukturieren Sie die Vorgangsliste

Nachdem Sie die Vorgangsinformationen eingegeben haben, erstellen Sie eine Gliederung, damit Sie die Struktur des Projekts ähnlich wie in der Mind Map besser erkennen können. Eine Gliederung hilft Ihnen nicht nur beim Strukturieren der Vorgänge. Einzelne Vorgänge lassen sich in Gruppen auch besser verwalten. Das spart Ihnen später, wenn es darauf ankommt, eine Menge Arbeit. Denn was helfen Ihnen all die „schön gemalten“ Balken, wenn der Überblick verloren geht und sich das Projekt in der Überwachungsphase nicht mehr sicher steuern lässt?!

Höher oder tiefer stufen

Da hilft unsere Mind Map weiter. Die einzelnen Äste Ihrer Vorgangsliste sind in der Map schon in mehrere Gliederungsebenen aufgeteilt. Diese Gliederungsstruktur können Sie in Microsoft Project leicht abbilden, indem Sie jetzt durch Einrücken von Vorgängen eine Hierarchie erstellen. So lassen sich einfach Hauptvorgänge in einzelne Arbeitspakete untergliedern. Die Hauptvorgänge werden dabei Sammelvorgänge genannt. Die eingerückten Vorgänge unter einem Sammelvorgang sind die Teilvorgänge. Unter Ihren Sammelvorgang „Projektplan anlegen“ fallen also die Teilvorgänge „Projektinfo-Fenster ausfüllen“ und „Eigenschaften grob ausfüllen“.

Und so wird es gemacht: Um die Vorgänge zu strukturieren, markieren Sie jeweils die Teilvorgänge, die eingerückt werden sollen.

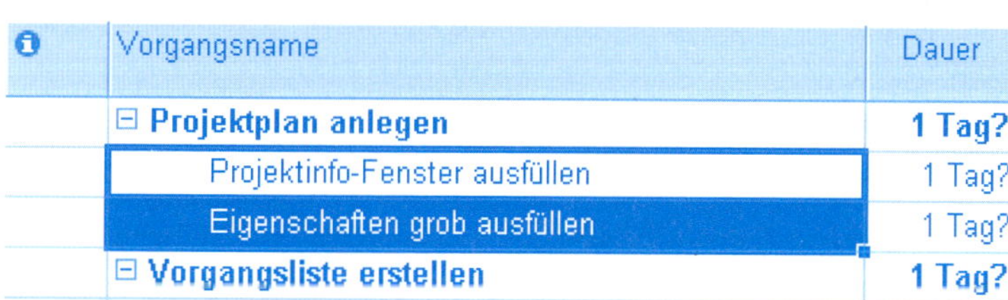

Abbildung 4: *Markierte Vorgänge*

Klicken Sie anschließend in der Symbolleiste *Format* auf *Teilvorgänge tiefer stufen.*

Tipp

Das Tiefer- oder Höherstufen eines Vorgangs können Sie alternativ auch schnell mit Hilfe der Maus durchführen. Dazu positionieren Sie den Mauszeiger auf den ersten Buchstaben des Vorgangsnamens. Wenn der Mauszeiger die Form eines Doppelpfeils annimmt, können Sie ihn nach rechts verschieben, um den Vorgang tiefer zu stufen, oder nach links, um den Vorgang höher zu stufen.

Teilvorgänge ein- und ausblenden

Sie können Ihre Teilvorgänge je nach Wunsch ein- und ausblenden. Markieren Sie dazu die entsprechenden Vorgänge aus Ihrer Liste und wählen in der *Format*-Symbolleiste die Schaltfläche *Teilvorgänge einblenden* oder *Teilvorgänge ausblenden.* Alternativ dazu können Sie die Schaltfläche *Einblenden* nutzen, um bestimmte Gliederungsebenen anzuzeigen.

Die Vorgangsliste ist nun in der richtigen Form strukturiert. Später werden Sie sehen, dass die Anfangs- und Endtermine eines Sammelvorgangs automatisch durch die Anfangs- und Endtermine des frühesten bzw. spätesten Teilvorgangs festgelegt werden.

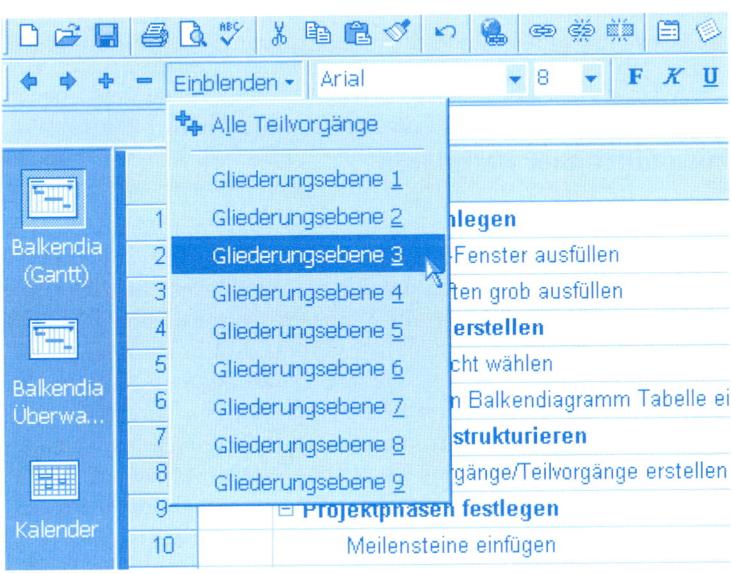

Abbildung 5: *Das Ein- und Ausblenden von Gliederungsebenen und Teilvorgängen*

So definieren Sie Projektphasen

Im Projektmanagement spricht man von Meilensteinen. Ein Meilenstein ist ein Vorgang, der zur Kennzeichnung bedeutsamer Ereignisse im Terminplan verwendet wird. Ein Meilenstein eignet sich besonders gut, um beispielsweise den Abschluss einer wichtigen Projektphase zu dokumentieren. Wenn Sie eine Dauer von null Tagen für einen Vorgang eingeben, zeigt Microsoft Project im Balkendiagramm (Gantt) zu Beginn dieses Tages das Meilensteinsymbol an.

Klicken Sie im Vorgang „Basisplan speichern" auf die Zelle *Dauer* und geben den Wert *0* ein. Anschließend fügen Sie einen weiteren Vorgang ein, der das Projektende darstellen soll. Benennen Sie ihn mit *Mein erster Projektplan ist fertig* und setzen Sie die Dauer ebenfalls auf Null. Sie haben hiermit zwei Vorgänge zu Meilensteinen gemacht.

Tipp Seien Sie nicht geizig, wenn es um das Hinzufügen von Meilensteinen geht! Je mehr Etappenziele Sie in Ihrem Projekt angelegt haben, desto besser lässt sich später der Projektstatus an fixen Terminen überwachen. Auch das Gliedern Ihres Projektes in überschaubare Phasen hilft Ihnen, bei komplexen Projektplänen stets den Überblick zu behalten. Wenn Sie noch in der Konzeptphase sorgfältig zwischen Sammel- und Teilvorgängen unterscheiden, ist die notwendige Projektstruktur schon frühzeitig ein tragfähiges Gerüst.

Vorgangsdauer definieren

Um den Projektplan mit realistischeren Werten zu füllen, vergeben Sie jetzt für einzelne Vorgänge *Dauern*. Zu jedem Vorgang können Sie den Zeitraum eingeben, der für die Ausführung des Vorgangs erforderlich ist. Sie können die Dauer in jeder beliebigen Einheit eingeben (Minuten, Stunden, Tage, Wochen, Monate oder Jahre). Standardmäßig werden Tage für die Dauer gegeben, was in der Regel auch die kleinste sinnvolle Zeiteinheit ist. Obschon wir in unserem Beispiel in Minuten planen könnten, verwenden wir stattdessen die Einheit Tage. Auf die gleiche Weise, wie Sie zuvor Meilensteine erstellt haben, definieren Sie nun die Bearbeitungszeiträume einzelner Vorgänge.

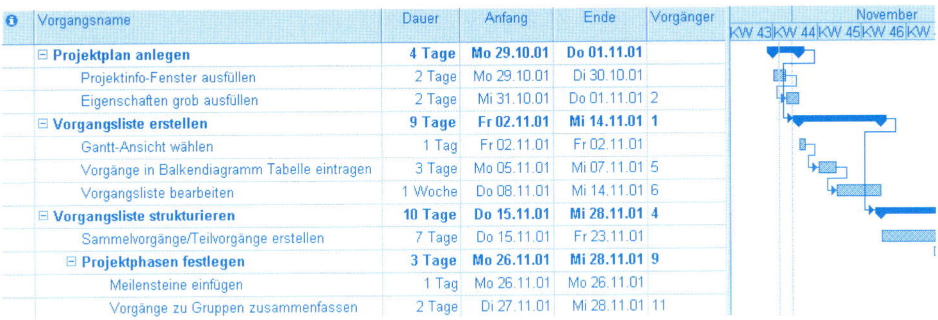

	Vorgangsname	Dauer	Anfang	Ende	Vorgänger
	⊟ Projektplan anlegen	**4 Tage**	**Mo 29.10.01**	**Do 01.11.01**	
	Projektinfo-Fenster ausfüllen	2 Tage	Mo 29.10.01	Di 30.10.01	
	Eigenschaften grob ausfüllen	2 Tage	Mi 31.10.01	Do 01.11.01	2
	⊟ Vorgangsliste erstellen	**9 Tage**	**Fr 02.11.01**	**Mi 14.11.01**	**1**
	Gantt-Ansicht wählen	1 Tag	Fr 02.11.01	Fr 02.11.01	
	Vorgänge in Balkendiagramm Tabelle eintragen	3 Tage	Mo 05.11.01	Mi 07.11.01	5
	Vorgangsliste bearbeiten	1 Woche	Do 08.11.01	Mi 14.11.01	6
	⊟ Vorgangsliste strukturieren	**10 Tage**	**Do 15.11.01**	**Mi 28.11.01**	**4**
	Sammelvorgänge/Teilvorgänge erstellen	7 Tage	Do 15.11.01	Fr 23.11.01	
	⊟ Projektphasen festlegen	**3 Tage**	**Mo 26.11.01**	**Mi 28.11.01**	**9**
	Meilensteine einfügen	1 Tag	Mo 26.11.01	Mo 26.11.01	
	Vorgänge zu Gruppen zusammenfassen	2 Tage	Di 27.11.01	Mi 28.11.01	11

Abbildung 6: *Ein Ausschnitt aus dem Projektplan mit eingetragener Dauer*

Vorgänge durch Verknüpfungen terminieren

Nachdem Sie nun Ihre Vorgangsliste erstellt und gegliedert haben, müssen Sie angeben, wie die Vorgänge untereinander und mit bestimmten Terminen verbunden sind. In der Regel weisen Aufgaben gewisse Abhängigkeiten zu anderen Vorgängen auf. So gilt für Ihr Projekt, dass ein Reporting der Projektergebnisse logischerweise erst erfolgen kann, wenn der Projektplan angelegt und entsprechende Werte eingegeben wurden. Wir nehmen in unserem Projekt an, dass die einzelnen Vorgänge in einer Kette nacheinander erledigt werden. So legen Sie die Anordnungsbeziehung fest:

Markieren Sie alle Vorgänge und wählen Sie anschließend auf der Standard-Symbolleiste die Schaltfläche *Vorgänge verknüpfen*. Zum Anpassen der Balkenansicht wählen Sie die Zoom-Schaltflächen *Vergrößern oder Verkleinern* in der Standard-Symbolleiste.

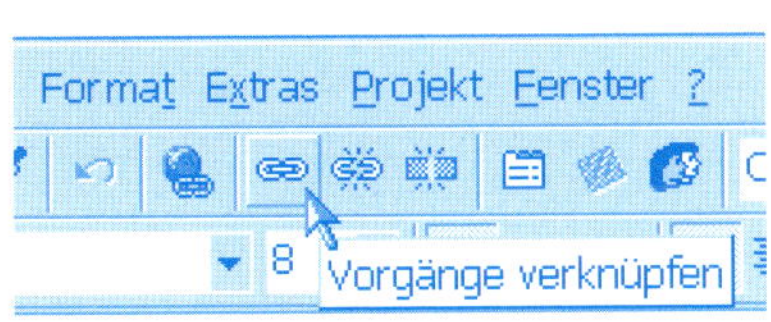

Abbildung 7: *Der Mauszeiger zeigt auf die Schaltfläche* Vorgänge verknüpfen

Sie sehen in den Tabellenspalten *Anfang* und *Ende*, dass Microsoft Project für alle Vorgänge neue Anfangs- und Endtermine berechnet hat. Zudem hat sich die Dauer der Sammelvorgänge geändert, da jeder Vorgang nacheinander und nicht mehr für den gleichen Tag geplant ist. Der Verlauf des Projektes wird mit Pfeilen verdeutlicht, wobei die Sammelvorgänge durch eine dickere Linie dargestellt werden. Da sämtliche Arbeiten standardmäßig nur an Werktagen verrichtet werden, erhöht sich die Dauer von Sammelvorgängen, die über ein Wochenende hinausgehen, entsprechend. Diese Einstellung lässt sich je nach Wunsch über die Kalendereinstellungen ändern.

Vorgänger und Nachfolger

Der Vorgang, dessen Anfang oder Ende von einem anderen Vorgang abhängt, wird Nachfolger genannt. Der Vorgang, von dem der Nachfolger abhängt, wird Vorgänger genannt. Wenn Sie beispielsweise *Ressourcenliste erstellen* mit *Ressource Vorgängen zuordnen* verknüpfen, ist *Ressource Vorgängen zuordnen* der Nachfolger und *Ressourcenliste erstellen* der Vorgänger.

Sobald die Vorgänge verknüpft wurden, haben Änderungen an den Terminen des Vorgängers logischerweise auch Auswirkungen auf die Termine des Nachfolgers. Microsoft Project erstellt dabei standardmäßig eine so genannte Ende-Anfang-Anordnungsbeziehung, also eine Verknüpfung, die anzeigt, dass ein Vorgang anfängt, sobald ein anderer Vorgang endet.

Anordnungsbeziehungen

Es gibt zahlreiche Arten von Vorgangsbeziehungen. Diese Verknüpfungen werden Anordnungsbeziehungen genannt. Da eine Ende-Anfang-Anordnungsbeziehung jedoch nicht in allen Fällen zutrifft, können Sie die Vorgangsverknüpfung ebenso in eine Anfang-Anfang-, Ende-Ende- oder Anfang-Ende-Beziehung ändern. Wählen Sie die gewünschte Anordnungsbeziehung, um Ihr Projekt an die realen Gegebenheiten anzupassen.

Klicken Sie hierzu in der Balkenansicht auf den Pfeil, der die entsprechenden Vorgänge miteinander verbindet, doppelt an. Es erscheint das Dialogfeld *Anordnungsbeziehung*. Hier können Sie im Listenfeld *Art* eine Beziehung wählen.

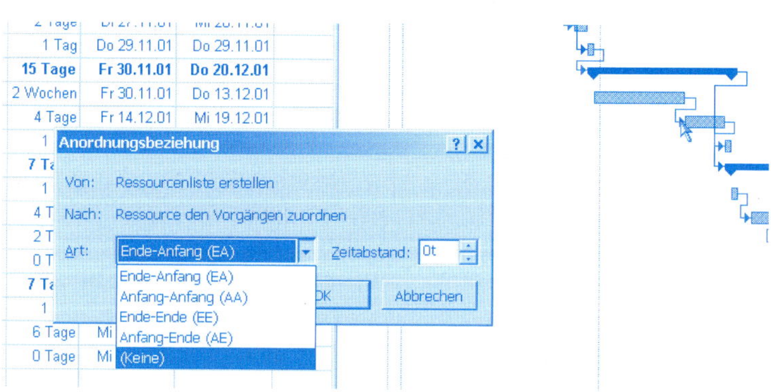

Abbildung 8: *Das Dialogfeld* Anordnungsbeziehung

Da Microsoft Project die Anfangs- und Endtermine für Vorgänge, die über Anordnungsbeziehungen zu anderen Vorgängen verfügen, automatisch festlegt, können Sie auf diesem Wege eine realistische Terminplanung beginnen. Geben Sie deshalb möglichst keine Daten manuell in die Felder *Anfang* und *Ende* ein. Denn Microsoft Project berechnet den Anfangs- und Endtermin auf der Grundlage eben dieser Verknüpfungen der Vorgänge untereinander.

Tipp

Der große Vorteil von Anordnungsbeziehungen oder verknüpften Vorgängen liegt darin, dass bei einer Terminänderung die Termine für die verknüpften Vorgänge automatisch neu berechnet werden. Sie können die Terminpläne für Vorgänge mit Hilfe von Einschränkungen, Überlappen oder Verzögern von Vorgängen und Aufteilen von Vorgängen bei einer vorübergehenden Unterbrechung der Arbeit weiter abstimmen. Um eine Verzögerung eines Vorgangs über eine Anordnungsbeziehung zu steuern, geben Sie im Dialogfenster *Anordnungsbeziehung* im Feld *Zeitabstand* einen positiven Zeitwert ein. Eine Überlappung wird entsprechend über negative Werte erzeugt.

Gesetzt dem Fall, Ihnen würden beispielsweise mehrere Ressourcen zur Verfügung stehen oder bestimmte Prozesse sind von anderen unabhängig, könnten einige Vorgänge auch parallel ablaufen.

Hierzu verfahren Sie wie folgt: Blenden Sie die Tabellenspalte *Vorgänger* ein, indem Sie den Mauszeiger zwischen der Spalte *Ende* und *Ressourcenname* positionieren. Der Mauszeiger nimmt dann die Form eines Doppelpfeils an. Halten Sie die linke Maustaste gedrückt, während Sie die Grenzlinie soweit nach rechts aufziehen, bis die Spalte *Vorgänger* komplett erscheint. Jetzt geben Sie für den Vorgang *Filter setzen* die Vorgängernummer *16* ein. Somit haben Sie festgelegt, dass diese Aufgabe unmittelbar auf den Vorgang *Ressource den Vorgängen zuordnen* folgen soll.

Das Ressourcenmanagement

Das Ressourcenmanagement zählt im Projektmanagement sicherlich zu den komplexesten und schwierigsten Aufgaben. Nicht zuletzt, weil hier dem Projektmanager neben der Software-Kenntnis sehr viel kommunikatives Gespür abverlangt wird. Die eigentlichen Ressourcenkonflikte kann eine Projektplanungssoftware im besten Fall hervorheben. Diese Unterstützung kann Microsoft Project Ihnen bieten. Und wenn Ihre Eingaben aktuell und korrekt sind, ist diese Hilfe meist Gold wert.

Selbstverständlich handelt es sich bei Ressourcen nicht nur um Personen, sondern genauso um Material wie beispielsweise ein Raum oder eine Maschine. Ressourcen jeder Art sind prinzipiell knapp.

Abbildung 9: *Die Ansichtsleiste am rechten Bildschirmrand*

Das heißt, sie stehen nicht unbegrenzt zur Verfügung und müssen somit sorgfältig geplant werden.

Die Verfügbarkeit von Ressourcen misst Microsoft Project in Einheiten. Per Voreinstellung werden Ressourcen zunächst mit 100 Prozent eingeteilt. Dieser Wert lässt sich selbstverständlich ändern. Sie sollten von dieser Option jedoch nur in gerechtfertigten Ausnahmefällen Gebrauch machen. Wir wissen, dass unsere erforderlichen Ressourcen dem Projekt voll zur Verfügung stehen. Ihre Verfügbarkeit und somit die maximalen Einheiten liegen bei 100 Prozent.

So erstellen Sie eine Ressourcenliste

Microsoft Project bietet zum Zuordnen von Ressourcen verschiedene Möglichkeiten an. Ein schneller Weg der Zuordnung ist über das Dialogfeld *Ressourcen zuordnen* möglich. Der sorgfältigere und detailliertere Weg, Ressourcen zu definieren, sollte über die eigens dafür vorgesehene Ressourcenansicht erfolgen. Sie wählen dazu ganz unten in der Ansichtsleiste die Ansicht *Ressource: Tabelle*.

Hier finden Sie eine Tabellenansicht vor, in der bereits standardmäßig zahlreiche Spalten vordefiniert sind. Sie können sich die Tabellenspalten nach Ihren Wünschen gestalten. Geben Sie entsprechend der **Abbildung 10** die Ressourcen ein. Weitere Änderungen werden wir zunächst nicht berücksichtigen.

		Ressourcenname	Art	Materialbeschriftung	Kürzel	Gruppe	Max. Einh.	Standardsatz	Überstd.-Satz
2		Bruch, Robert	Arbeit		B		100%	0,00 DM/Std.	0,00 DM/Std.
3		Geisenheyner, Sibylle	Arbeit		G		100%	0,00 DM/Std.	0,00 DM/Std.
1		Reinke, Helmut	Arbeit		R		100%	0,00 DM/Std.	0,00 DM/Std.

Abbildung 10: *Ein Ausschnitt aus der Ressourcentabelle*

So ordnen Sie die Ressourcen Vorgängen zu

Im folgenden Schritt werden Sie die Ressourcen mit Hilfe der Maske *Ressourcen zuordnen* in Ihren Projektplan einpflegen. Rufen

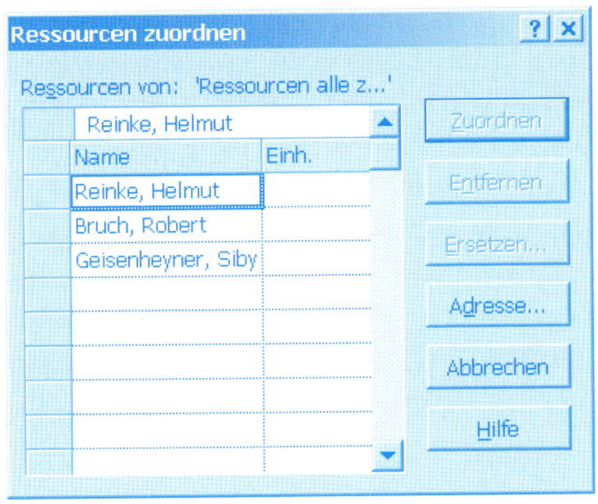

Abbildung 11: *Das Dialogfenster* Ressourcen zuordnen

Sie dazu wieder über die Ansichtsleiste die Ansicht *Balkendiagramm-Gantt* auf. Wählen Sie im Menü *Extras* den Befehl *Ressourcen* und klicken anschließend im Untermenü auf *Ressourcen zuordnen* oder alternativ dazu die Tastenkombination `Alt+F10`. Es wird das Dialogfeld *Ressourcen zuordnen* aufgerufen.

Jetzt können Sie die vorhandenen Ressourcen mit verschiedenen Methoden im selben Dialogfeld zuordnen. Verwenden Sie beispielsweise exemplarisch die Drag&Drop-Methode, indem Sie eine Ressource anklicken und dann den Mauszeiger auf den Zeilentitel der Ressource richten, bis das Ressourcensymbol erscheint. Ziehen Sie anschließend mit gedrückter linker Maustaste die Zuordnung auf den gewünschten Vorgang. Sie können diesen Schritt beliebig wiederholen, bis jedem Vorgang die entsprechenden Ressourcen zugewiesen wurden. Sammelvorgänge werden hierbei gemeinhin nicht mit Ressourcen versehen. Sind alle Ressourcen zugeordnet, wählen Sie die Schaltfläche *Schließen* im Dialogfeld *Ressource zuordnen*.

So prüfen und bearbeiten Sie Ihre Ressourcenzuordnungen

Möchten Sie den Arbeitsumfang, der von Personen oder Sachmitteln geleistet wird, überwachen? Oder möchten Sie vielleicht Ressourcen mit zu wenig oder zu viel zugeordneter Arbeit im Auge behalten? Dann sollten Sie einmal den Blick hinaus über die bisher verwendete Balkenansicht wagen.

Um die Arbeitsauslastung Ihrer zugeordneten Ressourcen zu prüfen oder Ressourcenkonflikte frühzeitig zu erkennen, wählen Sie beispielsweise die Ansicht *Ressource: Einsatz* aus der Ansichtsleiste. Hier werden die Projektressourcen und, darunter gruppiert, ihre zugeordneten Vorgänge angezeigt. Auch diese Ansicht arbeitet mit einer tabellarischen Darstellung. Auf der linken Fensterhälfte finden Sie Ihre gewohnten Vorgänge, ergänzt durch die Spalte *Arbeit*. Die rechte Seite enthält eine Zeitskala, aus der Sie die aktuelle Auslastung Ihrer Ressourcen entnehmen können. Verwenden Sie die Schaltfläche *Zoom* in der Standard-Symbolleiste, um die gewünschten Zeiteinheiten anzuzeigen. Sie werden feststellen, dass Microsoft Project standardmäßig pro Arbeitstag acht Stunden verplant.

Mit Hilfe der Ansicht *Ressource: Einsatz* können Sie ermitteln, wie viele Stunden jede Ressource gemäß Terminplan an bestimmten Vorgängen arbeitet und welche Ressourcen davon überlastet sind. Darüber hinaus können Sie feststellen, wie viel Zeit jeder Ressource für zusätzliche Arbeitszuordnungen noch zur Verfügung steht.

Alternativ können Sie sich ebenfalls mit Hilfe der Ansicht *Vorgang: Einsatz* einen guten Überblick über Ihre vorgangsorientierte Auslastung machen. Sobald Sie mehrere Ressourcen einem einzigen Vorgang zugeordnet haben, ist diese Ansicht hilfreich.

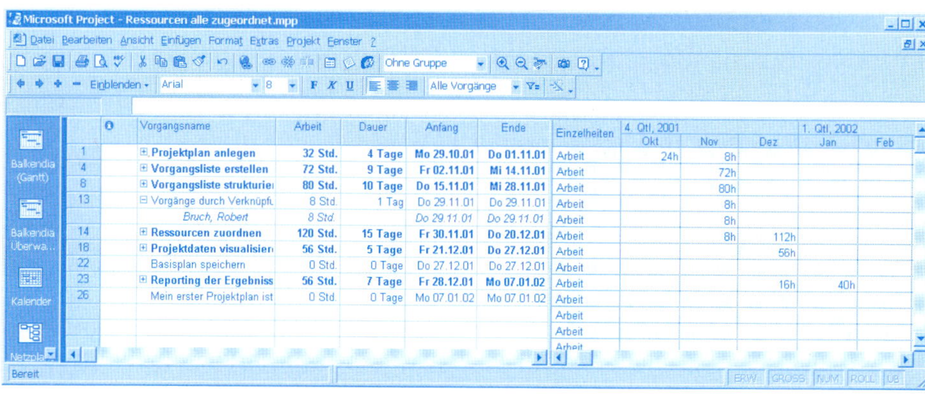

Abbildung 12: *Die Ansicht* Vorgang: Einsatz

Die vordefinierten Tabellenspalten lassen sich, wie in allen anderen Ansichten auch, je nach Wunsch ändern. Auf die Vielzahl von Anpassungsmöglichkeiten, die Microsoft Project jeder Ansicht in Kombination mit Tabellen oder Masken zur Verfügung stellt, werden wir hier nicht weiter eingehen – schließlich stehen uns laut Projektziel nur 30 Minuten für die Durchführung zur Verfügung.

Nachdem Sie nun schon erfolgreich die Grundelemente von Microsoft Project zur Erstellung eines kleinen Projektplans kennen gelernt haben, wenden wir uns in der verbleibenden Zeit einigen Optionen zur Visualisierung von Projektdaten zu.

So visualisieren Sie Ihre Projektdaten

Allein über die Vielzahl an Layoutmöglichkeiten, Ansichtskombinationen, Zoomfunktionen, Filtertechniken, Gruppierungs- und Sortierfunktionen, die Microsoft Project zur Verfügung stellt, ließen sich Bände füllen. Im Eifer des Gefechts verliert der Projektmanager da schnell den Überblick, soll doch meist nur ein spezieller Fokus auf die Daten angelegt werden oder der Wust an Vorgängen samt ihrer Verknüpfungen auf den aktuellen Status reduziert werden.

Verschaffen Sie sich einen Überblick über das gesamte Projekt

Hätten Sie bei einem Projekt von über Hundert Vorgängen noch den Überblick über die gesamte Projektdauer und die Summe sämtlicher zugewiesener Aufwände? Derlei Informationen sollten Sie sich automatisch in einer Zeile anzeigen lassen. Ein simples Mittel mit wertvoller Aussagekraft.

Wählen Sie dazu im Menü *Extras* den Befehl *Optionen*. Auf der Registerkarte *Ansicht* finden Sie in der Kategorie *Gliederungsoptionen* das Kontrollkästchen *Projektsammelvorgang*. Aktivieren Sie das Kontrollkästchen und bestätigen Sie mit *OK*.

Microsoft Project fügt automatisch in die oberste Zeile einen Sammelvorgang ein, der sämtliche Projektdaten zusammenfasst.

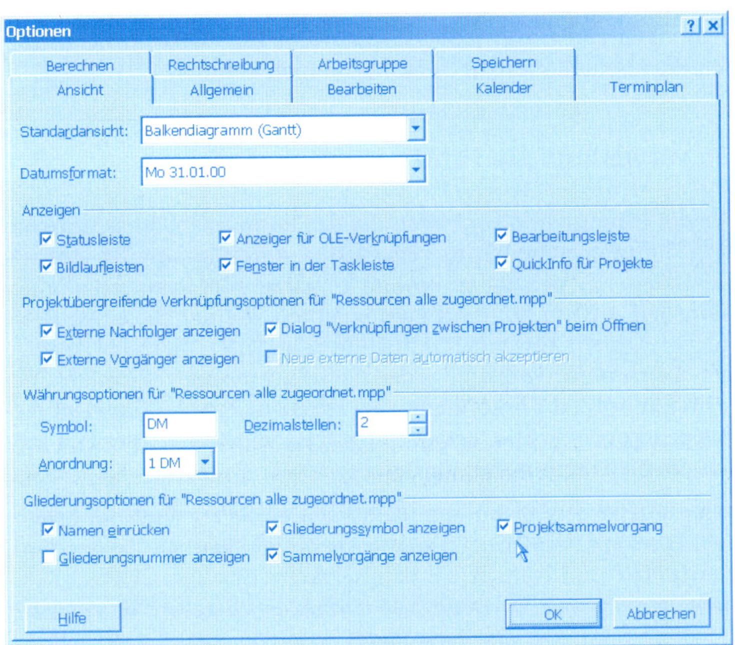

Abbildung 13: *Das Dialogfenster* Optionen

Reduzieren Sie anschließend über die Ihnen bereits bekannten Möglichkeiten der Gliederungsfunktionen, wie beispielsweise die Schaltfläche *Einblenden,* die gewünschten Gliederungsebenen. Zudem verwenden Sie gezielt die Zeitskalenoptionen, indem Sie auf die Zeitskala beispielsweise im Balkendiagramm doppelklicken. Es öffnet sich daraufhin das Dialogfeld *Zeitskala.*

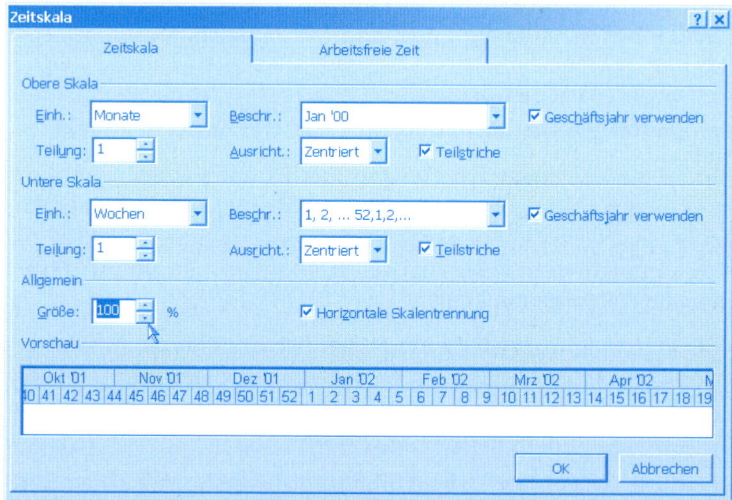

Abbildung 14:
Das Dialogfeld Zeitskala

Nehmen Sie auf der Registerkarte *Zeitskala* die gewünschten Einstellungen vor, wodurch Sie beispielsweise Ihre Balkenansicht straffen oder detaillierter angezeigt bekommen können.

So verwenden Sie Filter

Bei der Planung und Überwachung des Terminplans ist es sinnvoll, sich die Informationen in verschiedenen Kombinationen anzusehen. Wenn Sie sich auf bestimmte Vorgänge oder Ressourcen in der aktuellen Ansicht konzentrieren möchten, können Sie einen Filter auf die Ansicht anwenden. Mit Hilfe eines Filters kann die Anzeige auf bestimmte Vorgänge oder Ressourcen eines Projektes beschränkt werden. Sie können dabei angeben, dass der Filter nur diejenigen Vorgänge bzw. Ressourcen anzeigen oder hervorheben soll, auf die die Filterkriterien zutreffen.

Microsoft Project bietet eine Reihe vordefinierter Filter im Listenfeld *Filter* auf der Formatsymbolleiste an. Klicken Sie auf den Pulldown-Pfeil und wählen Sie beispielsweise den interaktiven Filter *Terminbereich* aus. Im Dialogfeld *Terminbereich* geben Sie zunächst den Termin an, der den Anfang des Zeitfensters markieren soll.

Geben Sie z.B. 15.11.01 ein und bestätigen Sie mit *OK*. Das nächste Dialogfeld bittet Sie um Eingabe des Endtermins für den Terminbereich. Geben Sie 15.12.01 ein und bestätigen die Eingabe wieder mit *OK*.

Um den Filter wieder aufzuheben, wählen Sie im Listenfeld *Filter* den Eintrag *Alle Vorgänge* aus. Dann werden wieder sämtliche Projektvorgänge angezeigt.

Um rasch eine Teilmenge von Daten in einem Feld zu finden, können Sie zudem in vielen Ansichten einen AutoFilter festlegen. Wählen Sie dazu den Befehl *AutoFilter* in der Format-Symbolleiste. Klicken Sie auf den Pfeil in der Spalte, die die gewünschten Informationen enthält und klicken Sie anschließend auf den Wert, den Sie zum Filtern der Tabelle verwenden möchten. Um die AutoFilter-Funktion auszuschalten, klicken Sie einfach erneut auf die Schaltfläche *AutoFilter*. Ähnliche Möglichkeiten stehen mit der Option *Gruppieren* zur Verfügung. Hier sind Ihren Wünschen kaum Grenzen gesetzt, da Sie sich schließlich auch Ihre eigenen Filter mit entsprechenden Werten zusammenstellen können.

So speichern und überwachen Sie Ihr Projekt mit einem Basisplan

Nachdem Sie nun Vorgangs- und Ressourceninformationen für Ihr Projekt eingegeben haben, können Sie eine Momentaufnahme Ihres ursprünglichen Plans speichern. Diese Momentaufnahme wird Basisplan genannt. Nachdem die Arbeit am Projekt begonnen hat und Sie z.B. aktuell geleistete Arbeit erfasst haben, können Sie diese Informationen eingeben und die Daten mit dem Basisplan vergleichen.

Wenn Sie alle benötigten Informationen für Ihr Projekt eingegeben haben und bereit sind, mit der eigentlichen Arbeit zu beginnen, können Sie einen Basisplan mit den Informationen des Projekts speichern. Den Basisplan können Sie dann mit dem aktuellen Projektfortschritt vergleichen. Mit Hilfe des Basisplans können Sie das Fortschreiten im Terminplan überwachen, so dass Sie notwendige Korrekturen durchführen können. Beispielsweise können Sie erkennen, welche Vorgänge später als geplant angefangen haben und wie viel Arbeit die Ressourcen erledigt haben.

Wenn Sie beim ersten Speichern der Datei noch nicht alle grundlegenden Projektinformationen eingegeben haben, können Sie vorerst angeben, dass die Datei ohne Basisplan gespeichert werden soll.

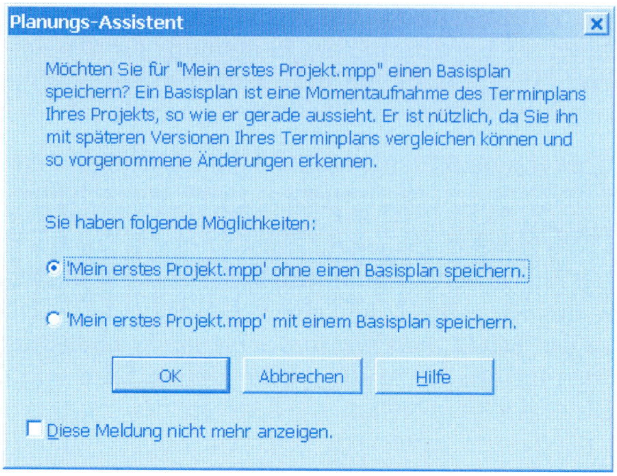

Abbildung 15: *Der Planungs-Assistent zum Speichern des Projektes*

Reporting der Ergebnisse

Um ein Projekt effektiv zu verwalten, müssen Sie Projektinformationen mitteilen und weiterleiten. Sie können Berichte oder Präsentationen vorbereiten oder Informationen in einer Website veröffentlichen. Mit Microsoft Project können Sie Ansichten formatieren und veröffentlichen sowie Berichte drucken, um den Bedürfnissen einer bestimmten Person oder Gruppe gerecht zu werden.

Drucken der Projektinfos

Nachdem Sie nun die grundlegenden Informationen zu Ihrem Projekt eingegeben und gespeichert haben, möchten Sie es sicherlich einmal ausdrucken und den Plan überprüfen. Doch beim Drucken von Microsoft Project Terminplänen ist ein wenig Vorsicht geboten! Vor allem, wenn Sie Ihren Plan auf üblichem DIN A4 Papier drucken möchten, sei gleich vor zu schnellem Betätigen des Druck-Befehls auf der Standard-Symbolleiste gewarnt.

Wichtig

Nutzen Sie unbedingt zuvor die Seitenansicht bzw. die Druck-Vorschau.

Bevor Sie eine Ansicht drucken, wählen Sie den Befehl *Seitenansicht* auf der Standard-Symbolleiste, um die Informationen im Ausdruck vorab anzuzeigen. Klicken Sie im Anschluss auf die Schaltfläche *Seite einrichten*. Im Dialogfeld *Seite einrichten* steht Ihnen über die Registerkarten eine Fülle nützlicher Optionen zur Verfügung.

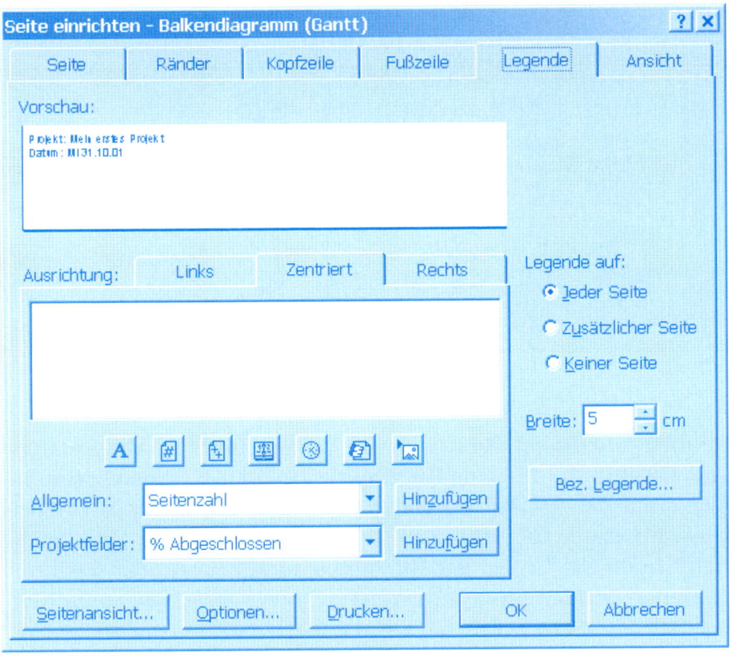

Abbildung 16: *Das Dialogfeld* Seite einrichten

Hier können Sie die Ausrichtung und Größe der Seite anpassen, die Kopf- und Fußzeilen sowie die Legenden bearbeiten und die Druckoptionen festlegen. Damit Sie sich einfacher in Ihrem Projekt zurechtfinden, können Sie Kopfzeilen, Fußzeilen und Seitenzahlen hinzufügen. Wenn Sie bestimmte Bereiche des Plans überprüfen möchten, können Sie zu einer anderen Ansicht wechseln und die Ansicht anpassen, so dass nur die benötigten Informationen angezeigt werden.

Tipp

In den meisten Fällen enthält eine gedruckte Ansicht nur die Informationen, die auf dem Bildschirm angezeigt werden, wenn Sie den Befehl *Drucken* verwenden. Wenn Sie den aktuellen Bildschirminhalt ausdrucken möchten, drucken Sie eine *Ansicht* aus. Sie können Tabellen-, Grafik- und die meisten der Balkenansichten ausdrucken, d.h. alle Ansichten außer Maskenansichten und der Ansicht Beziehungsdiagramm.

Zudem haben Sie die Möglichkeit, aus einer Fülle vordefinierter und anpassbarer Standardberichte auszuwählen. Bei einem Bericht handelt es sich um eine vordefinierte Gruppe detaillierter Informationen zu einem bestimmten Teil Ihres Projektplans. Wählen Sie hierzu aus dem Menü *Ansicht* den Befehl *Bericht*.

Der *Wer-macht-was-Bericht* beispielsweise schließt automatisch alle Vorgangszuordnungen einer Ressource ein. Darüber hinaus werden

Abbildung 17: *Im Dialogfeld* Berichte *findet sich eine Fülle von Standardberichten*

Informationen über die Arbeit, die Verzögerung und die Anfangs- und Endtermine für jede Zuordnung geboten. Doppelklicken Sie hierzu auf das Symbol *Ressourcen*. Anschließend folgt ein Doppelklick auf das Symbol für den *Wer-macht-was-Bericht*. Und schon steht Ihnen ein fertiger Bericht zum Ausdruck bereit, der die Informationen bündelt ohne komplizierte Projekt-Ansichten zu verwenden.

Ergebnisse im Web veröffentlichen

Microsoft Project stellt Ihnen das Kommunikationspotenzial des World Wide Web mit einer Vielzahl von Internet- und Intranetfunktionen direkt zur Verfügung. Sie können Informationen als statisches Bild kopieren oder ein Bild in einem webkompatiblen Dateiformat speichern, um es über das Web weiterzugeben.

Microsoft Project verwendet Import-/Exportschemen, um zu bestimmen, welche Felder in das HTML-Format exportiert werden. Darüber hinaus kann eine Vorlage verwendet werden, um zu bestimmen, wie und an welcher Position die Daten in der HTML-Datei angezeigt werden. Sie können sowohl die HTML-Import-/Exportschemen als auch die HTML-Vorlagen erstellen und bearbeiten.

Informationen können als statisches Bild aus der aktiven Microsoft Project-Ansicht kopiert und in ein beliebiges Programm einfügt werden, das grafische Informationen als Bild anzeigen kann. Sie können das Bild auch in einem webkompatiblen Dateiformat speichern, um es im Web zu verwenden. In vielen Ansichten können Sie die gesamte Ansicht in ein Bild kopieren oder einen Teil der Ansicht auswählen und kopieren.

3 Intrexx in 30 Minuten

Intrexx ist ein datenbankgestütztes Informations- und Kommunikationssystem. Via Browser können die Mitarbeiter wie im Internet auf Firmenneuigkeiten, Produktinformationen, Telefonlisten oder individuelle Formulare und Anwendungen zugreifen. Sogar Geschäftsprozesse wie Investitions- und Urlaubsanträge oder Projektsteuerungen können mit Intrexx abgebildet werden. Auf diese Weise kann der unternehmensweite Ansatz für Projektmanagement, inklusive Zeit- und Kostenplanung, umgesetzt werden. Intrexx stellt Projektteams die notwendigen Vorlagen zur Verfügung, um Projekte effizient planen und verwalten zu können.

Auf den folgenden Seiten wollen wir Ihnen die Grundfunktionen des Programms erläutern. Dies tun wir anhand eines Beispiels aus der Praxis.

Als erstes Projekt soll eine Adressverwaltung für das Intranet erstellt werden. Dazu sind zunächst *drei vorbereitende Schritte* erforderlich:

1. Anlegen einer Firma
2. Festlegen des Layouts und der Menüstruktur
3. Anlegen oder Import der Benutzer

Firma anlegen

Nach der Installation von Intrexx muss zunächst eine eigene Firma angelegt werden. Innerhalb dieser Firma werden alle Anwendungen und Inhalte des Intranets verwaltet.

Hierzu wählen Sie im Menü *Datei* den Befehl *Neue Firma*.

Es erscheint ein Dialogfeld, in welchem der Name der Firma eingegeben wird. Da die Firma auf dem aktuell verbundenen Server laufen soll, können in diesem Fall die übrigen Einstellungen übernommen werden. Bestätigen Sie die Eingabe mit *Weiter*.

Im folgenden Fenster wird die Art der Authentifizierung festgelegt. Da die Benutzer innerhalb von Intrexx verwaltet werden sollen, können auch die nächsten beiden Dialogfelder ohne Änderungen mit *Weiter* bestätigt werden.

Abbildung 1: *Das Dialogfenster zum Anlegen einer neuen Firma*

Intrexx öffnet nun ein Fenster, in welchem der zu benutzende Datenbankserver ausgewählt werden kann. Wir entscheiden uns für den SQL-Server und bestätigen mit *Weiter*. Im folgenden Fenster vergeben wir ein Passwort für den Datenbankzugriff und bestätigen die Eingabe wie gehabt. Mit einem Klick auf die Schaltfläche *Start* wird die neue Firma erstellt. Intrexx legt nun im Hintergrund alle benötigten Dateien und die Datenbank für die Firma an.

Über die Schaltfläche *OK* gelangen wir wieder zum Hauptfenster des Intrexx-Managers, wo die neue Firma bereits als Link angezeigt wird. Mit Klick auf diesen Link öffnet sich die neue Firma im Intrexx Manager. Die erste Anwendung an einer Intrexx-Firma erfolgt immer als Administrator, dem zunächst kein Passwort zugewiesenen ist.

Das Erscheinungsbild der Firma

Im zweiten Schritt passen wir nun das Layout der neuen Firma an deren Bedürfnisse an. Hierbei wird zum einen das Erscheinungsbild an die Corporate Identity (CI) der Firma angepasst, zum anderen die Menüstruktur definiert.

Firmenfarben und CI

Mit einem Mausklick auf das entsprechende Register am unteren Fensterrand des Programmfensters gelangen wir zum *Layout-Designer*.

Als Erstes wählen wir aus dem angebotenen Layoutportfolio *rotblau*. Mit Klick auf *Öffnen* wird das ausgewählte Layout angezeigt und kann nun verändert werden. Als Zweites legen wir das Layout *rotblau* als das aktive Layout fest, indem wir im Menü *Datei/Als aktives Layout speichern* wählen.

Mit einem Doppelklick auf die *Begrüßungsgrafik* und einem weiteren Mausklick auf *Suchen* kann die Datei mit dem passenden Firmenlogo eingefügt werden. Entsprechend wird mit der Grafik links über dem Submenü verfahren.

Die Farben, Schriftgröße und Schriftart der einzelnen Layout-Elemente können nun der Reihe nach angepasst werden, indem doppelt auf das jeweilige Element geklickt wird und in dem sich öffnenden Dialogfeld die entsprechenden Einstellungen vorgenommen werden.

Mit den Registern am unteren Bildschirmrand des Layout-Designers kann schnell zwischen Standard- und Anwendungsseite hin und her gewechselt werden, um alle Elemente zu erreichen und um die Ergebnisse der Änderungen besser beurteilen zu können.

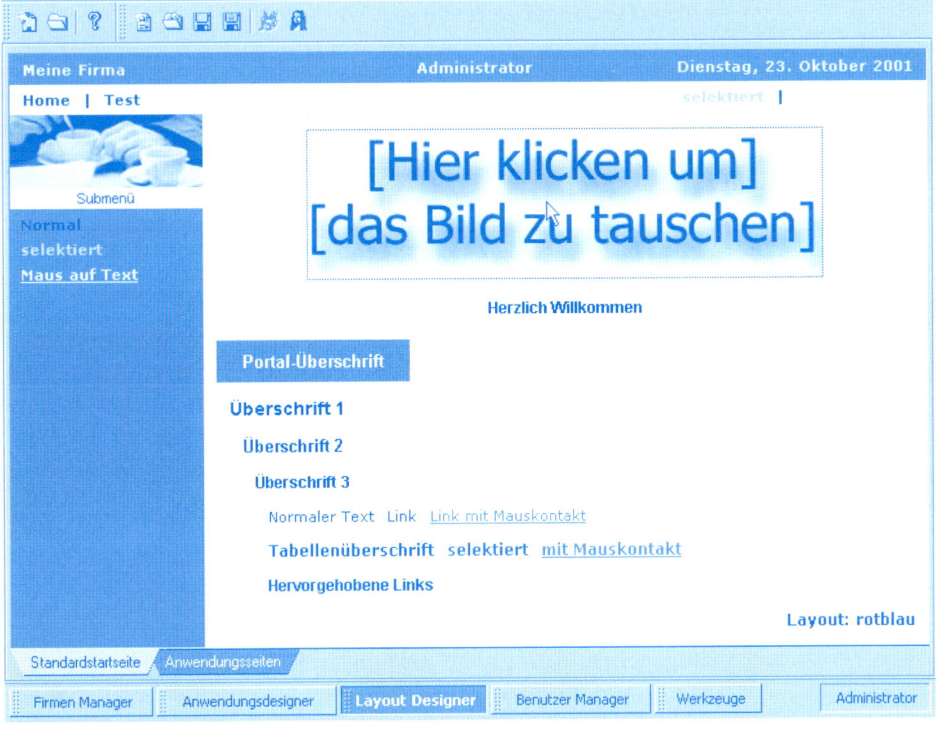

Abbildung 2: *Der Layoutmanager mit dem geöffneten Layout* rotblau

Hinweis

Die später für die Eingabe der Daten verwendeten Formularfelder werden weder auf der Standard- noch auf der Anwendungsseite angezeigt. Ihr Erscheinungsbild wird auf der Registerkarte *Eingabefeld/Schaltfläche* des kombinierten *Eigenschaftenfensters* bestimmt, das sich beim Doppelklick auf das Hauptfenster der Seite öffnet.

Zum Abschluss der Feinarbeiten wird das neue Layout mit dem entsprechenden Menübefehl als *aktives Layout* abgespeichert. Alle Seiten der Firma werden in Zukunft mit den neuen Farben, Schriftarten und -größen sowie dem passenden Firmenlogo dargestellt.

Menüstruktur

Im nächsten Schritt wird die Struktur des Hauptmenüs der Firma angepasst. Mit dem Befehl *Hauptmenü* im Menü *Bearbeiten* werden die aktiven Hauptmenüpunkte angezeigt und können angepasst werden. Wir fügen einen neuen Menüpunkt *Datenbank* hinzu. Den Menüpunkt *Test* belassen wir, da Intrexx neue Anwendungen später automatisch in diesem Menüpunkt einfügt, sofern sie nicht manuell einem anderen Menüpunkt zugeordnet werden. Über die Schaltfläche *Rechte* lässt sich später ein Menüpunkt für bestimmte Benutzer oder Benutzergruppen ein- oder ausblenden. Dazu müssen jedoch in einem weiteren Schritt zunächst Benutzer angelegt werden. Die Eingaben bestätigen wir mit *OK*.

Benutzer anlegen

Mit Mausklick auf die entsprechende Schaltfläche am Fuß des Intrexx Manager-Fensters öffnen wir den *Benutzermanager*. Im Augenblick möchten wir noch nicht die gesamte Organisationsstruktur des Unternehmens abbilden, weshalb wir mit Klick auf die Registrierkarte *Benutzer* zur Eingabe einzelner Benutzer wechseln.

Im Menü *Bearbeiten/Benutzer einfügen* können nun Benutzernamen und Passwörter vergeben und die Benutzer den gewünschten Benutzergruppen als Mitglied zugewiesen werden. Noch schneller geht dies übrigens mit der Schaltfläche *Neuer Benutzer* in der Symbolleiste, neben der sich auch die Schaltfläche *Benutzergruppen bearbeiten* befindet. Wir erstellen einen neuen Benutzer mit der Bezeichnung *Datenpflege*.

Als Nächstes erstellen wir den Benutzer *XYZ* und weisen ihn der Benutzergruppe *Administratoren* zu. Dann markieren wir den Benutzer Administrator und ändern dessen Passwort, das standardmäßig leer ist, damit nicht jeder einfach die Firma im Intrexx Manager öffnen und bearbeiten kann. Die Änderungen bestätigen wir anschließend mit Klick auf die Schaltfläche *Speichern* und fügen anschließend weitere Benutzer hinzu.

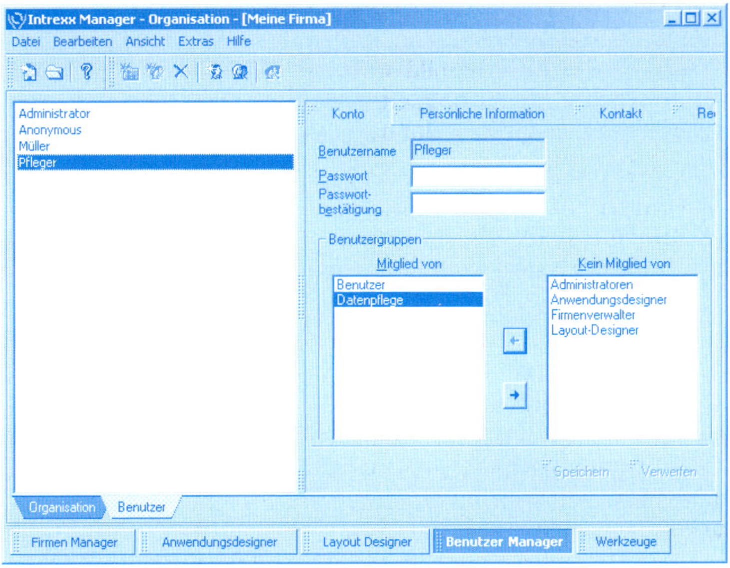

Abbildung 3: *Über das Dialogfenster* Organisation *lassen sich die verschiedenen Benutzer verwalten*

Damit sind die vorbereitenden Schritte abgeschlossen. Die neue Firma kann mit Leben gefüllt werden.

Die Anwendungen

Neue Anwendung erstellen

Nun kann die Erstellung der Adressverwaltung losgehen. Im Intrexx-Jargon bedeutet das, dass nun eine Anwendung zur Verwaltung der Adressen erstellt wird.

Über die entsprechende Schaltfläche am Fuß des Intrexx Manager-Fensters gelangt man in den *Anwendungsdesigner*. Auf der Registerkarte *Anwendung erstellen* finden wir eine ganze Reihe von Vorlagen.

Für die Adressverwaltung ist die Vorlage *Tabelle* am besten geeignet, die gleichzeitig die Flexibelste der Vorlagen darstellt.

Wir wählen also die Vorlage aus, benennen sie mit *Adressverwaltung* und bestätigen die Eingaben mit Klick auf die Schaltfläche *Erstellen*. Intrexx erstellt nun eine neue Anwendung und öffnet sie im Fenster des *Anwendungsdesigners*. Diese kann nun den Bedürfnissen angepasst werden.

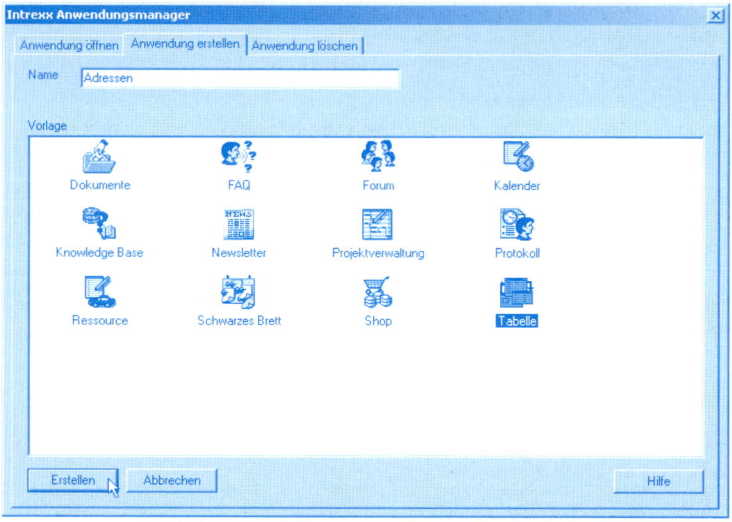

Abbildung 4: *Das Dialogfeld der verschiedenen Vorlagen*

Das Grundgerüst der Anwendung ist bereits links oben (siehe **Abbildung 5**), im so genannten *Anwendungsbaum* zu erkennen. Er enthält bereits mehrere Seiten und eine so genannte Datengruppe. Folgende Seiten hat Intrexx bereits automatisch angelegt:

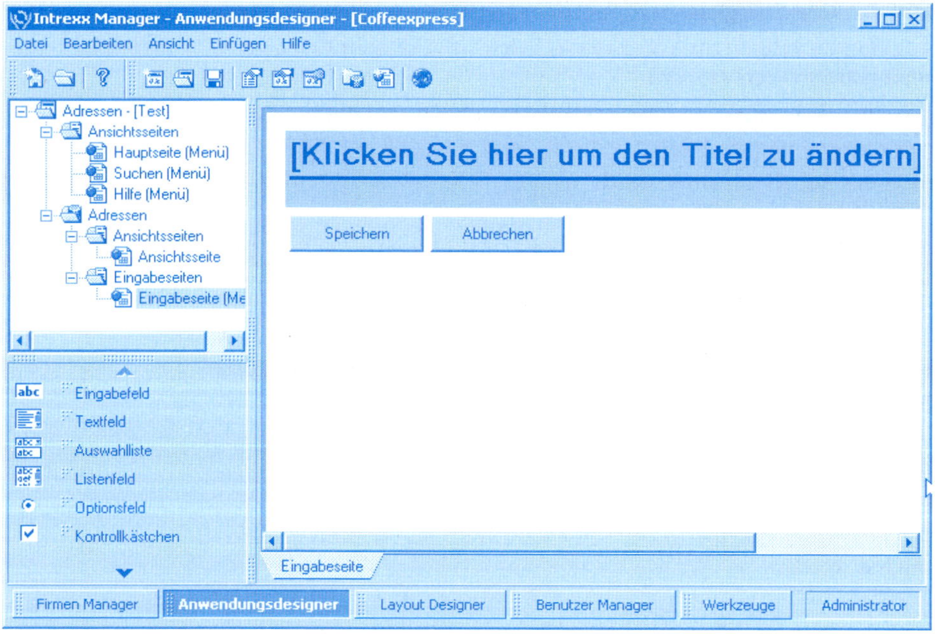

Abbildung 5: *Der Anwendungsdesigner*

- Die Hauptseite: Sie befindet sich im Menü und bietet eine automatische Liste aller eingegebenen Datensätze an.
- Die Suchen-Seite: Sie befindet sich im Menü und erlaubt das Suchen in der Datenbank.
- Die Hilfe-Seite: Sie befindet sich ebenfalls im Menü und ermöglicht die Eingabe individueller Hilfetexte für die Adressverwaltung.

Unterhalb dieser Seiten enthält der Anwendungsbaum eine so genannte Datengruppe mit der Bezeichnung *Adressverwaltung*. Eine Datengruppe repräsentiert jeweils eine Tabelle der Datenbank, in welcher die Daten der Anwendung abgelegt werden. Die zugehörige Datenbank und die Tabelle *Adressverwaltung* hat Intrexx beim Erstellen der Anwendung bereits im Hintergrund angelegt.

Innerhalb der Datengruppe *Adressverwaltung* hat Intrexx noch weitere Seiten erstellt:

- Die Ansichtsseite: Sie wird automatisch generiert und zeigt alle Felder an, die auf der Eingabeseite angelegt werden.
- Die Eingabeseite: Hier werden alle Eingabeelemente platziert, die in der Anwendung benötigt werden.

Eingabeseite

Als Erstes passen wir den Titel der Seite an. Hierzu klicken wir doppelt auf den Platzhalter *Klicken Sie hier um den Titel zu ändern*. Wir benennen es mit *Adressdaten erfassen* und bestätigen mit *OK*.

Hinweis

Bei Verwendung mehrerer Eingabe- oder Ansichtsseiten ist es empfehlenswert, auch die Namen der Seite im Strukturfenster anzupassen, damit sie später leichter auseinander gehalten werden können. Der Name einer Seite kann über den Befehl *Eigenschaften* im Kontextmenü geändert werden, das beim Rechtsklick auf die Seite erscheint.

Nun können die einzelnen Eingabefelder für die Adress-Datensätze angelegt werden. Dazu benötigen wir die Werkzeugleiste, die sich auf der linken Seite des Fensters unterhalb des Anwendungsbaumes befindet. Die unterschiedlichen Feldtypen, die hier aufgelistet sind (Eingabefeld, Textfeld usw.) helfen nun, die Anwendung *Adressverwaltung* aufzubauen.

Die Eingabefelder

Als Erstes benötigen wir mehrere Eingabefelder, über welche Namen und Adresse eines Datensatzes erfasst werden können. Dazu klicken wir in der Werkzeugleiste auf die Bezeichnung *Eingabefeld*, worauf Intrexx das Dialogfeld *Eingabefeld bearbeiten* einblendet. Hier werden sämtliche Eigenschaften des Eingabefeldes festgelegt. Im Feld *Titel* wird die Bezeichnung Vorname eingetragen. Die

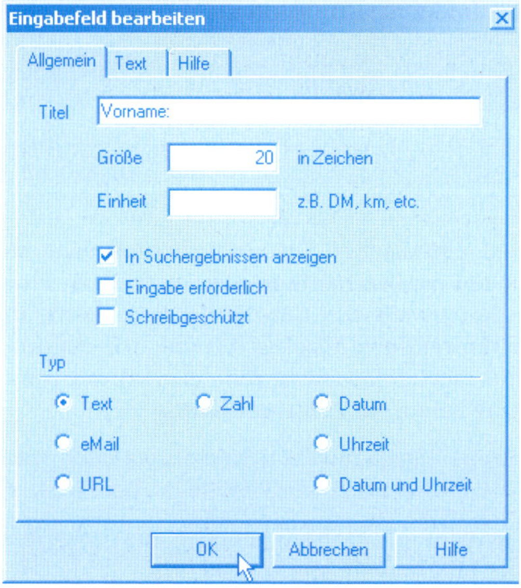

Abbildung 6: *Das Dialogfeld* Eingabefeld bearbeiten

Größe bleibt bei 20 Zeichen und der Typ auf *Text*. Wir bestätigen mit *OK*. In der Konzeptansicht wird das neu eingefügte Feld jetzt angezeigt.

In gleicher Weise legen wir ein weiteres Eingabefeld mit der Bezeichnung *Nachname* an. Dieses Mal markieren wir allerdings das Kontrollfeld *Eingabe erforderlich*, sodass dieses Feld später bei der Eingabe nicht einfach übersprungen werden kann. In schneller Folge ergänzen wir das Formular nun durch weitere Eingabefelder mit den Bezeichnungen *Firma, Straße/Hausnummer, PLZ und Ort*.

Hinweis

Beim Eingabefeld für die PLZ setzen wir den Typ allerdings auf *Zahl* und begrenzen die Größe auf fünf Zeichen. Damit ist eine Fehleingabe von Buchstaben oder zu vielen Ziffern ausgeschlossen.

Die Eingabefelder für die Telefonnummern möchten wir gerne von den eigentlichen Adressfeldern absetzen. Dazu dient das Element *Separator* am unteren Ende der Werkzeugleiste. Mit seiner Hilfe fügen wir eine waagerechte Linie in das Formular ein. Unterhalb der Linie setzen wir drei weitere Eingabefelder für die Telefon-, Telefax- und Handynummer. Diese Felder müssen den Typ *Text* besitzen, damit bei der Eingabe der Nummern auch Trennzeichen wie Klammern oder das Plus-Zeichen zugelassen sind. Auch die Größe ist mit 20 Zeichen ausreichend, da Telefonnummern international nicht mehr als zwölf Ziffern enthalten dürfen.

Anrede à la Carte

Für die Ansprache eines bestimmten Ansprechpartners gibt es normalerweise nur eine Handvoll Auswahlmöglichkeiten. Am besten lässt sich dies im Eingabeformular mit Hilfe einer Auswahlliste realisieren. Hierfür klicken wir in der Werkzeugleiste auf *Auswahlliste*, worauf sich das Dialogfeld *Auswahlliste bearbeiten* öffnet. In der Registerkarte *Allgemein* tragen wir den Titel *Anrede* ein und wechseln anschließend zur Registerkarte *Einträge*. Hier kann eingestellt werden, welche Auswahlmöglichkeiten später bei der Eingabe zur Verfügung stehen sollen. Unter anderem könnten hier automatisch Systemwerte wie die Benutzernamen oder bereits erfasste Daten aus Intrexx-Anwendungen verwendet werden. Wir entscheiden uns aber für die direkte Angabe der möglichen Anreden.

Wir markieren den vorhandenen Punkt *Bitte Namen angeben* und benennen ihn mit der entsprechenden Schaltfläche in *Herr* um. Die weiteren Auswahlmöglichkeiten *Frau* und *Firma* fügen wir mit der Schaltfläche *Neu* hinzu. Die Einstellung *Herr* als Standardwert lassen wir unverändert und speichern die fertige Auswahlliste mit Klick *OK*.

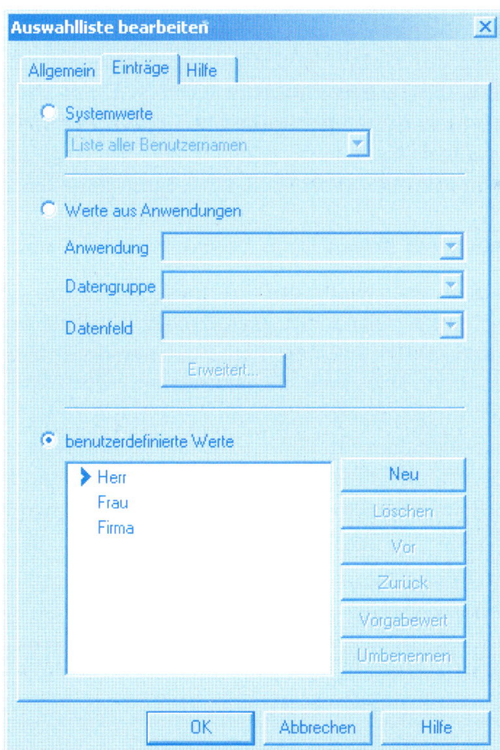

Abbildung 7: *Das Dialogfeld* Auswahlliste bearbeiten

Kunde, Lieferant oder beides?

Nun ergibt sich ein erstes schwieriges Problem. Eigentlich wollen wir die Optionen *Kunde* und *Lieferant* ebenfalls als Auswahlliste anlegen. Allerdings sind einige Lieferanten gleichzeitig in einem anderen Bereich der Firma Kunden. Also kein ungewöhnliches Szenario. Hier benötigen wir Kontrollkästchen, die unabhängig voneinander aktiviert oder deaktiviert werden können (bei Optionsfeldern kann immer nur eine der Optionen gleichzeitig markiert werden).

Wir fügen also ein Kontrollkästchen für *Kunde* ein und benennen im Fenster *Kontrollkästchen bearbeiten* dieses gleich lautend. Im Feld *Wert,* das bei Auswahl gespeichert wird, geben wir ebenfalls das Wort *Kunde* ein. Dieser Wert wird später in das zugehörige Datenbankfeld geschrieben und in der Übersichtstabelle angezeigt, wenn das Kontrollkästchen markiert wird. Wir speichern mit Klick auf *OK* und wiederholen den Vorgang für den Titel *Lieferant.* Unterhalb der Telefonnummern fügen wir nun einen weiteren *Separator* ein, um das Formular optisch zu gliedern.

Ein Platz für Notizen

Wir benötigen nun noch ein Feld, welches Platz für Bemerkungen und Notizen zu dem jeweiligen Adresseintrag ermöglicht. Wir klicken auf *Textfeld* in der Werkzeugleiste. Im nun eingeblendeten Dialogfeld *Textfeld bearbeiten* geben wir den Titel *Bemerkungen* ein und können Höhe und Breite des Textfeldes anpassen. Im Gegensatz zu einem Eingabefeld erstreckt sich ein Textfeld über mehrere Zeilen und kann so wesentlich umfangreichere Textmengen aufnehmen.

Klick und Action

Am unteren Ende des Formulars hat Intrexx bereits zu Beginn die beiden Schaltflächen *Speichern* und *Abbrechen* eingefügt. Mit einem Doppelklick auf dieselbigen können deren Eigenschaften bearbeitet werden. Mit ihren Bezeichnungen sind wir zufrieden, sodass wir die Registerkarte *Allgemein* verlassen und auf die Registerkarte *Speichern* klicken. Als Aktion für die Schaltfläche ist bereits *Speichern* aktiviert, allerdings ist als nächste Aktion standardmäßig der Sprung auf die *Hauptseite* eingestellt. Hier wählen wir die *Eingabeseite* aus, sodass die aufeinander folgende Eingabe mehrerer Datensätze vereinfacht wird. Mit Klick auf *OK* bestätigen wir die Änderung.

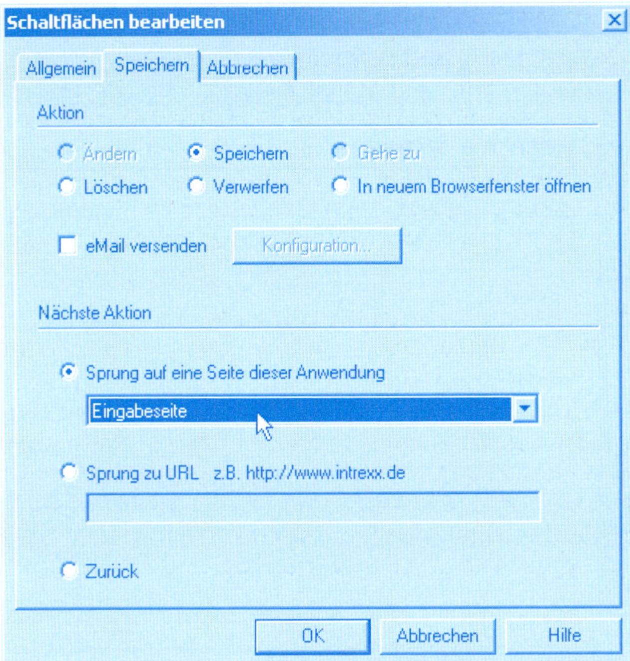

Abbildung 8:
Das Dialogfenster Schaltfläche bearbeiten *mit den Optionsfeldern*

Wie aktuell ist der Datensatz?

Zu guter Letzt möchten wir den Zeitpunkt der letzten Aktualisierung jedes Datensatzes festhalten. Auch hierzu dient wiederum ein Eingabefeld, welches unterhalb der Schaltflächen eingefügt wird. Nach Eingabe des Titels *Zuletzt aktualisiert* wählen wir den Typ *Datum und Uhrzeit*. In der Registerkarte *Datum und Uhrzeit* sind das aktuelle Datum und die aktuelle Uhrzeit praktischerweise bereits als Voreinstellung aktiviert. In der Registerkarte *Allgemein* aktivieren wir das Kontrollkästchen *Schreibgeschützt*, damit die automatisch von Intrexx eingetragene aktuelle Uhrzeit nicht verändert werden kann. Damit aktualisiert Intrexx das Datum beim Speichern eines Datensatzes im Hintergrund, ohne dass der Benutzer einen Einfluss darauf hat. Um diesen Zeitstempel auch optisch von den Eingabefeldern zu trennen, fügt Herr XYZ darüber nochmals einen Separator ein, dieses Mal jedoch aktiviert er das Kästchen *Linie*, sodass nur ein Zwischenraum eingefügt wird.

Damit ist die Anpassung der Eingabeseite vorerst abgeschlossen.

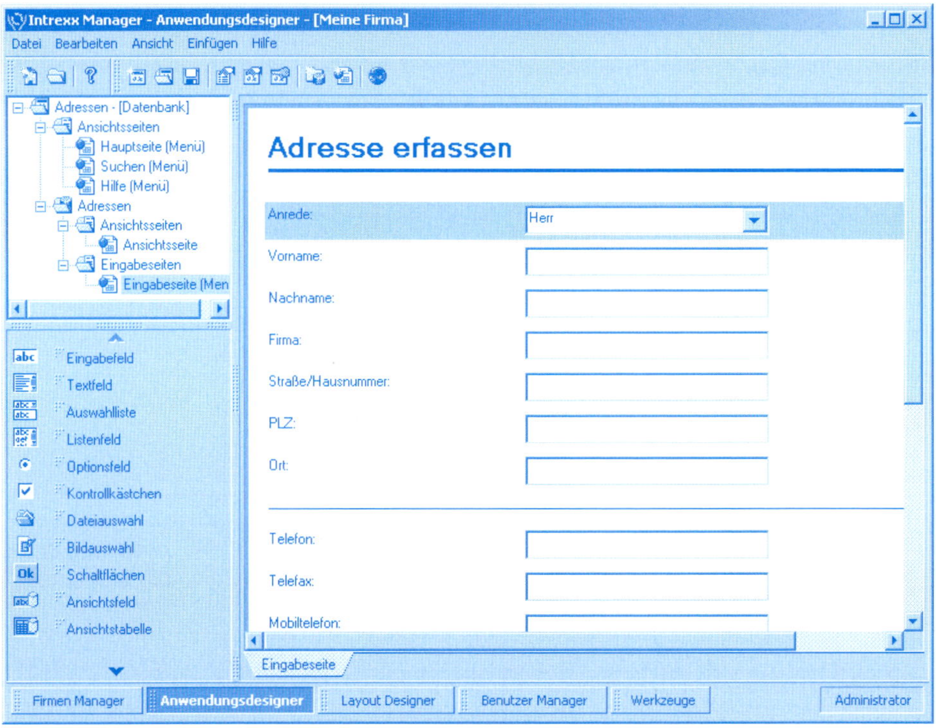

Abbildung 9: *Die fertige Eingabeseite im* Anwendungsdesigner

Test des Formulars

Es empfiehlt sich an dieser Stelle, die Anwendung mit Mausklick auf die entsprechende Schaltfläche zu speichern und anschließend zu testen. Zu diesem Zweck befindet sich auf der rechten Seite der Symbolleiste die Schaltfläche *Intrexx starten.* Es öffnet sich damit die Intrexx-Firma im aktuellen Internet-Browser. Auf der Startseite müssen wir uns zunächst mit Benutzernamen und Passwort anmelden. Der Benutzername erscheint in der Titelzeile und es werden nur die Menüpunkte eingeblendet, für die wir Zugriffsrechte besitzen. Nach Klick auf das Hauptmenü *Datenbank* erscheint links im Submenü die neue Anwendung *Adressen.*

Es fällt uns auf, dass die Überschrift der Ansichtsseite *Adresse erfassen* lautet. Intrexx hat offensichtlich die Überschrift der Eingabeseite einfach übernommen. Das möchten wir natürlich ändern.

Die Ansichtsseite anpassen

Wieder im Anwendungsdesigner klicken wir auf die *Ansichtsseite* im Anwendungsbaum. Das Konzeptfenster zeigt nur eine Meldung, dass diese Seite automatisch erstellt wurde und nicht verändert werden kann. Ein rechter Mausklick auf die Seite im Anwendungsbaum führt über das Kontextmenü zu den *Eigenschaften* der Seite. Hier deaktivieren wir die Schaltfläche *Automatik* und klicken anschließend auf *OK*. Ein Doppelklick auf die Überschrift ermöglicht die Änderung des Titels in *Adressdaten*. Die übrigen Einstellungen lassen wir an dieser Stelle unberührt und speichern die Anwendung erneut.

Zum Test klicken wir wiederum auf die Schaltfläche *Intrexx starten* und öffnen die Ansichtsseite in der Adressverwaltung. Die Überschrift ist nun korrekt.

Wenn die Automatik einer Ansichtsseite deaktiviert wird, werden spätere Änderungen der Eingabeseite wie beispielsweise neue Felder nicht automatisch berücksichtigt. Die Ansichtsfelder für diese Daten müssen in diesem Fall von Hand eingefügt werden. Tipp

Alternativ ist es natürlich auch möglich, nach solchen Änderungen die Automatik zeitweise wieder zu aktivieren. Vorangegangene Änderungen an der Ansichtsseite selbst (beispielsweise eine geänderte Überschrift) gehen dabei allerdings verloren.

Hauptseite anpassen

Die Übersichtstabelle auf der Hauptseite hat für unseren Geschmack viel zu viele Details. Hier würden *Namen, Firma* und *Ort* vollauf genügen.

Daher öffnen wir die Hauptseite durch Mausklick im Anwendungsbaum. Ein Doppelklick auf die durch Intrexx eingefügte Ansichtstabelle ermöglicht uns ein Ändern der Eigenschaften. Im ersten Fenster bestätigen wir die Auswahl *Tabellenansicht* mit *Weiter.* Im nun folgenden Eigenschaften-Fenster aktivieren wir das Kontrollkästchen *Alle Felder anzeigen*. Nun können im rechten Listenfeld *Ausgewählte Felder* die nicht benötigten Einträge markiert werden und jeweils mit dem Links-Pfeil aus der Tabellenansicht entfernt werden.

Als Nächstes stellen wir die Sortierung auf *Nachname* ein, sodass die vorhandenen Datensätze beim Öffnen der Seite nach Nachnamen sortiert dargestellt werden. Mit Klick auf die Schaltfläche *Fertigstellen* schließen wir die Änderungen an der Tabelle ab.

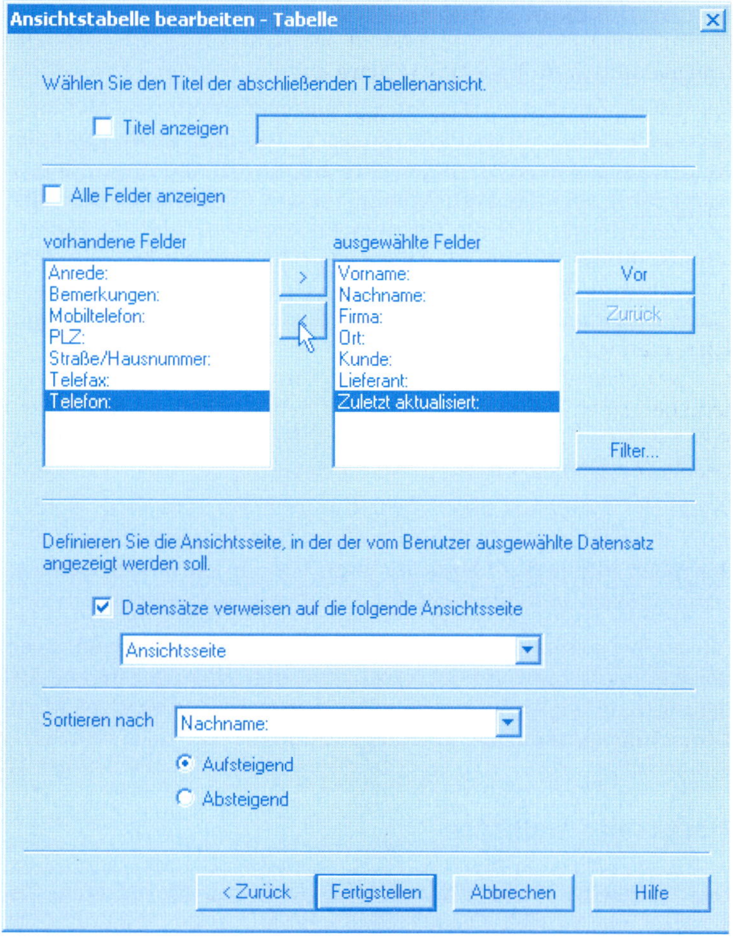

Abbildung 10: *Das Dialogfeld* Ansichtstabelle bearbeiten

Zum Abschluss benennen wir die Hauptseite in Adressenübersicht um. Dazu klicken wir im Anwendungsbaum mit der rechten Maustaste auf die Seite, wählen im Kontextmenü den Punkt Eigenschaften und ändern den Namen entsprechend ab.

Damit sind die Änderungen an der Hauptseite abgeschlossen.

Das Recht zur Eingabe

Nachdem nun alle Ansichts- und Eingabeseiten fertig gestellt sind, muss nun noch festgelegt werden, welche Benutzer auf welche Seiten zugreifen können. Schließlich soll ja nicht jeder beliebig die Adressdaten ändern können.

Im Anwendungsbaum klicken wir mit der rechten Maustaste auf die Anwendung selbst, also auf den obersten Eintrag *Adressen - Datenbank*, und dann im Kontextmenü auf den Befehl *Eigenschaften*.

Wir öffnen die Registerkarte *Rechte*. Wir aktivieren das Optionsfeld *Für jede Seite individuelle Rechte vergeben*. Damit alle Benutzer der Firma sämtliche Daten einsehen können, lassen wir das entsprechende Kontrollkästchen markiert.

Um die Rechte für die Eingabe von Daten zuweisen zu können, markieren wir im Auswahlfenster die Eingabeseite. Mit der Schaltfläche *Ändern...* gelangen wir in das Fenster *Benutzerrechte an Objekt*. Hier markieren wir in der unteren Fensterhälfte *Benutzer und Gruppen ohne Zugriffsberechtigung* die Gruppe *Datenpflege* und verschieben sie mit der entsprechenden Pfeil-Schaltfläche in das Feld *Benutzer und Gruppen mit Zugriffsberechtigung*. Diese Auswahl bestätigen wir mit Klick auf die Schaltfläche *OK*.

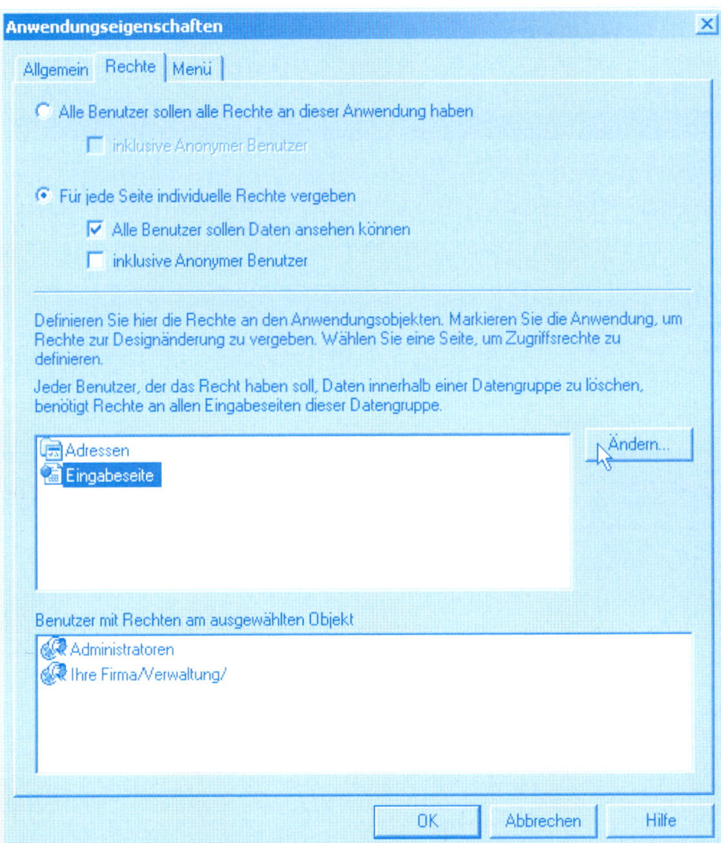

Abbildung 11: *Im Dialogfeld Anwendungseigenschaften werden die Rechte verwaltet*

Unnötige Seiten verbergen

Da die Anwendung *Adressenverwaltung* eigentlich selbsterklärend ist, halten wir die Hilfe-Seite für überflüssig. Für alle Fälle möchten wir die Seite aber in der Anwendung behalten, anstatt sie gleich ganz zu löschen. Um das Anwendungsmenü anzupassen, wechseln wir in den Anwendungseigenschaften auf die Registerkarte *Menü*. Wir markieren die Hilfe-Seite und entfernen sie mit der entsprechenden Pfeil-Schaltfläche aus dem Menü.

Ein Klick auf die Schaltfläche *OK* schließt die Änderungen ab und speichert die Anwendung ein letztes Mal.

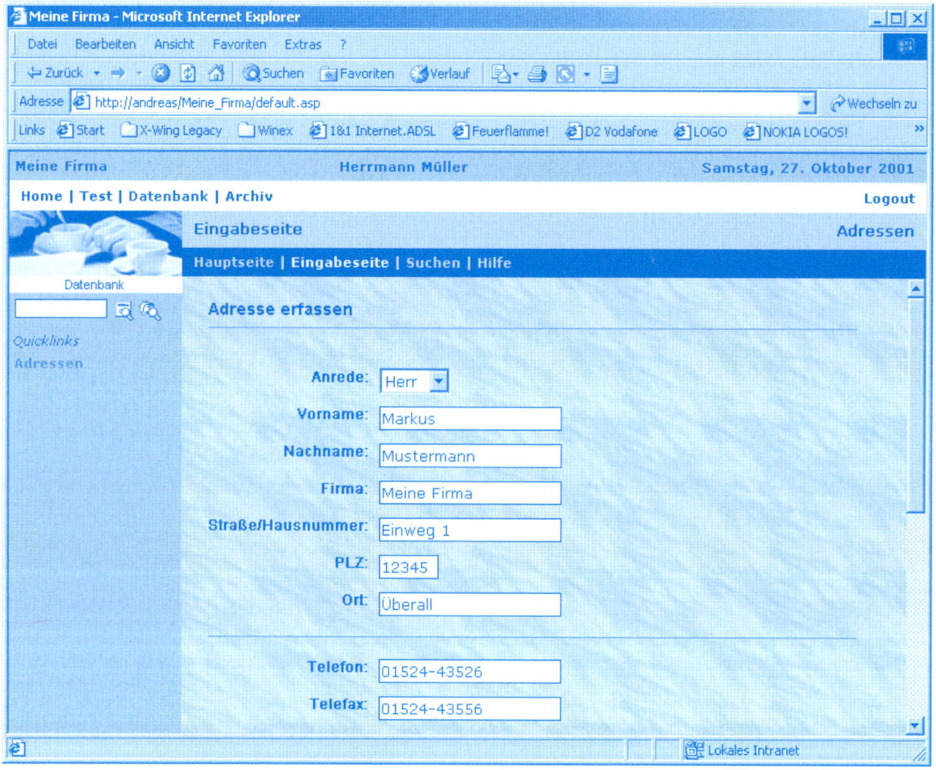

Abbildung 12: *Die fertige Eingabeseite in der Browseransicht*

TEIL III
Theorie und Praxis

1 Die Firma Automobil CARS und ihre Geschichte

Die Firma Automobil CARS ist führend in ihrer Branche mit Hauptsitz in Frankfurt und Vertriebsniederlassungen in Hamburg, München, Dortmund. Wie der Name schon verrät, stellt die Firma Autos her. Es werden folgende Produkte produziert: LKW und PKW mit den Bezeichnungen Car 1 - 2 - 3, Car 10 - 20 - 30, Car 100 - 200 - 300. Die Firma expandiert in den letzten Monaten sehr stark. Es kommen immer wieder neue Mitarbeiter hinzu, einige wechseln die Abteilungen oder verlassen die Firma. Das Motto „Der Kunde ist König" ist nicht nur eine Phrase, sondern steht an erster Stelle der Firmenphilosophie. Dies bedeutet, dass der Vertrieb alle Informationen, die er über und für den Kunden braucht, auch zur Verfügung haben soll. Das vernetzte Arbeiten zwischen den Abteilungen ist sehr wichtig, der Informationsfluss zwischen Produktion und Vertrieb, Marketing und IT etc. muss jederzeit einwandfrei funktionieren.

Das übliche Problem?

Automobil CARS ist, wie sollte es anders sein, eine ganz „normale" Firma. Die oben beschriebenen Theorien und Unternehmensansprüche unterscheiden sich stark vom praktischen Alltag: Der Informationsfluss ist schwerfällig, Protokolle von Meetings kommen meist erst nach Tagen oder auch Wochen zu den Besprechungsteilnehmern. Aufgaben und Zeitvorgaben sind oft schon wieder verstrichen und der direkte Bezug zum Meeting ist schon verloren. Neue Mitarbeiter schwimmen in ihrem Aufgabenfeld. Ansprechpartner für Fragen sind innerhalb der Firma nur schwer zu ermitteln, Zuständigkeiten nicht geklärt und so richtig Zeit hat sowieso keiner. Seit langem steht nun auch noch ein Umzug der einzelnen Abteilungen ins Haus. Und keiner traut sich so recht an das heiße Eisen heran.

Die Geschäftsleitung von Automobil CARS weiß: Nur wo Kommunikation funktioniert, auf Änderungen flexibel reagiert wird und wo Arbeitsabläufe effizient gestaltet sind, kann mitarbeiterfreundlich, motivierend und kundennah gehandelt werden.

Helle Köpfe der Firma haben sich daraufhin Gedanken gemacht, wie und welche neuen Informations- und Kommunikationstechniken eingesetzt werden können, um die Effizienz des Unternehmens zu steigern.

Das Motto ist: Alle wissen Bescheid, statt ich weiß Bescheid – und das 24 Stunden am Tag, 365 Tage im Jahr!

Der Projektleiter

Herr Peter Kreativ ist der Auserwählte. Er soll das Unternehmen Automobil CARS in die neue Informations- und Kommunikationswelt führen. Seine Aufgabe ist es, ein Intranet aufzubauen. Er selber ist begeisterter MindManager User. Als Projektassistent steht ihm Mario Logik zur Verfügung, der immer den richtigen Riecher für neue Softwarelösungen hat. Sein neues Lieblingsprogramm heißt Intrexx.

Neben einer strikt linear strukturierten Geschäftsleitung und dem Controller Gustav Ganzgenau treffen wir während des Projektes andere Teammitglieder, die so typisch für den praktischen Arbeitsalltag sind, dass sie Ihnen vorkommen werden wie gute alte Bekannte...

Begleiten Sie nun unser Team in die Welt des e-Mind Projektmanagement.

2 Die Projektgrundlage – Stammdaten

Die Aufgabe

Herr Kommando, Mitglied der Geschäftsleitung, war auf einem Managementseminar und hat dort das Zauberwort der Zukunft mitgebracht: „Informationsoffice". Die gesamte Geschäftsleitung wird zusammengetrommelt. Neue Chancen, die Organisation sowie die Kommunikation zu optimieren, sind am Firmenhorizont erschienen.

Peter Kreativ bekommt umgehend von der Geschäftsleitung den Auftrag, Projektstammdaten zu sammeln, um die Grundstrukturen eines Informationsoffice aufzubauen.

Ziel soll ein Tool sein, das der Geschäftsleitung und den Mitarbeitern die Möglichkeit bietet, jederzeit auf arbeits- und projektrelevante Daten zuzugreifen und so schneller und effizienter zu arbeiten. Alle Mitarbeiter des Unternehmens haben eines gemeinsam: Sie benötigen aussagefähige, präzise, hochaktuelle Informationen, um ihre Aufgaben erfolgreich erfüllen zu können. Die Lösung liegt auf der Hand: die Daten ins Intranet stellen.

Der Weg

Unser Projektleiter macht sich ans Werk. Er hat genug theoretischen Lesestoff zum Thema Intranet. Ein Projektantrag liegt als Word Dokument vor, Projektkosten sind in einer Excel Datei vorhanden und die Projektgrobdarstellung erstellt er als Mind Map. In ihr möchte er alle relevanten Informationen visualisieren.

Die Weisheit

„Gebe dem Augenblick deines Tuns die volle Aufmerksamkeit." (Ernst A. Rotter)

Peter Kreativ setzt sich in Ruhe in sein Büro. Er informiert seine Sekretärin, dass er die nächste halbe Stunde nicht gestört werden will und beginnt mit einem Brainstorming. Hierzu nutzt er die Software MindManager und startet eine neue Map im Brainstormingmodus.

Die Umsetzung

Alle Gedanken die ihm zum Thema Projektstammdaten einfallen trägt er in die Map ein und strukturiert diese anschließend. Das Ergebnis kann sich sehen lassen. Schnell hat er einen Überblick, welche Informationen benötigt werden und das passende Formular kann nun von seinem Assistenten Mario Logik erstellt werden.

Die Map finden Sie auf der beiliegenden CD-Rom im Verzeichnis \Teil III\1.1\Projektstammdaten.mmp.

Abbildung 1: *Die Mind Map zum Projektstammdaten*

3 Was sind Projektstammdaten?

Was verstehen wir unter Projektstammdaten?

In der betriebswirtschaftlichen Literatur werden Daten als „kleinste semantische, eine Bedeutung habende Spracheinheiten“ beschrieben. Stammdaten sind Daten, die immer wieder neu und in verschiedenen Zusammenhängen verwendet werden. Im Sprachgebrauch werden die Begriffe Information und Daten oft synonym verwendet. Der Begriff Information wird häufig als zweckorientiertes Wissen definiert. Informationen sind also mehr als Daten, da sie nicht nur eine Bedeutung haben, sondern darüber hinaus einem bestimmten Zweck dienen. Im Projektmanagement müssen Informationen beispielsweise die Aufgaben- und Entscheidungsträger dabei unterstützen, die Aufgaben- bzw. Projektziele zu erreichen.

Wozu Datenbanken?

Datenbanken unterstützen uns bei Ordnung, Speicherung und Selektion von Daten und eröffnen uns eine Fülle von Möglichkeiten der Datenverwaltung. Die Daten werden unabhängig von Anwendungsprogrammen zur Verfügung gestellt und in der Regel zentral verwaltet. Dabei sollen Doppelspeicherungen vermieden werden (Redundanzfreiheit) und die Daten sollen korrekt und vollständig sein (Integrität/Datenkonsistenz). Weitere Anforderungen an Datenbanken sind die maximale Effizienz (z.B. Änderungen einmalig, zügige Ergebnisbereitstellung), Benutzerfreundlichkeit sowie Datenschutz und Datensicherheit.

Tipps für den Projektleiter

Für den Projektleiter, der sich permanent zwischen sich verändernden Aufgabenstellungen, Zielsetzungen und Bedingungen neu orientieren muss, kann es hilfreich sein, sich den abgebildeten Zusammenhang zwischen objektivem und subjektivem Informationsbedarf, der tatsächlich geäußerten Informationsnachfrage, dem Informationsangebot und dem Informationsstand zu verinnerlichen

(Quelle: H. Krcmar: Informationsmanagement[1]). Objektiv ist dabei der Informationsbedarf aus Sicht der Aufgabe, subjektiv der aus Sicht des Aufgabenträgers. Sie divergieren beispielsweise deshalb, weil Aufgaben unklar definiert sind oder das Bewusstsein für die Verfügbarkeit bestimmter Informationen fehlt. Nur eine Teilmenge des subjektiven Informationsbedarfs wird nachfragewirksam. Ziel ist es, eine möglichst große Schnittmenge zwischen den genannten Variablen und somit einen breiten Informationsstand zu erzeugen. Die Ermittlung des Informationsbedarfs wird auch als Informationsbedarfsanalyse bezeichnet.

Die Hintergrundinformationen zu Projektstammdaten finden Sie auf der beiliegenden CD-Rom im Verzeichnis \Teil III\1.1\Theorie Projektstammdaten.mmp.

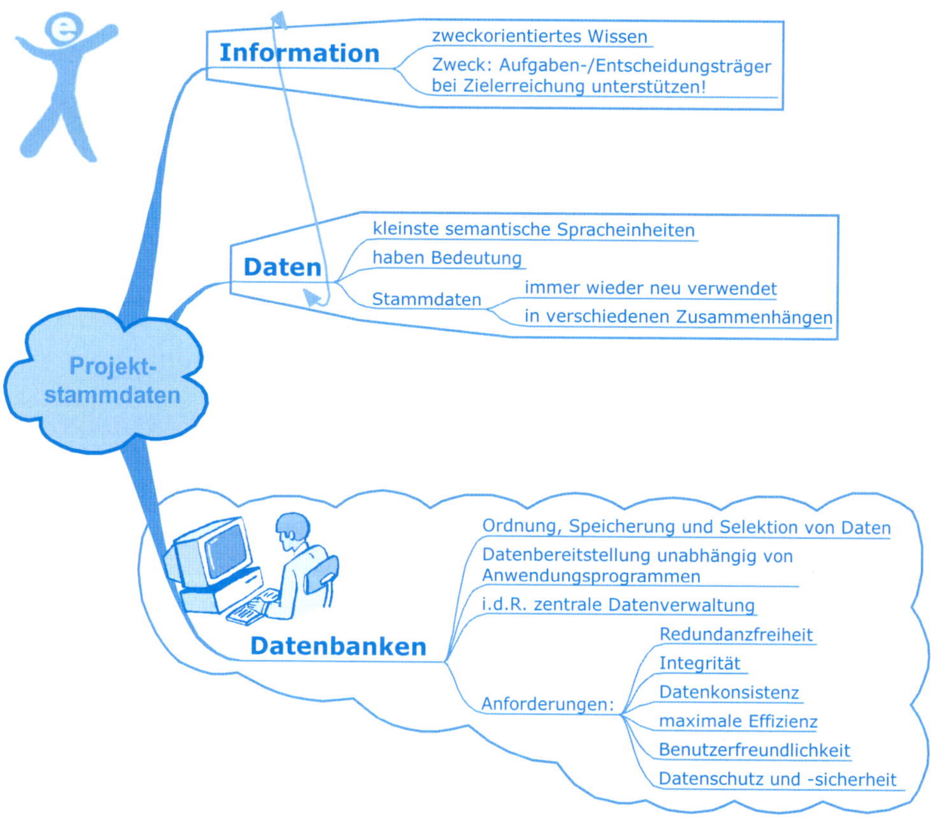

Abbildung 1: *Hintergrundinformation zu Projektstammdaten*

[1] H. Krcmar: Informationsmanagement; Springer-Verlag 1996, S.59; Berlin–Heidelberg–New York u.a.O.

4 Das Formular Projektstammdaten

Mario Logik macht sich sogleich daran, sämtliche Informationen der Mind Map Projektstammdaten für das Intranet-Portal in einem Intrexx-Formular zusammenzufassen. Er startet dazu den *Intrexx Manager*, öffnet den *Anwendungsdesigner* und wählt auf der Registerkarte *Anwendung erstellen* aus den vorhandenen Vorlagen den Anwendungstyp *Tabelle*.

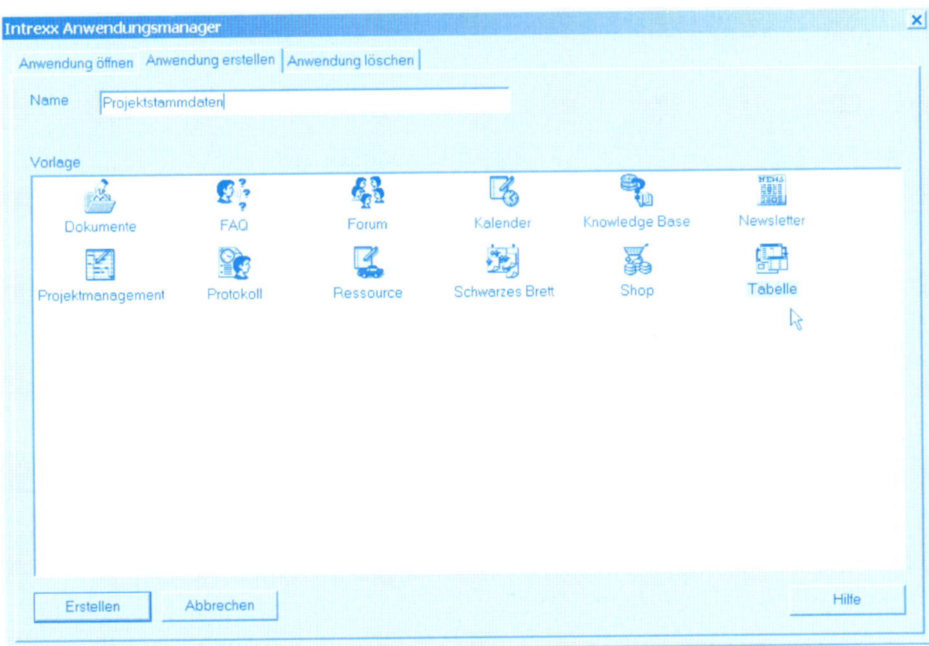

Abbildung 1: *Die Registerkarte* Anwendungen erstellen *aus dem* Anwendungsmanager

Nachdem Herr Logik im Eingabefeld den Namen Projektstammdaten vergeben hat, klickt er auf die Schaltfläche *Erstellen* und wird anschließend vom *Anwendungsassistenten* durch die Tabellenerstellung geleitet.

Abbildung 2:
Die Werkzeugleiste

In der linken unteren Seite des Bildschirms findet er die Werkzeugleiste, auf der verschiedene Elemente beispielsweise zur Eingabe für das neue *Anwendungsformular* gewählt werden können.

Im Fenster auf der rechten Bildschirmseite wird die gerade zur Bearbeitung ausgewählte Eingabeseite angezeigt. Mit Hilfe des Anwendungsdesigners hat Mario Logik bereits eine ungefähre Vorstellung davon, wie die aktuelle Seite im Browser aussehen wird. Zunächst ändert er den Titel der Seite, indem er auf das entsprechend benannte Feld doppelklickt. Es erscheint das Dialogfeld *Titel bearbeiten*, wo Mario den Titel **Projektinfos eingeben** vergibt.

Das Grundgerüst für die Eingabeseite ist damit schon erstellt! Herr Logik legt fest, aus welchen Datenfeldern der Datensatz seiner Eingabeseite bestehen soll. Für das zu erstellende Feld **Projektname** wählt er beispielsweise den Befehl *Textfeld* aus. Im Dialogfeld *Textfeld bearbeiten* braucht er bloß noch den Titel einzugeben und das erste Feld ist erstellt.

Für die weiteren Felder verfährt er ähnlich. Im Anschluss möchte er ein Eingabefeld für die Projektnummer erstellen. Wieder wählt er aus der Werkzeugliste den entsprechenden Befehl, diesmal *Eingabefeld*. Im Dialogfeld aktiviert er unten in der Kategorie *Typ* die Op-

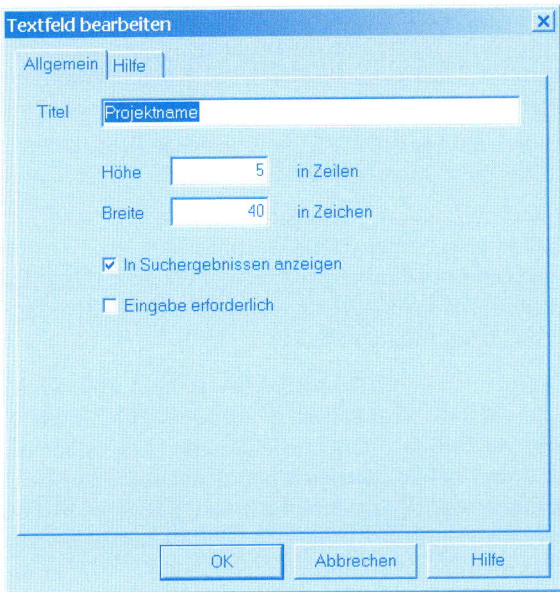

Abbildung 3: *Das Dialogfeld* Textfeld bearbeiten

Abbildung 4: *So sieht das erste fertige Formular aus*

tion *Zahl*, um sicher zu stellen, dass später nur eine numerische Eingabe erfolgen kann. Zum Erstellen der Felder Anfang und Ende verfährt Logik genauso. Wobei er sich dann für den Eingabetyp *Datum* entscheidet. Auch die Informationen zum Projektleiter sollen zum Datensatz **Projektstammdaten** hinzugefügt werden. Mario verfährt nach den gleichen Schritten.

Assistent Logik möchte gern auch die schon vorhandenen Projektdokumente seiner Firma Automobil CARS wie beispielsweise Projektpläne oder Excel-Kostentabellen über das Intranet zugänglich machen. Hierzu legt er eine weitere Ansichtsseite des Datensatzes Projektstammdaten an.

Die neue Seite **Projektdokumente** baut Mario nach dem gleichen Schema auf. Dazu erstellt er mit dem Befehl *Neue Seite erstellen* aus der Symbolleiste eine neue Eingabeseite. Über die Werkzeugliste und den Befehl *Dateiauswahl* lassen sich über die inzwischen vertrauten Schritte im entsprechenden Dialogfeld Titel vergeben und weitere Felder hinzufügen. Ein Klick auf diese Schaltfläche öffnet später in der Anwendung das Dialogfeld *Datei auswählen*. Damit lässt sich im Netzwerk nach bestimmten Dateien suchen.

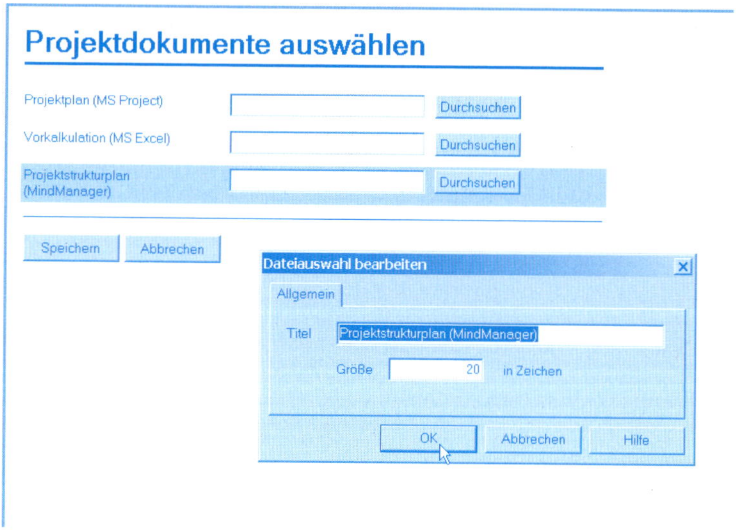

Abbildung 5: *Neues Formular bearbeiten*

5 Der ideale Projektmitarbeiter

Peter Kreativ hat die Projektstammdaten abgeliefert. Die Geschäftsleitung war von dem Aufbau sehr angetan, besonders Wilhelm Lob hat die Arbeit unseres Projektleiters anerkannt. Hubert Kommando sieht auch die Notwendigkeit, Mitarbeiterstammdaten schnellstens aufzubereiten. Sobald das Team gebildet ist, sollen alle wichtigen Informationen effizient und ohne Komplikationen zur Verfügung stehen.

Die Aufgabe

So lautet die Aufgabe, Mitarbeiterstammdaten anzulegen sowie sicherzustellen, dass die Information allen Betreffenden zugänglich ist. Die Daten möchte die Geschäftsleitung bis morgen vorliegen haben.

Peter Kreativ geht nachdenklich in sein Büro. Nicht, dass ihm die Ideen hierzu fehlen. Nein, ganz und gar nicht. Er kennt aus anderen Firmen eher die Probleme, dass meist zu viele Informationen gesammelt werden und alles unübersichtlicher wird. Aber das bekommt er schon in den Griff.

Viel mehr bereitet ihm die Regelung der Zugriffsrechte Kopfzerbrechen. Die Datenbank beinhaltet auch Informationen, die nicht für jeden einsichtbar sein sollen.

Mittlerweile ist er in seinem Büro angekommen. Er sagt noch schnell seiner Sekretärin Frau Loyal Bescheid, dass er für eine Stunde nicht gestört werden will. Ach wie gut, dass er eine solche zuverlässige gute Seele hat.

Die Umsetzung

Er setzt sich an seinen Schreibtisch und sammelt wie immer alle Gedanken mit Hilfe des Brainstormings. Die direkten Informationen zu den Mitarbeitern sind schnell zusammengetragen. Doch welche Qualifikationen sollen die Projektmitglieder mitbringen? Und wie können eventuelle Diskrepanzen im Wissensstand ausgeglichen werden? Welche rechtlichen Seiten sind zu berücksichtigen? Welche Rolle spielt der Betriebsrat?

Nachdem er alle Gedanken strukturiert und Verbindungen berücksichtigt hat, ruft er seinen Assistenten Mario Logik zu sich und bespricht alles Weitere mit ihm. Als erfahrener Projektleiter weiß er den Kollegen mittlerweile sehr zu schätzen, setzt doch dieser seine Ideen logisch in die für das Intranet benötigten Formulare um.

Er erinnert sich noch, wie er am Anfang schier verzweifelt ist, weil Mario Logik kaum eigene Ideen eingebracht hat. Doch seit Peter Kreativ sich mit den Persönlichkeitsprofilen beschäftigt hat, weiß er die logische Umsetzungsfähigkeit seines Assistenten zu schätzen. Und was noch viel wichtiger ist: auch zu fördern. Er sagt ihm oft, wie gerne er mit ihm zusammenarbeitet und wie zufrieden er ist.

Die Weisheit

„Der Mensch lebt nicht vom Brot allein. Jeder braucht Lob und Anerkennung."

Auf jeden Fall sind die Stammdaten nun in den besten Händen und die Umsetzung in die lineare Form kann erfolgen.

Die Map zu diesem Kapitel finden Sie auf der CD-Rom im Verzeichnis \Teil III\1.2\MAB Stammdaten.mmp.

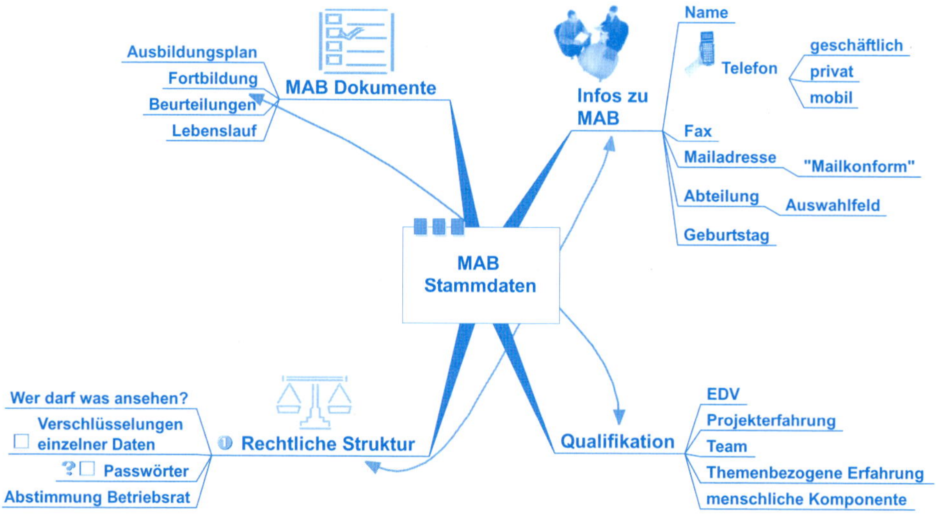

Abbildung 1: *Das Erfassen der Mitarbeiterstammdaten*

6 Projektmitarbeiter in der Theorie

Was verstehen wir unter Projektmitarbeitern?

Projektmitarbeiter sind Mitarbeiter in Unternehmen, die in der Regel eingebettet in einem Projektteam neben ihrer Linienfunktion Projektaufgaben wahrnehmen (Ausnahme: reine Projektorganisation isoliert von herkömmlicher Organisation). Im Idealfall sind sie für die Zeit der Projektmitarbeit von Linienaufgaben ausreichend entlastet und zeitlich weitmöglichst für das Projekt freigestellt. Wie für das gesamte Unternehmen, gilt auch für das einzelne Projekt, dass der Mitarbeiter ein wichtiger Erfolgsfaktor ist. Die Zuordnung von Mitarbeitern zu verfügbaren Stellen erfolgt in so genannten Stellenbesetzungsplänen (hier: Projektmitarbeiterplan).

Die Team-Zusammenstellung (siehe Seite 128) und die Projektatmosphäre (siehe Seite 176) sind wichtige Determinanten für die Motivation (siehe Seite 203) der Projektmitarbeiter. Die Identifikation des Mitarbeiters mit den Projektzielen ist eine wichtige Voraussetzung für den Projekterfolg.

Tipps für Projektleiter und Auftraggeber

Bei der Mitarbeiterauswahl sollte versucht werden, interessierte und aktive Mitarbeiter zu gewinnen. Der Projektleiter und sein Team sollten ausreichend qualifiziert sein und gezielt auf die Projektarbeit vorbereitet werden (z.B. Schulungen über Projektmanagement-Methodik und Umgang mit Projektmanagement-Werkzeugen). Darüber hinaus sollten Aufklärungs- und Trainingsmaßnahmen im Bereich der Teamarbeit und -fähigkeit durchgeführt werden. Wichtigste Devise in dem Projektmiteinander ist: *Das Projekt steht über dem persönlichen Erfolg*. Bei der Zusammenstellung eines Projektteams sollte darauf geachtet werden, dass sich die Stärken und Schwächen der im Team integrierten Persönlichkeiten ausgleichen.

Der Auftraggeber oder Sponsor des Projekts (siehe Seite 144) sollte dafür sorgen, dass die Projektmitarbeiter ausreichend von ihrer Linienfunktion entlastet und zeitlich freigestellt sind. Außerdem sollte er die wichtige Aufgabe der Karrieresicherung wahrnehmen.

Dies bedeutet, dass er mögliche Nachteile bei der späteren Weiterentwicklung in der Linienfunktion, die dem Mitarbeiter durch Projektmitarbeit entstehen können, abwenden muss. Hilfreich ist die Genehmigung kleiner Budgets für Incentives, die den Teamgeist fördern (z. B. gleiche T-Shirts etc.).

Eine wichtige Rolle spielt auch der Projektleiter, der durch einen offenen, kooperativen Führungsstil die Projektatmosphäre prägen sollte. Auch für ihn gilt, dass er sich als Teil des Ganzen sehen und eigene Interessen den Projektinteressen unterordnen sollte.

Die Informationen zu Stammdaten finden Sie auch auf der CD-Rom im Verzeichnis \Teil III\1.2\Theorie Projektmitarbeiter.mmp.

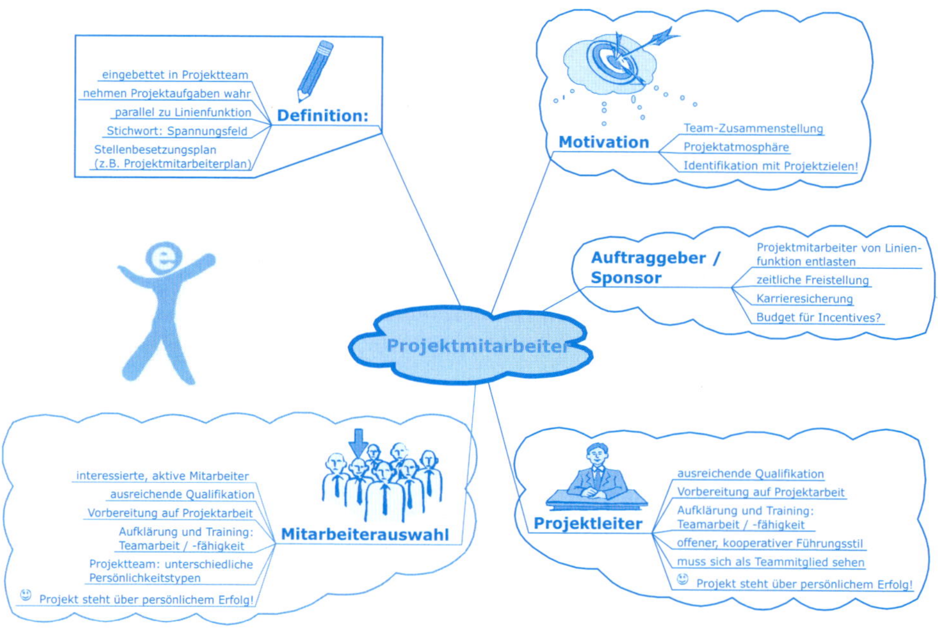

Abbildung 1: *Was macht einen guten Projektmitarbeiter aus?*

7 Projektmitarbeiter in Intrexx anlegen

Mario Logik geht hier in zwei Schritten vor. Zunächst möchte er die firmeninterne Benutzerverwaltung strukturieren. Damit soll der Überblick über die Mitarbeiter, deren Qualifikation und die einzelnen Abteilungen verbessert werden. Später können dann Zuständigkeiten einzelner Mitarbeiter schnell delegiert werden.

Nutzer anlegen

Assistent Logik möchte nun einige Benutzer anlegen und klickt dazu im Intrexx Manager auf die Schaltfläche *Benutzer Manager.* Anschließend wählt er die Registerkarte *Benutzer* und klickt auf das Symbol *Neuer Benutzer.*

Abbildung 1: *Die Schaltfläche* Neuer Benutzer *im* Intrexx Manager

Logik beginnt, die auf der rechten Fensterhälfte auswählbaren Benutzer-Informationen einzugeben. Auf der Seite *Konto* trägt er zunächst den Namen seines Projektleiters ein. Um die Zuordnung zu Benutzergruppen kann er sich später noch als Administrator kümmern. Die Seiten *Persönliche Informationen* und *Kontakt* füllt er aus.

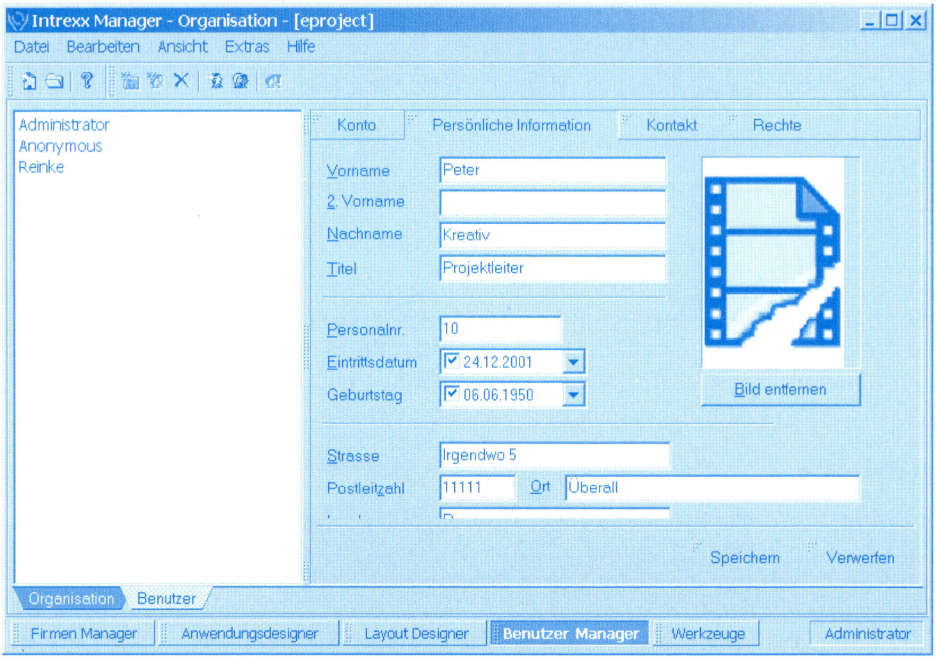

Abbildung 2: *Das Eingabefenster für* Persönliche Informationen

Grafik einfügen

Mario Logik möchte es sich auf keinen Fall nehmen lassen, auch ein Bild seines Vorgesetzten zu den *Persönlichen Informationen* hinzuzufügen. Rasch ist ein schönes Bild in einem gängigen Grafikformat (z.B. JPG oder GIF) von Peter Kreativ gefunden. Logik klickt zum Einbinden der Grafik-Datei einfach auf das *Foto-Feld* und gelangt darüber in das Feld *Datei Öffnen* zum Suchen der Datei. Sein Chef wird Augen machen, wenn er das Bild sieht! Nachdem das Bild eingefügt ist, speichert Assistent Logik den neu angelegten Benutzer.

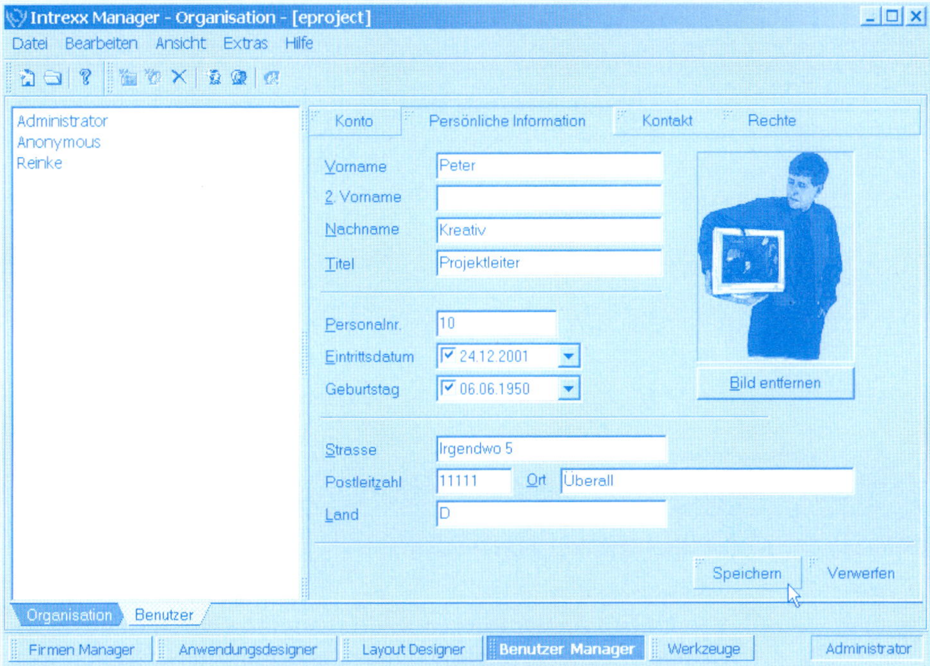

Abbildung 3: *Die persönlichen Nutzerdaten mit eingefügtem Bild*

Organigramm erstellen

Schon jetzt hat sich Logik vorgenommen, über diesen Weg ein gesamtes Mitarbeiterverzeichnis der Firma Automobil CARS ins Intranet zu stellen. Die Daten lassen sich an zentraler Stelle leicht verwalten und aktuell halten. Zudem beruhigt ihn, dass sich über die Intrexx-Rechtevergabe der Zugriff eines jeden Mitarbeiters auf die jeweiligen Intranetseiten individuell steuern lässt.

Um die angelegten Mitarbeiter sinnvoll zuordnen zu können, baut Logik rasch eine Organisationsstruktur auf, der er dann jeden Mitarbeiter entsprechend seiner Position zuordnen kann. Auf der Seite *Organisation* des *Benutzer Managers* legt Logik über den Befehl *Bereich einfügen* aus der Symbolleiste sämtliche Organisationsbereiche seiner Firma an. Mit dem Befehl *Position einfügen* aus der Symbolleiste ordnet Mario L. den jeweiligen markierten Abteilungen einzelne Positionen zu. Nicht vorhandene Positionen im Dialogfeld *Position einfügen* lassen sich über den Befehl *Neu* einfach hinzufügen. Über das Symbol *Mitarbeiter einfügen* ordnet Logik den Positionen zuvor angelegte Mitarbeiter zu.

Zur Kontrolle und aus Neugierde, wie es denn später im Intranet aussehen wird, klickt Mario Logik im Internet-Browser auf das

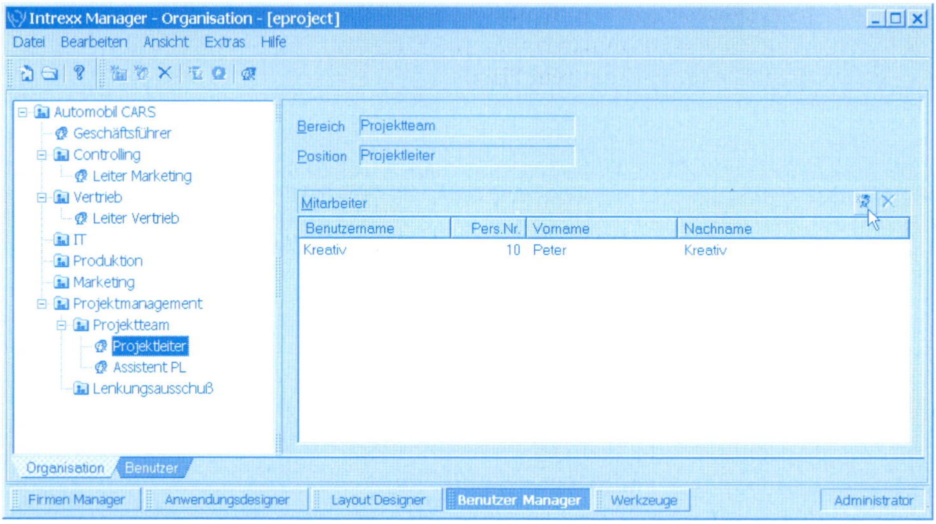

Abbildung 4: *Die Organisation über den Intrexx Manager*

Hauptmenü *Archiv*. Dort ist die Verknüpfung der Anwendung *Organisation* standardmäßig zu finden. In der linken Navigationsleiste wählt er *Benutzer*. Es erscheint die soeben angelegte Firmenstruktur.

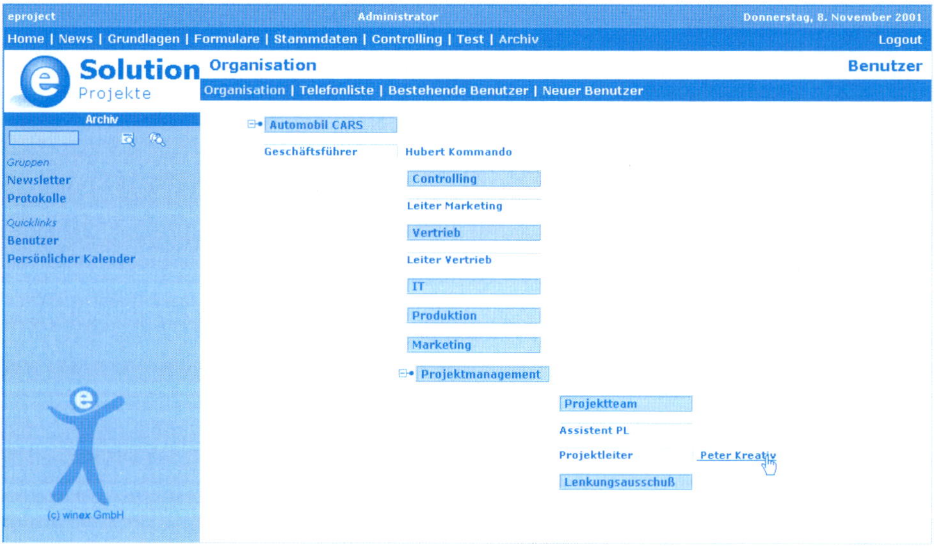

Abbildung 5: *Die Organisation im Browser*

Mit einem Klick auf den Link zum Benutzer *Peter Kreativ* erscheinen die zuvor angelegten Benutzerdaten von Peter Kreativ. Und siehe da, die Daten sind allesamt an ihrem Platz!

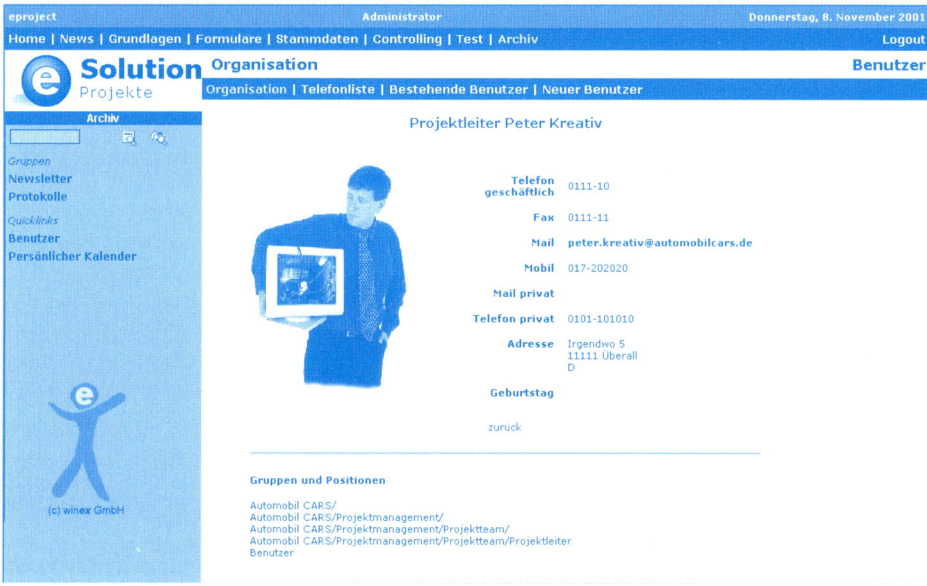

Abbildung 6: *Die Mitarbeiterinfos von unserem Projektleiter Peter Kreativ*

8 Das erste Projekt

Der Projektleiter hat nun alle Grundstrukturen erfasst und bekommt von der Geschäftsleitung das Projekt zugeteilt: Aufbau eines Intranets.

Die Aufgabe

Eines der größten Hindernisse bei der erfolgreichen Durchführung des Projektes ist die Tatsache, dass bei weitem nicht alle in der Geschäftsleitung von der neuen Technologie überzeugt sind. Besonders der Produktionsleiter Kurt Stratege steht der neuen Kommunikationsart etwas skeptisch gegenüber. Um Fehlinvestitionen zu vermeiden, wird das Projekt daher erstmal auf den Hauptsitz in Frankfurt begrenzt. Peter Kreativ soll nun sehr schnell ein Grundkonzept ausarbeiten und dann der Geschäftsleitung präsentieren. Der Aufbau des Intranets will sehr gut überlegt sein, denn Fehler sind schnell gemacht.

Die Weisheit

„Man sollte eigentlich im Leben niemals den gleichen Fehler zweimal machen – denn die Auswahl ist ja groß genug.“ (Kurt Tucholsky)

Dieses Zitat hängt an der Wand und sofort fallen Kreativ die fehlenden Dokumentationen der letzten Projekte ein. Wie hilfreich könnten die jetzt sein.

Die Umsetzung

Er startet sein übliches Brainstorming und schreibt sofort die Dokumentation als einen Ast auf; als Teammitglied hat er hierfür Martina Visuell vorgesehen.

So baut er sein Konzept Stück für Stück auf. Er nutzt hierbei intensiv die Möglichkeiten der Aufgabenplanung innerhalb des MindManagers. Alle Teammitglieder bekommen eine Farbe zugeordnet, die dann auch die Äste der Aufgabenpakete wiedergeben. So kann Frau Visuell z.B. die Map nach ihren Aufgaben sortieren lassen, ohne sich mit Informationen für die anderen Teammitglieder zu beschäftigen. Damit später auch die zu erledigten Aufgaben im Outlook angezeigt werden, setzt er auch schon die passenden Kodes ein. „Das kann ja richtig Spaß machen“, denkt er sich.

Peter Kreativs visuelle Fähigkeiten sind genauso ausgeprägt wie seine Bequemlichkeit in manchen Dingen. Und so denkt er sehr praktisch, denn die zu erstellenden Strukturpläne sind vom Prinzip immer wieder gleich aufgebaut. Also warum nicht eine Vorlage erstellen? Dann wird der nächste Strukturplan noch schneller von der Hand gehen. Denn einmal entwickelt, muss er nur auf projektspezifische Besonderheiten angepasst werden. Vorteile: Vereinfachung, Verkürzung, Vereinheitlichung, Einbau von Erfahrungen, Wesentliches ist bereits Bestandteil.

Herr Kreativ schaut überzeugt auf seine Map – so, jetzt ist der Feierabend aber auch verdient.

Die Map zu diesem Kapitel finden Sie auf der CD-Rom im Verzeichnis \Teil III\1.3\Das erste Projekt.mmp.

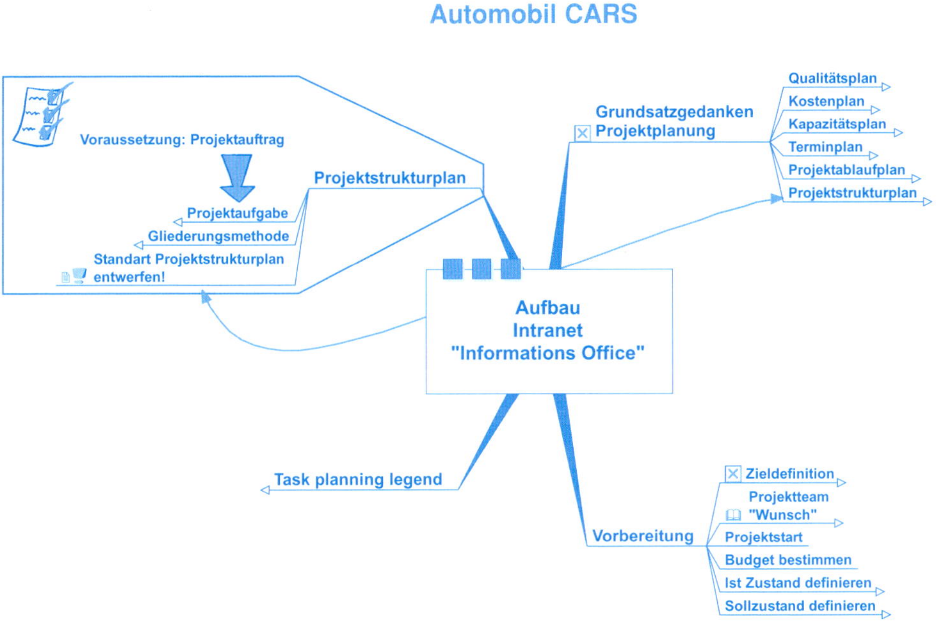

Abbildung 1: *Das Grundkonzept des Projektes*

9 Was ist ein Projekt?

Was verstehen wir unter einem Projekt?

Nach der DIN-Norm 69901 ist ein **Projekt** ein Vorhaben, das insbesondere durch die *Einmaligkeit seiner Bedingungen in ihrer Gesamtheit* gekennzeichnet ist. Als weitere markante Projektmerkmale werden die *Zielvorgabe*, die *zeitliche Begrenztheit*, *finanzielle*, *personelle und andere Restriktionen*, die *Abgrenzung gegenüber anderen Vorhaben* sowie die *projektspezifische Organisation* genannt. Darüber hinaus ist ein Projekt durch seine *Abgeschlossenheit* gekennzeichnet. Es handelt sich um ein einziges Vorhaben, welches einen Anfang und ein Ende besitzt.

Was beinhaltet die Projektplanung?

Am Anfang eines jeden Projektes steht eine Idee und in Verbindung mit ihr eine erste Konzeptphase. Kommt es zum Projektauftrag, so werden alle anstehenden Aufgaben nach einer ersten Planungsphase in dem so genannten Projektstrukturplan zusammengetragen. Hier wird die Projektaufgabe in Teilaufgaben und einzelne Arbeitspakete untergliedert. Dies dient der Strukturierung und Überschaubarkeit. Dabei kommen in der Praxis meist sowohl die objektorientierte als auch die funktionsorientierte Gliederungsmethode zum Einsatz. Bei der Ersteren wird der Projektgegenstand in Einzelkomponenten zerlegt (z. B. ein Produkt in seine Baugruppen). Bei der Zweiten findet diese Untergliederung dagegen unter dem Gesichtspunkt auszuführender Tätigkeiten (oft nach Unternehmensbereichen) statt. Auf Grundlage des Projektstrukturplans können Aussagen über Abläufe, Zeiten, Kapazitäten oder Kosten getroffen werden. So bildet er die Basis für die Pläne, die in den folgenden Phasen der Projektplanung entwickelt werden (Projektablauf-, Termin-, Kapazitäts-, Kosten- und Qualitätsplan).

Tipps für den Projektleiter

Ein Arbeitspaket als kleinste Einheit in jedem Zweig eines Projektstrukturplans sollte immer klar definiert sein im Hinblick auf Leistung, Termine und Kosten. Auch seine Zuordnung zu einzelnen Mitarbeitern sollte frühzeitig geklärt werden.

Für bestimmte Arten wiederkehrender Projekte empfiehlt sich der Einsatz von **Standard-Projektstrukturplänen**. Einmal entwickelt müssen sie nur noch auf projektspezifische Besonderheiten angepasst werden. Dadurch wird die Planungsphase wesentlich vereinfacht und verkürzt, die Projektstrukturpläne werden einheitlicher, Erfahrungen können leichter einbezogen werden und das Risiko, dass Wesentliches vergessen wird, verringert sich.

Die Map zu diesem Kapitel finden Sie auf der CD-Rom im Verzeichnis \Teil III\1.3\Theorie das erste Projekt.mmp.

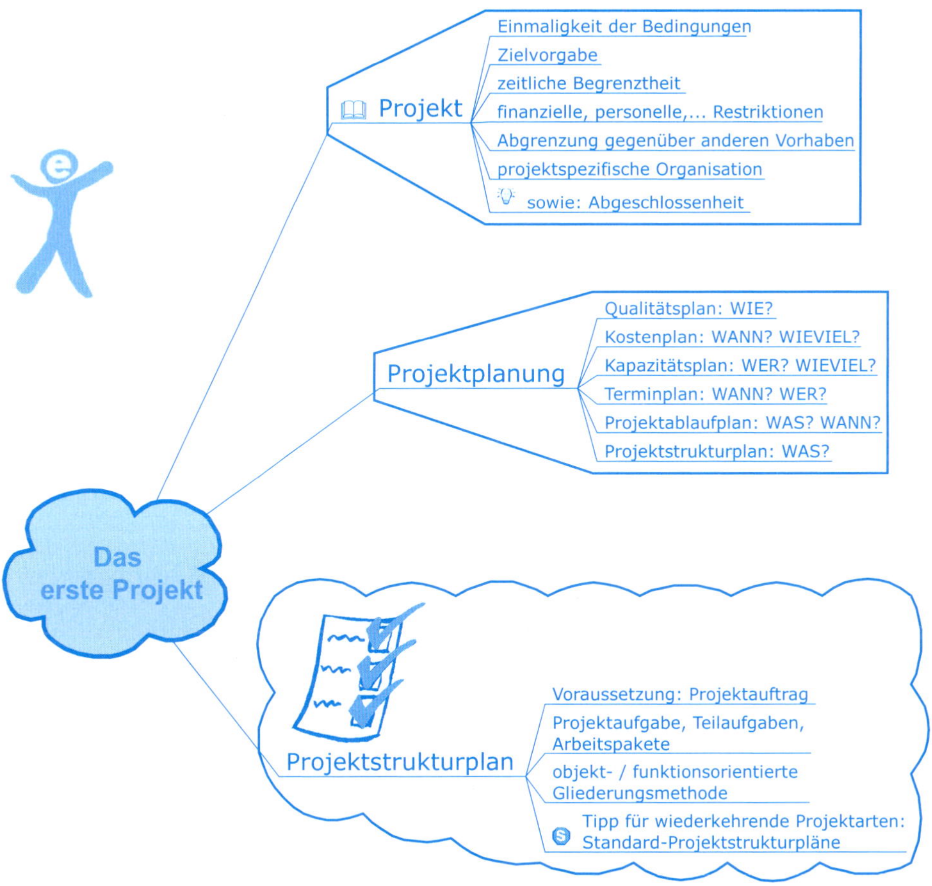

Abbildung 1: *Die Map für das erste Projekt*

10 Eine Projektvorlage erstellen

Am Beispiel der Formulare für die Projekt- und Mitarbeiterstammdaten hat Mario Logik festgestellt, dass er selbst ohne tiefe Programmierkenntnisse datenbankbasierte Anwendungen im Intranet veröffentlichen kann. All die schönen Schlagworte wie HTML, ASP oder SQL, mit denen die Kollegen von der IT-Abteilung um sich werfen, fanden bei seinen Formularen längst Verwendung – doch fast unbemerkt im Hintergrund. Logik konzentriert sich ohnehin lieber darauf, schleunigst die von Peter Kreativ gewünschten Inhalte ins firmeninterne Netz zu stellen. Seine Devise: Schnickschnack muss warten!

Und da Logik recht pfiffig ist, hat er ein Zusatzmodul in der Intrexx Deluxe Version entdeckt, welches genau die Anwendung zu einer Vorlage zusammenfasst, die er jetzt so dringend braucht.

Gefunden hat er die Vorlage dort, wo auch die Tabellen-Vorlage zu finden ist. Unter der Registerkarte *Anwendung erstellen* im Intrexx Anwendungsmanager wählt er das Symbol *Projektmanagement* und gibt den Namen „Projekte Automobil CARS" ein. Nachdem er *Erstellen* angeklickt hat, landet Logik in der vertrauten Umgebung des Anwendungsdesigners.

Das erspart in vielen Bereichen das Anlegen neuer Anwendungen und für den Anfang sind die Bestehenden für Logik vollkommen ausreichend. Später noch Vorlagen zu ändern ist nicht nur möglich, sondern für den Assistenten inzwischen kein Problem mehr. Das Erstellen von Formularen hat er ja bereits geübt.

Schon im Anwendungsbaum findet Assistent Logik zahlreiche Ansichts- und Eingabeseiten der vorgefertigten Anwendung. Um aber sofort mit der Eingabe der Projektdaten zu beginnen, wechselt er zum Browser, indem er auf das Symbol *Intrexx starten* klickt.

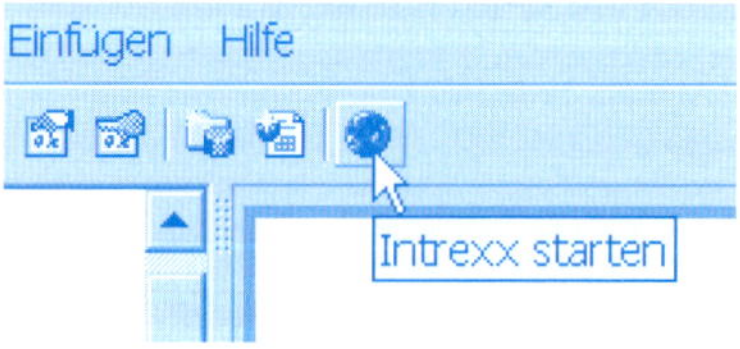

Abbildung 1: *Über das Symbol* Intrexx starten *kommt man zum Eingabefenster*

Nach erfolgreichem Login ins Intrexx-Portal wählt Mario L. den Link *Projekte Automobil CARS* unter den Quicklinks in der Navigationsleiste auf der linken Seite und anschließend den Menüpunkt *Verwaltung*.

Abbildung 2: *Die Navigationsleiste*

Eine ganze Liste von Einstellungs- und Eingabemöglichkeiten, die Logik im Projektmanagement vertraut sind, lässt ahnen, wie komplex die ausgewählte Anwendung ist. Euphorisch darüber, sich ins gemachte Nest setzen zu dürfen, überfliegt er schnell die Möglichkeiten. „Lieber einmal richtig verstanden, als später immer nachbessern", denkt sich Logik, während er sich einen kleinen Leitfaden zurechtlegt. Zuerst möchte er sich die Einstellungen und Stammdaten vornehmen und danach die Projektvorgänge als Aufgaben definieren. Um die Ressourcen kümmert er sich später.

Der Klick auf die *Projekt Einstellungen* führt ihn zur gewünschten Eingabeseite. Hier legt Logik Standardarbeitszeit, Berechnungsbeginn und Grundeinheiten fest. Viel ist nicht einzugeben, da Voreinstellungen, wie z.B. die 40-Stunden-Woche, übernommen werden können. Das Währungssymbol stellt er auf €, *Dauer* und *Arbeit sollen in Tagen geplant werden*; auf *Speichern* geklickt und fertig ist die erste Einstellung! Zurück in der Übersicht *Verwaltung*, klickt Mario L. auf *Projekt Stammdaten*.

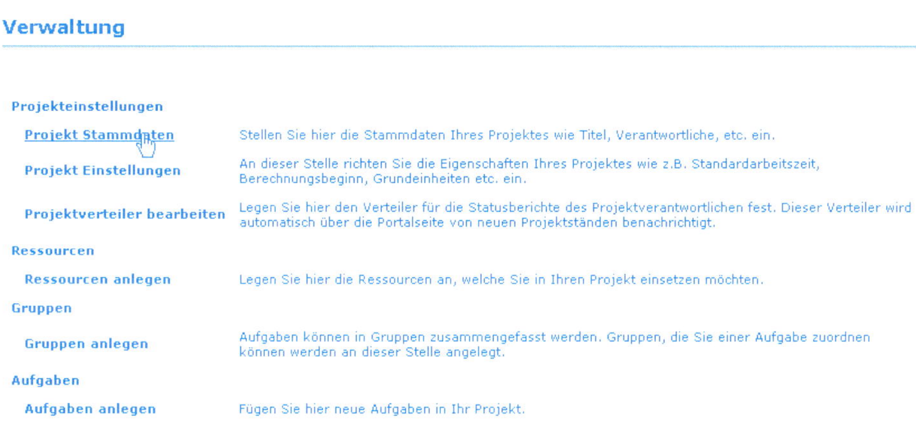

Abbildung 3: *Über die Übersicht* Verwalten *lassen sich alle wichtigen Formulare einrichten*

Im Formular *Stammdaten erfassen* werden die Projektdaten definiert. Das Projekt wird benannt, eine Beschreibung hinterlegt; Angaben zum Projektleiter, dem Anfangstermin sowie den Kosten gehören ebenso zu den erforderlichen Daten. Logik entscheidet sich in diesem Fall dafür, das Projekt vom Anfang berechnen zu lassen. Deshalb trägt er im Feld *Start Plan* ein Datum ein, während *Ende Plan* automatisch berechnet wird, sobald die Projektvorgänge angelegt sind.

Nach dem Speichern gelangt Assistent Logik wieder zurück auf die Seite *Verwaltung*. Endlich sind die nötigen Voreinstellungen abgeschlossen und die Projektvorgänge können erstellt werden. Unter dem Punkt *Aufgabe* wählt die rechte Hand des Projektleiters den Link *Aufgaben anlegen*. Das Formular *Aufgabe Plan* wird damit aufgerufen. Der Anwendungsmenüpunkt *Aufgaben anlegen* ist identisch mit dem Link *Aufgabe Plan* und führt also zum gleichen Feld. Der erste Projektvorgang wird als Aufgabe im Formular beschrieben. Mario Logik versucht sich dabei an der Mind Map seines Chefs zu orientieren. Eins zu eins übernehmen kann er die Map

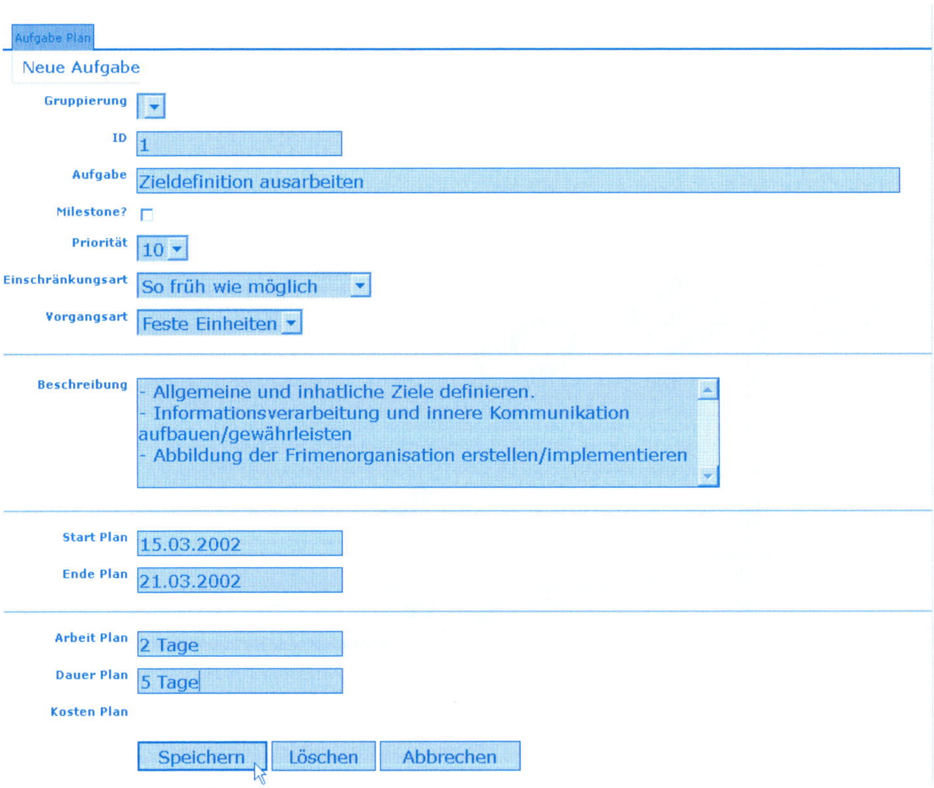

Abbildung 4: *Das Projektformular nimmt Formen an*

nicht. Struktur und Abfolge müssen für seinen Projektplan noch abgeändert werden. Gut, dass er selbst auch „ein wenig mitreden" kann. Schließlich kennt er die Aufbaulogik eines Projektplans schon von Microsoft Project. Anfangs möchte Logik nur einige wenige Vorgänge eingeben und die zusätzlichen Infos im Feld *Beschreibung hinterlegen*. Nach weiterer Absprache mit Peter Kreativ lässt sich dann immer noch eine Detaillierung vornehmen.

Assistent Logik legt noch drei weitere Aufgaben an und kontrolliert im Anschluss über das Menü *Grafik* die erstellten Vorgänge im Gantt-Balkendiagramm. Hier kann er jetzt anschaulich die geplanten Vorgänge und ihre Abhängigkeiten erkennen. Gleich auf den ersten Blick fällt ihm auf, dass er unbemerkt alle Vorgänge zum gleichen Termin hat beginnen lassen. Was aber wiederum kein wirkliches Versäumnis gewesen ist, da Logik sofort ein alt bekanntes Symbol entdeckt.

Über das *Kettensymbol* lassen sich ähnlich wie in Microsoft Project Vorgangsverknüpfungen definieren. Logik weiß, dass es ohnehin die sinnvollere Methode ist, Vorgangsstarttermine über Verknüpfungen zu planen. Um alle Vorgänge miteinander zu verknüpfen, wählt Logik das Symbol *Vorgänger bearbeiten* und gibt im Eingabeformular die gewünschten Änderungen ein. Dazu braucht er bloß den Vorgänger über die entsprechende ID oder den Namen aus dem Listenfeld auszuwählen. Nach dem Speichern der Eingaben wechselt das Formular automatisch auf die Registerkarte *Vorgänger*. Hier lassen sich rasch weitere Vorgänger hinzufügen. Alternativ wählt der clevere Logik jedoch über die Pfeiltasten rechts oben im Bild gleich den nachfolgenden Vorgang aus, um auch ihm einen Vorgänger zuzuordnen.

Allmählich erschließt sich dem Assistenten die Menüführung beinahe intuitiv. Es beginnt Spaß zu machen, von einem Formular in das Nächste zu wechseln und die Änderungen in verschiedenen

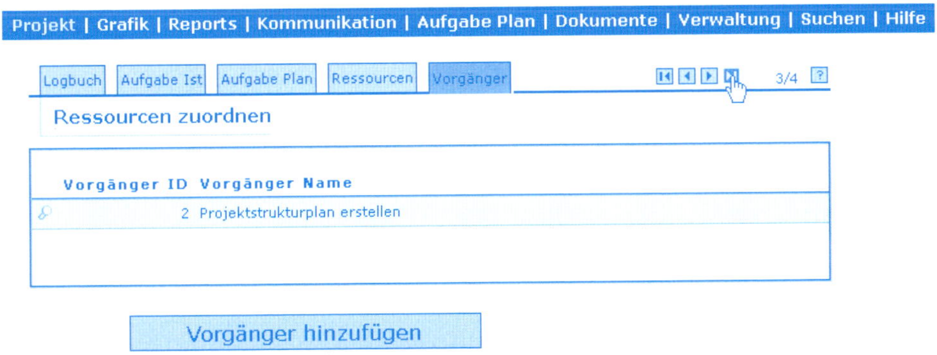

Abbildung 5: *Mit dem Zufügen von Vorgängern lassen sich schnell Verknüpfungen erstellen*

Ansichten sofort prüfen zu können. Obschon noch keine Ressourcen zugeordnet sind und Logik nicht einmal Ist-Werte eingegeben hat, ist der Projektplan schon beachtlich mit Leben gefüllt.

Zum Abschluss seines ersten Projekts hat Mario Logik sich noch ein kleines Schmankerl für den Mind Mapping begeisterten Herrn Kreativ ausgedacht. Logik möchte unbedingt die vor ihm liegende Map als Dokument im Intranet veröffentlichen. Klar, dass er den Menüpunkt *Dokumente* schon vorher registriert hat. Aber jetzt will er auch sehen, ob es klappt. Unter dem Menüpunkt *Dokumente* findet er das entsprechende Formular, wo er über den Befehl *Durchsuchen* den Pfad zur Mind Map einfügen kann. Ein kleines Dokumentenmanagement. Über den Link *Projekt* möchte Logik die Projektinfos einmal auf einen Blick sehen. Die Vorgangsliste samt ihrer wesentlichen Informationen ist für die spätere Analyse besonders wichtig. Mal sehen, ob das dem Chef ausreicht, wartet Logik ab …

Projekt | Grafik | Reports | Kommunikation | Aufgabe Plan | Dokumente | Verwaltung | Suchen | Hilfe

Projekt

Intranet

Aufbau des firmeninternen Intranets mit Hilfe von Intrexx.

Status: In Bearbeitung

Kostenstelle: 111
Projektleiter: Peter Kreativ **eMail:** Peter.Krativ@automobilcars.de
Stellvertreter: Mario Logik **eMail:** Mario.Logik@automobilcars.de

	Start	Ende	Kosten	Umsatz
Plan	15.03.2002	03.04.2002	0,00 €	0,00 €
Ist	15.03.2002	26.03.2002	0,00 €	0,00 €

ID	Aufgabe	Prozent erledigt	Start Plan	Ende Plan	Dauer Plan	Arbeit Plan
1	Zieldefinition ausarbeiten	0	15.03.2002	21.03.2002	5 Tage	2 Tage
2	Projektstrukturplan erstellen	0	22.03.2002	25.03.2002	2 Tage	1 Tag
3	Ressourcen zuordnen	0	26.03.2002	26.03.2002	1 Tag	1 Tag
4	Terminplan detaillieren	0	27.03.2002	03.04.2002	6 Tage	3 Tage

30

Abbildung 6: *Die Vorgangstabelle samt den wesentlichen Projektinformationen*

Da schau her, ruft Logik. Die Vorgangstabelle samt den wesentlichen Projektinformationen. Da freut sich selbst der alte Controller Gustav Ganzgenau. Als Einstiegsseite für das neu erstellte Projekt genau das Richtige! Jetzt gibt es eigentlich nur noch ein Bedürfnis, das offenbar allen Kollegen und besonders der Chef-Etage immer noch am Herzen liegt. Logik weiß, wenn sich irgendeine Information nicht sofort sauber auf ein Blatt Papier drucken lässt, gibt es Geschrei in seiner Firma. Intranet und Datenbanken hin oder her – erst was auf den Tisch geknallt werden kann, ist wahre Information! Also: Wie können die schönen Daten aufs Papier gebracht werden ohne die gesamte Navigationsstruktur gleich mit zu drucken?

Die Lösung ist einfacher, als Logik dachte. Der Menüpunkt *Reports* springt ihm plötzlich ins Auge. Und auf folgender Liste finden sich allgemeine Berichte sowie zu Aufgaben, Kosten und Ressourcen. Die Neugierde lässt Mario L. gleich auf den ersten Report mit Namen Planung klicken. Und siehe da, die Freunde der Aktenordner und Papierberge werden begeistert sein! Dasselbe in schön, könnte man sagen. Gleiches gilt für die restlichen Reports. Im Browser öffnet sich jeweils ein eigenes Fenster, das ohne großen Aufwand sofort gedruckt werden kann. Na das ging ja schnell, denkt Logik und lehnt sich zufrieden zurück.

11 Die Präsentation des Projektkonzepts

Die Aufgabe

Als Nächstes soll der Projektleiter das Grundkonzept ausarbeiten und der Geschäftsleitung präsentieren.

Der Weg

Peter Kreativ hat das gesamte Konzept als Mind Map erstellt. Er weiß sehr genau, dass die Geschäftsleitung dieser Art der Darstellung sehr skeptisch gegenübersteht. Um dieser Einstellung entgegenzuwirken, muss er sich also auf deren Denkweise einlassen und die Präsentation nach dem Sinn der Geschäftleitung aufbauen, das heißt Punkt für Punkt für Punkt. Nur die wichtigsten Ziele sollen erscheinen. Er möchte die einzelnen Informationen mit seinen eigenen Worten füllen und Leben in das Konzept bringen. Herr Kreativ kennt seine „Pappenheimer" bereits und die Wege wie er sie überzeugen kann – mit Worten und dem Ziel vor Augen.

Mit viel Elan legt er los und geht an die Umsetzung.

Die Weisheit

„Vorrausschauendes Denken ist die Grundlage für den Erfolg" (Ernst A. Rotter)

Die Umsetzung

Da er das Konzept in seinem Ganzen bereits als Mind Map erstellt hat, setzt er die Funktion *PowerPoint Export* ein und lässt die Grundfolien durch die Exportfunktion des MindManagers erstellen.

Hierzu wählt er im MindManager die *Formatvorlage* aus und entscheidet sich für das Layout in PowerPoint.

Bei der Betrachtung des Zweiges *Projektteam* hält er kurz inne. Die Geschäftsleitung will er erst zu einem späteren Zeitpunkt von seinen Wunschkandidaten unterrichten. Er wird also bei der Präsentation diesen Ast komplett aussparen. Hier kommt ihm zugute, dass bei der Exportfunktion zu PowerPoint das Programm MindManager eine Funktion bietet, bestimmte Äste und Zweige von einem Export auszusparen. So macht das Erstellen einer PowerPoint Präsentation richtig Spaß.

Die Map finden Sie auf der CD-Rom im Verzeichnis Teil III\1.4\Präsentation über Aufbau des Projekts.mmp.

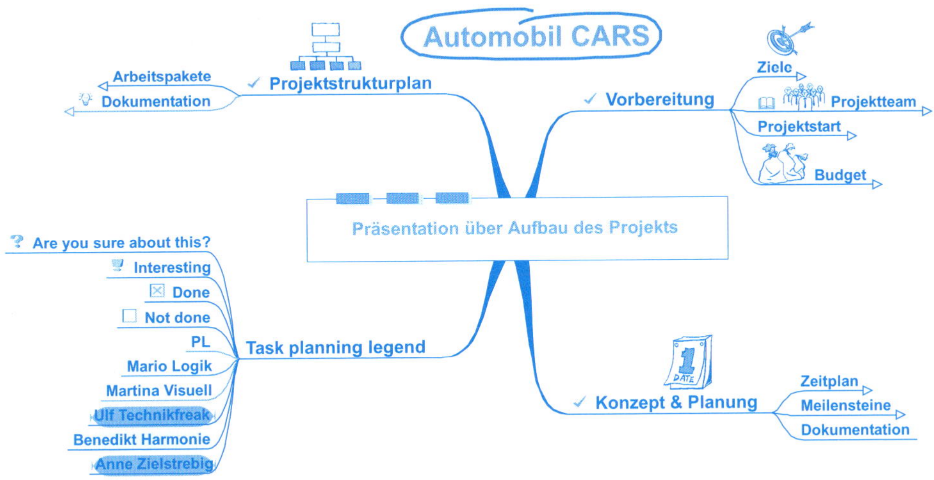

Abbildung 1: *Aus dieser Mind Map entsteht die PowerPoint Präsentation für die Geschäftsleitung*

12 Präsentationen in der Projektarbeit

Was verstehen wir unter einer Präsentation?

Unter einer Präsentation verstehen wir die Darbietung themenspezifischer Informationen vor einem Publikum mit der Verfolgung einer bestimmten Absicht. Die Kunst eines erfolgreichen Vortrags liegt darin, die Informationsmenge dosiert anzubieten sowie überzeugend und sinnvoll zu gestalten und zu kommunizieren. Gerade heutzutage, wo wir im Unternehmensalltag täglich einer Flut von Informationen begegnen, ist die präzise und aussagekräftige Darbietung von Informationsinhalten besonders wichtig. Führungskräfte erwarten beispielsweise von Assistenten, dass Daten in einer Form aufbereitet und präsentiert werden, die der Entscheidungsunterstützung dienlich ist. Aber auch im Aus- und Weiterbildungsbereich spielt die Präsentation von Lehrinhalten eine große Rolle. Geschickt aufbereitet können über 50 Prozent des Gehörten und Gesehenen im Gehirn des Publikums verankert werden! Was ist also bei einer erfolgreichen Präsentation zu beachten?

Tipps für den Projektleiter

Zu Beginn jeder Präsentationsvorbereitung ist zu klären, was das Ziel des Vortrags ist. Will man informieren und vorstellen, Interesse wecken, Begeisterung erzeugen, Kontakte pflegen oder eine konkrete Handlung (z.B. Kauf) provozieren? Je nach Antwort kann sich die gesamte Ausrichtung der Präsentation und ihr Inhalt ändern. Neben dem Ziel ist natürlich auch die Zielgruppe von entscheidender Bedeutung. Handelt es sich um unternehmensinternes oder -externes Publikum, welcher Wissensstand, welche Vorkenntnisse und welche Erwartungen werden präsent sein? Wie groß ist die Zuhörerschaft voraussichtlich? Schließlich stellt sich die Frage: Was soll die Kernaussage oder Botschaft der Präsentation sein? Hier ist es hilfreich, gemeinsam mit dem Auftraggeber festzulegen, welche konkrete Formulierung in der Präsentation die Botschaft transportieren soll. Empfehlenswert ist die Verwendung eines Slogans, der kurz, prägnant und gestalterisch hervorgehoben die Hauptinformation trägt und durch gelegentliche Wiederholungen im Gedächtnis der Zuhörer haften bleibt.

Während der Präsentation selbst können Inhalte durch schriftliches oder grafisches Material veranschaulicht werden. Wir empfehlen, Highlight-Handzettel an die Zuhörer auszuteilen, auf welchen sich Slogan und die wichtigsten Informationen sinnvoll grafisch aufbereitet wieder finden. Bezüglich der Art der Darbietung bleibt zu erwähnen, dass neben Overhead-Folien der Vortrag am PC über Data-Display oder Video-Beamer immer häufiger zum Einsatz kommt.

Die Map zu diesem Kapitel finden Sie auf der CD-Rom im Verzeichnis \Teil III\1.4\Theorie Präsentation.mmp.

Abbildung 1: *Die Map über den Aufbau von Präsentationen*

13 Exkurs PowerPoint

Über die Exportfunktion können Sie aus einer Map in Sekundenschnelle eine PowerPoint-Präsentation erzeugen. Jeder Hauptzweig (einschließlich des Maptitels) wird zu einer Folie in der Präsentation und die Bezeichnung des Hauptzweigs erscheint jeweils als Folientitel. Die Unterzweige an einem Hauptzweig werden auf der Folie zu Listenpunkten. Was sonst noch auf der Folie zu sehen ist, hängt davon ab, welche Objekte mit den Zweigen verknüpft sind.

Die Funktion für den Export nach PowerPoint ist so ausgelegt, dass ohne zusätzliche Konfiguration aus einer beliebigen Map eine Präsentation erzeugt wird. Sie können diese automatischen Standardwerte aber auch außer Kraft setzen und das Folienlayout individuell bestimmen. So lässt sich einstellen, ob für einzelne Zweige Folien angelegt werden und welche Art von Folie erzeugt wird. Für jeden Zweig können individuelle PowerPoint-Einstellungen definiert werden, die von den Standardwerten abweichen. Die Export-Einstellungen werden in der Map selbst gespeichert.

Hinweis Die beim Export angelegte PowerPoint-Datei besitzt keine Verknüpfung zum MindManager. Wenn Sie Ihre Präsentation also in PowerPoint weiter bearbeiten, werden diese neuen Informationen nicht in die Map zurück übernommen.

Automatischer Export

Der wichtigste Schritt für einen erfolgreichen Export nach PowerPoint ist die vorherige Formatierung der Map. Starten Sie erst anschließend den Export.

Formatieren der Map

Öffnen Sie zunächst eine vorhandene Map. Wählen Sie den Menübefehl *Format/PowerPoint-Export.*

Hinweis Wenn dieser Eintrag nicht angezeigt wird, aktivieren Sie ihn unter *Extras/Anpassen/Add-Ins*.

Klicken Sie auf *PowerPoint-Vorlagendatei verwenden* und rufen Sie die PowerPoint-Präsentationsvorlagen in Ihrem System auf. In der Regel liegen sie in folgendem Ordner:

LW:\Programme\Microsoft Office\Vorlagen oder *LW:\Programme\Microsoft Office\Templates*

Hinweis

Verzeichnis und Pfad können in Abhängigkeit von Ihrer Microsoft Office-Version und Installation unterschiedlich sein.

Wählen Sie den Menübefehl *Datei/Export/PowerPoint-Präsentation*. Es erscheint das Dialogfeld *PowerPoint Export-Formateinstellungen*.

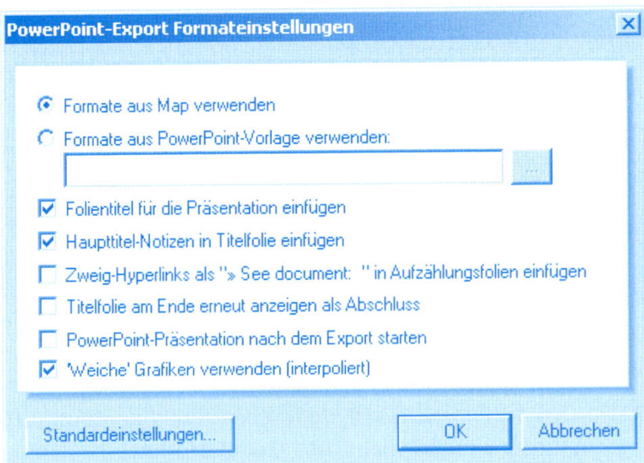

Abbildung 1: *In dem Dialogfeld können Sie Formatierungen Ihrer Präsentation ändern*

Nach der Bestätigung mit *OK* erzeugt MindManager aus Ihrer Map eine Präsentation und entscheidet dabei automatisch, welche Folien angelegt werden. Das ist nicht immer vorteilhaft und einige dieser Folien gefallen Ihnen möglicherweise nicht. Sie enthalten zu viele Listenpunkte oder die Bilder sind nicht dort, wo Sie sie gerne haben möchten. Am Ende dieses Kapitels haben wir Ihnen nützliche Tipps zusammengestellt, mit denen Sie solche unerwünschten Effekte vermeiden können.

Was bedeutet der Exportstatus *Automatisch*?

In der **Tabelle 1** finden Sie die Definition der Zweigeinstellungen für den PowerPoint Export.

Tabelle 1: *Zweigeinstellungen beim PowerPoint-Export*

Wenn der Zweig ...	... wird folgender Folien-Typ erzeugt
mit einer Bilddatei verknüpft ist...	Bild
ein Maptitel ist...	Map
ein Hauptzweig mit Unterzweigen ist...	Map
zwischen einen bis sechs Unterzweige hat (Zweigverbindungen werden als Element gezählt)...	Aufzählung
mehr als sechs Unterzweige hat...	zweispaltige Aufzählung
keinen Unterzweig hat, aber Textnotizen...	Kurznotizen
leer ist...	keine Folie

Benutzerdefinierte Einstellungen

Individuell zugeschnittene Ergebnisse beim PowerPoint Export erzielen Sie mit benutzerdefinierten Einstellungen. Dazu stehen Ihnen verschiedene Wege zur Verfügung:

- Das Menü *Format*: Dort definieren Sie allgemeingültige Einstellungen für den Export von Präsentationen.
- Der Kontextmenü-Befehl *PowerPoint Export*: Dort definieren Sie individuelle Einstellungen für einen gewählten Zweig und den Map-Titel. Die Kontextmenüs blenden Sie durch Klicken mit der rechten Maustaste auf den Map-Titel oder den Zweig ein.

Zu dem wichtigen Dialogfeld *PowerPoint Export-Einstellungen* gelangen Sie über das Menü *Format/PowerPoint Export*. Drücken Sie auf die Schaltfläche Standardeinrichtungen und es öffnet sich ein weiteres Dialogfeld zum Einrichten der Einstellungen.

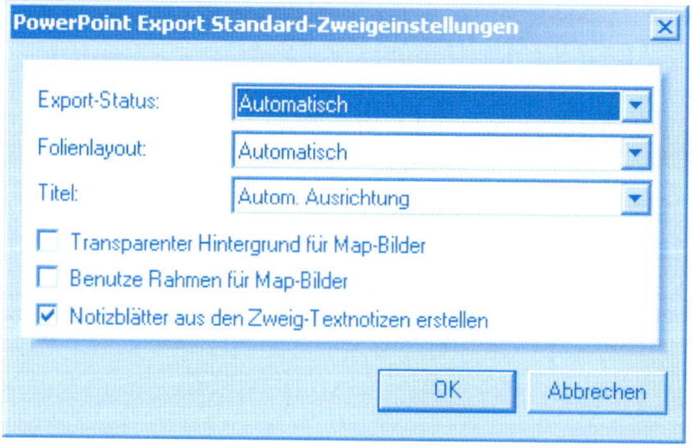

Abbildung 2: *Das Fine Tuning der Map erfolgt über dieses Dialogfenster*

Hier können Sie folgende Einstellungen vornehmen:

Export-Status

Diese Option wählen Sie, um zu steuern, ob für den betreffenden Zweig beim Export eine Folie angelegt wird und falls ja, welches Layout die Folie haben soll. Es stehen vier Optionen zur Auswahl:

- *Nicht in diesem Zweig und allen Unterzweigen*: Damit verhindern Sie, dass aus diesem Zweig und all seinen Unterzweigen Folien erzeugt werden. So können Sie einen ganzen Baum aus der Präsentation ausklammern, z.B. weil er noch unvollständig ist oder Informationen enthält, die in der Map von Nutzen sind, nicht aber in der Präsentation.
- *Nicht in diesem Zweig*: Auch hier wird verhindert, dass aus dem Zweig eine Folie erzeugt wird. MindManager prüft jedoch die Unterzweige dieses Zweigs und legt bei Bedarf für sie Folien an. Mit dieser Option sollten Sie dann arbeiten, wenn in der Map nur ein Zweig vorlag und in der Präsentation für alle Unterzweige Folien erzeugt wurden, Sie aber keine übergeordnete Folie mit vielen Listenpunkten wünschen.
- *Automatisch*: Hier wird der Zweig entsprechend **Tabelle 1** eingebaut.
- *Immer*: Wenn Sie diese Option wählen, wird immer eine Folie erzeugt, unabhängig davon, welche Informationen im Zweig vorliegen.

Folienlayout

Beim Export entscheidet MindManager nicht nur, ob für den betreffenden Zweig eine Folie angelegt wird, sondern auch, welches Layout sie bekommt. Dabei greift die Layout-Einstellung *Automatisch*. Sie können diese Einstellungen bei Bedarf für einzelne Zweige manuell abändern. Experimentieren Sie dazu mit den Einstellungen, um festzustellen, welche Ergebnisse für Sie optimal sind.

- *Titel*: Wenn Sie diese Option wählen, wird eine Titelfolie erzeugt. Der Zweigtext wird in der Mitte einer sonst leeren Folie angezeigt. Im Maptitel oder Zweig gesetzte Zeilenumbrüche werden in die Titel-Folie übernommen.
- *Titel über Text*: Es wird eine mit der Titelfolie vergleichbare Folie erzeugt. Die Textnotizen aus dem Zweig oder dem Maptitel werden jedoch als Untertitel unter dem Haupttitel eingefügt.
- *Aufzählung*: Eine Folie mit dem Zweigtext als Überschrift wird erzeugt. Die Unterzweige dieses Zweigs sind darunter in einer einspaltigen Aufzählung aufgeführt. Wenn der Zweig mit einer Verknüpfung versehen ist, wird diese als letzter Listenpunkt aufgenommen.

Hinweis

Beim Anlegen der Aufzählung werden Zeilenumbrüche im Zweigtext ignoriert, damit einzeiliger Text entsteht.

- *Zweispaltige Aufzählung*: Wenn Sie diese Option wählen, wird eine Folie mit dem Zweigtext als Folien-Überschrift erzeugt. Die Unterzweige dieses Zweigs werden darunter gleichmäßig auf eine zweispaltige Aufzählung aufgeteilt. Wenn der Zweig mit einer Verknüpfung versehen ist, wird diese als letzter Listenpunkt aufgenommen.
- *Kurznotizen*: Mit dieser Option wird eine Folie erzeugt, bei der der Zweigtext zur Folien-Überschrift und die Textnotizen zu Absatztext unter der Überschrift werden. Es wird dasselbe Basis-Layout wie für eine Folie mit Aufzählung verwendet.

Hinweis

Aus den Textnotizen wird nur reiner Text übernommen. Bilder, Formate, Tabellen oder Hyperlinks in den Textnotizen werden ignoriert.

- *Bild*: Die Folie erhält den Zweigtext als Überschrift und die in den PowerPoint-Einstellungen für diesen Zweig definierte Bilddatei wird zur Anzeige eines Bildes in der Folie verwendet. Das Bild wird nicht mit der Folie verknüpft, sondern in sie hineinkopiert. Sollte sich das Bild später ändern, erreicht diese Änderung nicht die Folie.
- *Bild + Text*: Wenn Sie diese Option wählen, wird eine Folie erzeugt, die sowohl ein Bild als auch eine Aufzählung enthält, in der die Unterzweige des betreffenden Zweigs aufgeführt sind. Das Bild befindet sich dabei links und die Aufzählung rechts. Bei *Text+Bild* befindet sich das Bild rechts und die Aufzählung links.
- *Große Map*: Wenn Sie diese Option wählen, wird eine Folie erzeugt, bei der der Zweigtext zur Folien-Überschrift wird, unter der ein Bild aus der Map Platz findet. Die Map ist auf den aktuellen Zweig fokussiert und nur die erste Ebene der Unterzweige wird angezeigt (Detailebene = 1). Die Schriftgröße des aktuellen Zweigs und seiner Unterzweige wird erhöht, der Zweig wird zeitweilig hervorgehoben.
- *Map + Aufzählung*: Hier wird eine Folie erzeugt, die sowohl ein Bild aus einer Map als auch eine Aufzählung enthält, in der die Unterzweige des betreffenden Zweigs aufgeführt sind. Das Bild befindet sich links und die Aufzählung rechts. Das Bild der Map wird auf den aktuellen Zweig fokussiert und keiner der Unterzweige wird angezeigt. In diesem Fall wird die erste Ebene der Zweige (Hauptzweige) angezeigt. Die Schriftgröße des aktuellen Zweigs und seiner Unterzweige wird erhöht, der Zweig zeitweilig hervorgehoben. Die Aufzählung enthält die Unterzweige.

Ausrichtung Titel

Über diese Option steuern Sie die Position der Folien-Überschrift:

- *Automatisch*: Die Überschrift wird standardmäßig an der in der Präsentationsvorlage definierten Position abgelegt.

- *Links*: Der Überschriftentext wird in seinem Textfeld links ausgerichtet.
- *Zentriert*: Der Überschriftentext wird in seinem Textfeld zentriert.
- *Rechts*: Der Überschriftentext wird in seinem Textfeld rechts ausgerichtet.

Hinweis

Mit diesen Ausrichtungsoptionen setzen Sie das Layout der Präsentationsvorlage außer Kraft. Wenn Sie mit einer Präsentationsvorlage arbeiten, sollten Sie die Überschriftenposition auf *Automatisch* setzen. Beim Schreiben des Überschriftentexts in eine Folie werden die zur Verkürzung der Zweiglänge gesetzten Zeilenumbrüche entfernt, damit auf der Folie einzeiliger Text entsteht.

Bild-Datei

Wenn Sie für einen Zweig eine Bilddatei angeben, wird der Folie ein Bild hinzugefügt.

Hinweis

Diese Option ist nicht als Voreinstellung für die gesamte Map verfügbar.

Für die Bilddatei können Pfadnamen mit einem absoluten oder einem relativen Bezug auf den Speicherort der Map angegeben werden. Das macht es möglich, die Map und ihre Bilddateien an einen anderen Ort zu verschieben und erneut nach PowerPoint zu exportieren, ohne dazu die Bilddateidefinitionen ändern zu müssen. Das Bild wird an den verfügbaren Platz in der Folie angepasst und dazu unter Beibehaltung des Höhen-Breiten-Verhältnisses skaliert. Wenn die Bilddatei zum Zeitpunkt des Exports nicht verfügbar ist, wird in die Folie statt des Bildes eine Fehlermeldung eingefügt. In ihr ist der Speicherort angegeben, an dem versucht wurde, die Bilddatei zu finden. Wenn Sie eine Bilddatei aus der Folie entfernen möchten, löschen Sie den Dateinamen aus dem Feld.

Notizblätter aus den Textnotizen erstellen

Bei Wahl dieser Option werden die an einen Zweig angehängten Textnotizen in der Folie als Notizen für den Vortragenden verwendet. Diese Notizen können bequem als Handzettel verwendet werden.

Tipps & Tricks

- Halten Sie Ihre Maps klein. Nach der automatischen Erstellung können Sie die Präsentation beliebig ausbauen!
- Zweigtext sollte maximal aus sechs bis acht Wörtern bestehen – in der Folie wird er zu Überschriften und Aufzählungstexten.
- Halten Sie die Anzahl der Unterzweige pro Zweig gering. Folien mit mehr als sechs bis sieben Aufzählungspunkten sind für das Publikum schwer überschaubar. Ideal sind vier Punkte pro Folie. Diese lassen sich problemlos erläutern, ohne dass die Aufmerksamkeit des Publikums leidet.
- Wenn in den Zweigen an den Rändern der Map Textnotizen vorliegen, die zu Folien werden sollen, sollte der Text nicht mehr als einen Satz umfassen, da die Folie sonst sehr schnell voll wird.
- Gestalten Sie Ihre Map ausgewogen, damit Sie bei Verwendung als Bild in den Folien nicht zu breit oder hoch ist.
- Mit der Einstellung *Format/Zweiglänge* können Sie verhindern, dass die Map zu breit wird.
- Wenn Sie in Ihrer Präsentation Bilder verwenden, sollten Sie bei den Hauptzweigen mit einer logischen Abfolge arbeiten (z. B. im Uhrzeigersinn), damit die Abfolge der Präsentation eine logische Kette ergibt. Arbeiten Sie dazu mit dem Menübefehl *Format/ Reihenfolge der Hauptzweige*.

Vorlagen erstellen

Wenn sie öfter PowerPoint-Präsentationen erstellen müssen, arbeiten Sie am besten mit einer oder gar mehreren Vorlagen. Diese erstellen Sie, indem Sie den Exportstatus festlegen, das Folienlayout erstellen, Ausrichtungen festlegen und den Pfad zu Ihrer eigenen PPT-Firmenvorlage definieren. Legen Sie dann dieses Muster über den Menübefehl *Datei/Als Vorlage speichern* ab. Sie können die Vorlage nun jederzeit nutzen, indem Sie über die Befehlsfolge *Datei/Neu* eine Map auf der Basis Vorlage aufrufen, mit Angaben füllen und direkt nach PowerPoint exportieren.

Wir haben für Sie eine Map als Vorlage erstellt, die Ihnen den Export nach PowerPoint erleichtern soll. Sie enthält bereits vordefinierte Zweigeinstellungen. Die Map-Vorlage und das Ergebnis in PowerPoint finden Sie auf der CD-ROM im Ordner \Teil III\1.4 unter den Namen *PowerPoint Vorlage.mmp*. Daneben gibt es im gleichen Ordner natürlich auch den Inhalt des Exkurses als Map und zwar unter dem Namen *Exkurs PowerPoint.mmp*.

14 Der Projektauftrag wird erteilt

Die Aufgabe

Die Präsentation ist sehr gut gelaufen. Peter Kreativ hat eine kurze übersichtliche Präsentation gehalten und bekommt nun den Projektauftrag. Der Auftrag soll formuliert und für alle Beteiligten ins Netz gestellt werden. Wichtig ist, dass die Corporate Identity (CI) beachtet und in Abstimmung mit dem Marketing festgelegt wird. Die Kosten müssen nun geplant und mit dem Controlling abgestimmt werden. Unser Projektleiter soll diese Dinge komplett in 14 Tagen ausarbeiten und dann dem Lenkungsausschuss vorstellen.

Der Weg

Peter Kreativ schließt sich mal wieder in sein Zimmer ein. „Oh je", denkt er, „jetzt haben wir auch noch den Lenkungsausschuss im Nacken." Das wird das Projekt nicht einfacher machen, denn in dem besagten Ausschuss sitzt auch Roland Zukunft aus der EDV-Abteilung. Und der hat nichts anderes im Kopf als seine Sicherheitsvorschriften, Firewalls, Administratoraufgaben etc.

Das kann ja heiter werden. In dem Projekt Intranetaufbau ist für unseren Projektleiter die einfache Handhabbarkeit und Nutzung das oberste Ziel. Das ist aber sein Ziel und sicherlich noch nicht das des Herrn Zukunft. „Ich werde meinen Assistenten hier sehr gut gebrauchen können. Er kann meine Gedanken sicherlich in das passende Formular bringen," denkt Peter Kreativ.

Die Umsetzung

Er lässt seinen Gedanken freien Lauf und sammelt erstmal alles, was ihm hierzu in den Kopf kommt. Da man aber das Rad nicht immer wieder neu erfinden muss, greift er auf bereits erarbeitete Informationen aus bestehenden Maps zurück. Diese kann er ganz einfach mit Copy & Paste in die neue Map einfügen. Außerdem arbeitet er mit der *Hyperlinkfunktion* des MindManagers.

So setzt er einen Hyperlink in die Map *Projektauftrag*, direkt auf den Ast *Wunschteam*. Er hatte hier bereits alle Teammitglieder mit ihren Mailadressen verlinkt, kann also sehr schnell Mails an alle Betreffenden versenden, ohne weitere Programme öffnen zu müssen.

Die Weisheit

„Entwickeln Sie die Disziplin des schriftlichen Festhaltens neuer Ideen und Möglichkeiten. Es ist der erste Schritt, um es zu verwirklichen." (Lee Iacocca)

Peter Kreativ erstellt eine To-do-Liste mit seinen Aufgaben für die kommenden Tage. Den Termin mit dem Lenkungsausschuss setzt er in die Aufgabenplanung ein und exportiert seine Aufgaben nach Outlook. Von hier kann er sehr einfach seine täglichen Termine darauf abstimmen. Nachdem er seine Informationen gesammelt hat, ruft er Mario Logik zu sich und bespricht mit ihm die Umsetzung in das Formular *Projektauftrag*. Auch die To-do-Liste soll ins Netz gestellt werden, damit die Geschäftsleitung hier jederzeit nachsehen kann, wie weit das Projekt gediehen ist. Besonders Hubert Kommando, der Geschäftsführer, möchte immer mal ein Auge auf den Stand der Dinge werfen.

Damit die To-do-Liste von der Map *Projektauftrag* losgelöst ist, erstellt Peter Kreativ eine Multimap. So kann er die To-do-Liste auch in den kommenden Arbeitsschritten Stück für Stück abarbeiten.

Die Map zu diesem Kapitel finden Sie auf der CD-Rom im Verzeichnis \Teil III\1.5\Praxis Projektauftrag.mmp.

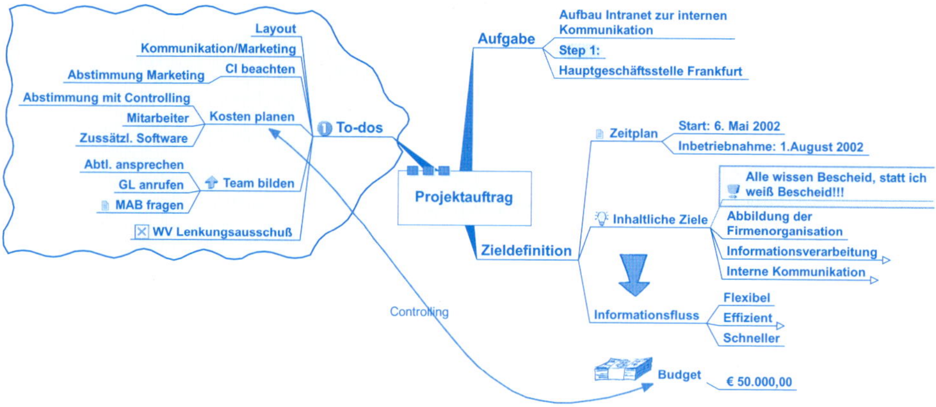

Abbildung 1: *Die Map für die Projektauftragsplanung*

15 Was bedeutet ein Projektauftrag?

Was verstehen wir unter einem Projektauftrag?

Ein Projektauftrag ist ein Schriftstück, in welchem Auftraggeber (z.B. Geschäftsleitung) und Auftragnehmer (z.B. Projektleiter) die angestrebten Projektziele schriftlich fixieren. Durch die Unterschrift beider Parteien erhält er Vertragscharakter. So wird der Projektauftrag zur Legitimationsbasis für das weitere Vorgehen und ist für beide Vertragspartner verbindlich.

Was sind die Schwerpunkte der Projektphasen?

Die Definitionsphase ist Voraussetzung für den Projektstart. Hier werden Ziele definiert und fixiert und es erfolgt eine eingehende Durchführbarkeits- und Wirtschaftlichkeitsprüfung des Projektes. Ergebnis der Definitionsphase ist der verabschiedete Projektauftrag. In der Planungsphase erfolgt die Projektplanung. Es werden Tätigkeiten und der zeitliche Ablauf festgelegt. Projektrealisierung und -überwachung erfolgen in der Realisierungsphase. Planabweichungen muss gegebenenfalls gekonnt entgegengewirkt werden. In der Abschlussphase erfolgt die Abnahme der Projektergebnisse durch den Auftraggeber, die Know-how-Sicherung sowie die Reintegration der Projektbeteiligten. Hier entsteht der so genannte Projektabschlussbericht.

Tipps für den Projektleiter

In der Praxis werden viele Projekte und Aktionen mit einer nur unzureichenden Zieldefinition durchgeführt. Einerseits bestehen Erwartungen im Hinblick auf die Zielerreichung verbunden mit Unzufriedenheit und Konflikten bei Nichteintreffen der erwarteten Erfolge. Gleichzeitig liegen oft Hemmungen vor, Ziele zu konkretisieren und die Soll-Ergebnisse schriftlich festzulegen.

Wir empfehlen, das Instrument des Projektauftrags einzusetzen, um Missverständnisse zwischen Projektbeteiligten bezüglich der Zielklärung auszuschließen. Die Qualität des Projektauftrags wird davon beeinflusst, ob es Ihnen gelingt, die Aufgabenstellung lösungsneutral zu formulieren. Hier geht es um das *Was?*, nicht um das *Wie?*. Unterscheiden Sie zwischen der Aufgabe an sich und den durchzuführenden Maßnahmen. Zieldefinitionen sollten immer die drei folgenden Dimensionen enthalten: Zielinhalt, Zielausmaß und zeitlicher Bezug. Es reicht beispielsweise nicht aus, nur den Umsatz steigern zu wollen, sondern es ist auch von Interesse, zu wie viel Prozentpunkten und in welchem Zeitraum dies geschehen soll. Ziele müssen messbar sein, damit Zielabweichungen im Projekt erkennbar sind und gezielt Gegenmaßnahmen eingeleitet werden können. Ein weiterer wichtiger Punkt ist die Überprüfung der Zielerreichung. Ergebnisse sollten überprüfbar beschrieben werden. Die Zielerreichung sollte anhand vorliegender Ergebnisse leicht überprüft werden können.

Die Informationen zum Projektauftrag finden Sie auch auf der CD-Rom im Verzeichnis \Teil III\1.5\Theorie Projektauftrag.mmp.

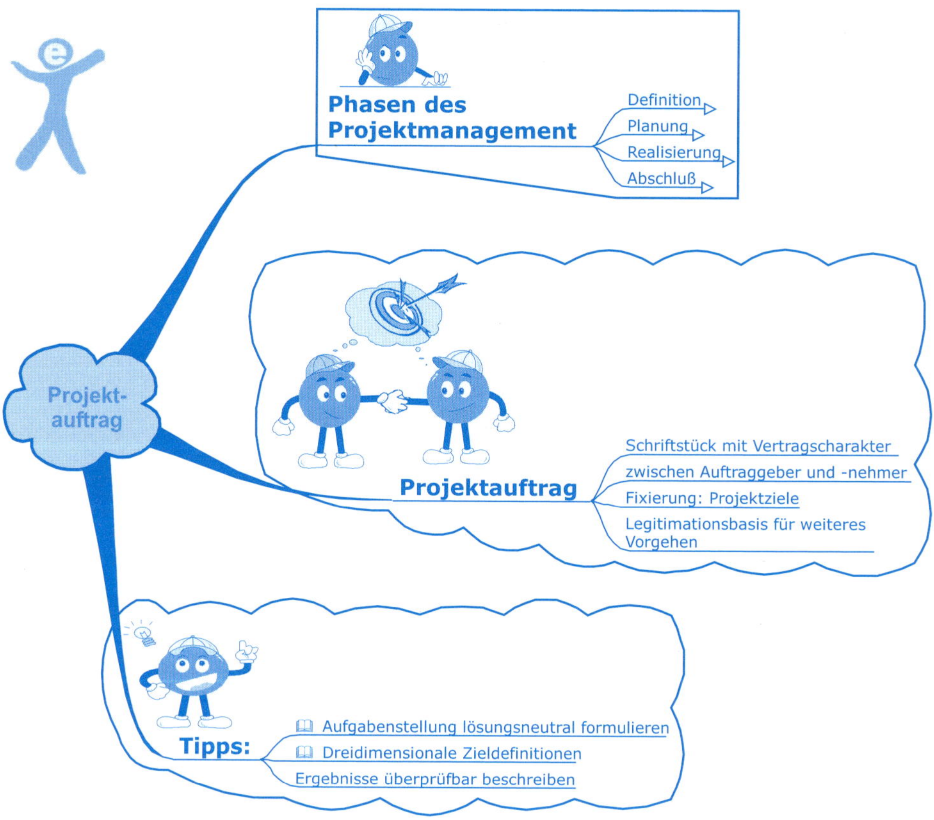

Abbildung 1: *Wichtige Informationen des Projektauftrages*

16 Den Projektauftrag in Intrexx einpflegen

Assistent Logik pflegt die noch etwas vagen Vorstellungen seines Chefs zunächst in ein Formular ein. Einzelne Felder lassen sich inhaltlich später ohnehin wieder ändern. Dafür möchte er jetzt keine Zeit verschwenden. Was Logik als strukturiert denkendem Menschen schon eher Kopfzerbrechen bereitet, ist die Frage, wie er sich das nochmalige Eingeben beispielsweise der Stammdaten in seinem neuen Formular ersparen kann. Einige dieser Infos werden hierbei unbedingt benötigt. Und eine datenbankbasierte Anwendung macht schließlich wenig Sinn, wenn nicht auf die schon vorhandenen Daten zugegriffen wird, denkt sich Logik.

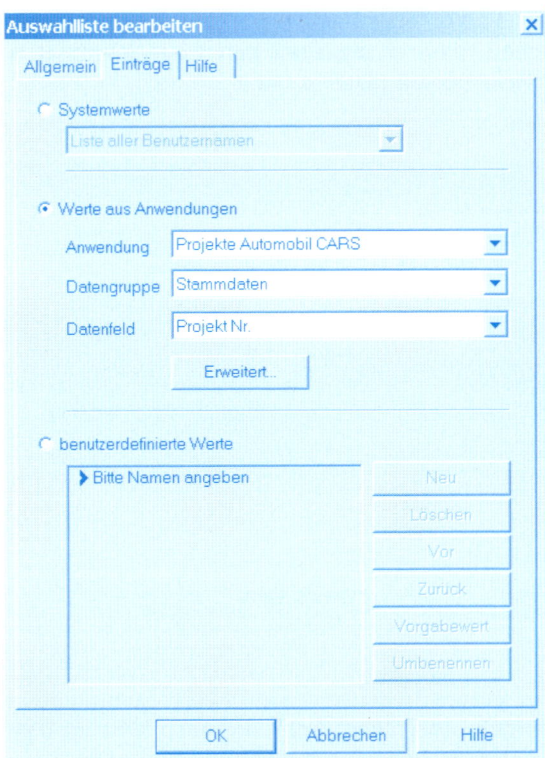

Abbildung 1:
Das Dialogfenster Auswahlliste bearbeiten *ermöglicht einen Zugriff auf bereits vorhandene Stammdaten*

Die Lösung fällt dann gar nicht so kompliziert aus, wie vermutet. Da es sich genau genommen um eine Standardanforderung handelt, ist er beruhigt, das dafür geeignete Feld *Auswahlliste* in der Werkzeugliste zu finden. Auf der Registerkarte *Einträge* im Fenster *Auswahlliste bearbeiten* kann er die erforderlichen Angaben eintragen.

So zufrieden Logik mit diesem nützlichen Feld ist, so wenig gefällt ihm wiederum die wenig Platz sparende Anordnung der Felder auf seinem Formular. Denn standardmäßig werden Felder in Intrexx untereinander aufgebaut. Er hat sich in den Kopf gesetzt, das recht umfangreiche Formular für den Projektauftrag etwas übersichtlicher zu gestalten, indem er es teilweise zweispaltig aufbaut. Dazu müssten allerdings HTML-Befehle direkt in die Anwendung integriert werden können. Logik hält sich zwar nicht für den größten HTML-Experten, ein paar Code-Schnipsel weiß er dennoch richtig zu platzieren. Dazu wählt er in der Werkzeugliste zunächst das Feld *HTML-Text* aus.

Da jedes über die Werkzeugliste eingefügte Element genau genommen in jeweils eine Zeile einer HTML-Tabelle eingebettet wird, kann Logik über eine selbst eingefügte HTML-Sequenz die Formatierung der Eingabeseite gestalten. Dabei platziert er die Codes jeweils vor oder nach den Feldern, auf die sie zugreifen sollen. Schön, dass er die einfachen Code-Schnipsel schnell mit Copy &Paste überall platziert hat.

Abbildung 2: *Mit dem HTML-Text Werkzeug lassen sich schnell HTML-Sequenzen per Hand nachtragen*

Ein großes Hexenwerk der Web-Programmierung sollte es nicht werden. Aber Logik weiß, die Ansprüche an das Formular-Design werden in Zukunft sicherlich wachsen. Gut, dass es andere Experten im Haus gibt, die schnell eine aufwändige Programmierung leisten können. Der Layoutgestaltung scheint also keine Grenze gesetzt zu sein.

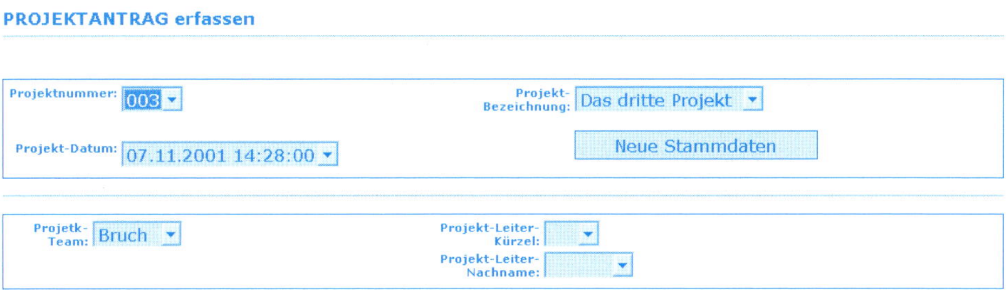

Abbildung 3: *Das fertige Erfassungsformular für den Projektauftrag*

17 Die Corporate Identity im Intranet

Die Aufgabe Peter Kreativ muss nun mit der Abteilung Marketing die Corporate Identity definieren und innerhalb des Intranets umsetzen.

Der Weg Als Projektleiter weiß Herr Kreativ, wie wichtig die gute Vorbereitung ist. Vor dem Termin mit der Marketingabteilung bereitet er die einzelnen Besprechungspunkte vor, damit das Meeting für alle Seiten effektiv verläuft und er auch wirklich keine wichtigen Punkte vergisst.

Kreativ setzt sich dann mit Frau Schaunachvorn, Leiterin der Marketingabteilung, zusammen. Sie sammeln wichtiges Material wie Logos, legen die Farben fest und besprechen die Gestaltung und den Aufbau der Seiten etc.

Sie arbeiten alle Punkte aus der Map ab und fügen zusätzliche Informationen in die Map ein. Frau Schaunachvorn nutzt den MindManager, da sie die Möglichkeit der Verknüpfungen mit wichtigen Dateien sehr schätzt und die Mind Map oft als Arbeitsoberfläche nutzt, aus der heraus sie die Daten in anderen Programmen weiterentwickelt.

Die Umsetzung Die Beiden nehmen die vorbereitete Map von Herrn Kreativ als Grundlage und verknüpfen alle gesammelten Logos, legen Navigationsleisten fest und erarbeiten sich einige Checklisten. Da im Moment nur der Ast *Marketing* von Wichtigkeit ist, nutzt Herr Kreativ die Funktion der Selektierung und lässt nur diesen Ast als Worddokument ausdrucken. Die ganze Map wird später als Textgliederung ausgedruckt.

Während der Besprechung wird die Map mit der Funktion *Pack & Deliver* an Frau Schaunachvorns Mailadresse versandt. Schließlich sind die gesammelten Informationen für sie von großer Wichtigkeit. So ist kein weiteres Nacharbeiten, wie Protokollerstellung und -verschickung etc., notwendig. Wenn das kein effektives Meeting war.

Die Weisheit Je planmäßiger ein Mensch vorgeht, desto wirksamer vermag ihn der Zufall zu treffen. (Friedrich Dürenmatt)

Die Map zu diesem Kapitel finden Sie auf der CD-Rom im Verzeichnis \Teil III\1.6\Praxis Todo Liste.mmp.

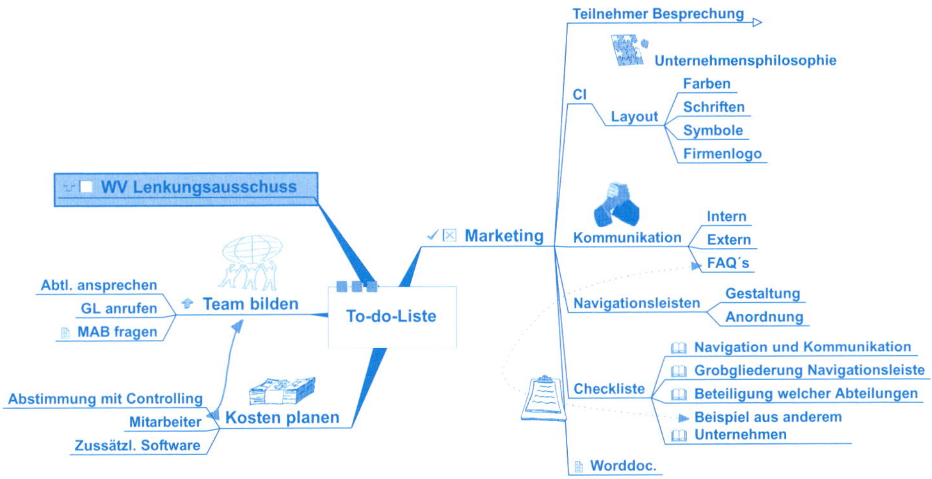

Abbildung 1: *Die To-do-Liste des Projektes wächst und wächst*

18 Was ist Corporate Identity?

Was verstehen wir unter Corporate Identity?

Corporate Identity ist die Summe der Verhaltens- und Darstellungsweisen innerhalb und außerhalb eines Unternehmens. Wettbewerbschancen hängen nicht mehr unbedingt vom Produkt ab. Umso wichtiger ist es für Unternehmen, aus der Menge der Mitbewerber identifizierbar zu sein und mit einem *unverwechselbaren Gesicht* aufzutreten. Corporate Identity soll alle Unternehmensbereiche durchdringen und spiegelt sich in einheitlichem Verhalten des Unternehmens und aller seiner Mitarbeiter (Corporate Behaviour), in einer einheitlichen Kommunikations- und Informationsstrategie (Corporate Communication) und in einem einheitlichen firmenspezifischen Erscheinungsbild nach innen und außen (Corporate Design) wider. *Erfolg durch Identität* nach außen und *Motivation durch Identifikation* nach innen sind in Unternehmen zu wichtigen Schlagworten geworden.

Tipps für den Projektleiter

Der Projektleiter ist längst nicht mehr nur für Planung der Projektaufgaben, Arbeitsverteilung an die Mitarbeiter oder für die Gesamtkoordination des Projekts verantwortlich. Neben diesen fachlichen und sachlichen Kompetenzen spielen seine sozialen Kompetenzen eine immer größere Rolle.

Das *Verhalten des Projektleiters* kann Verhalten und Einstellung des gesamten Projektteams beeinflussen. So ist er im Hinblick auf Verinnerlichung und praktische Umsetzung der Unternehmensphilosophie sowie Motivation und persönlichen Einsatz bewusst oder unbewusst ein Vorbild. Er ist Motor und Motivator des Teams, hält störende Einflüsse von Projekt und Mitarbeitern fern, erkennt Spannungen, vermittelt in Konflikten, erzeugt und nutzt Synergien und fördert effektive Zusammenarbeit.

Auch im *Informations- und Kommunikationsverhalten* des Projektleiters sollte sich die Unternehmensphilosophie widerspiegeln. Die Teammitglieder sollten sich unter seiner Leitung sicher fühlen. Dies wird unter anderem dadurch erreicht, dass sie über Veränderungen informiert werden und darüber hinaus diese nicht über ihre Köpfe hinweg durchgesetzt werden.

Bei der Verwendung von Formularen oder Berichten ist auf ein einheitliches Erscheinungsbild zu achten. Beispielsweise sollten alle Mitarbeiter das gleiche Logo und Layout verwenden. Dabei sollte sich die Wahl der Symbole und des Designs grundsätzlich an der Unternehmensphilosophie orientieren und dazu beitragen, dass das Unternehmen in der Öffentlichkeit unverwechselbar wieder erkannt werden kann.

Die Map zu diesem Kapitel finden Sie auf der CD-Rom im Verzeichnis \Teil III\1.6\Theorie Corporate Identity.mmp.

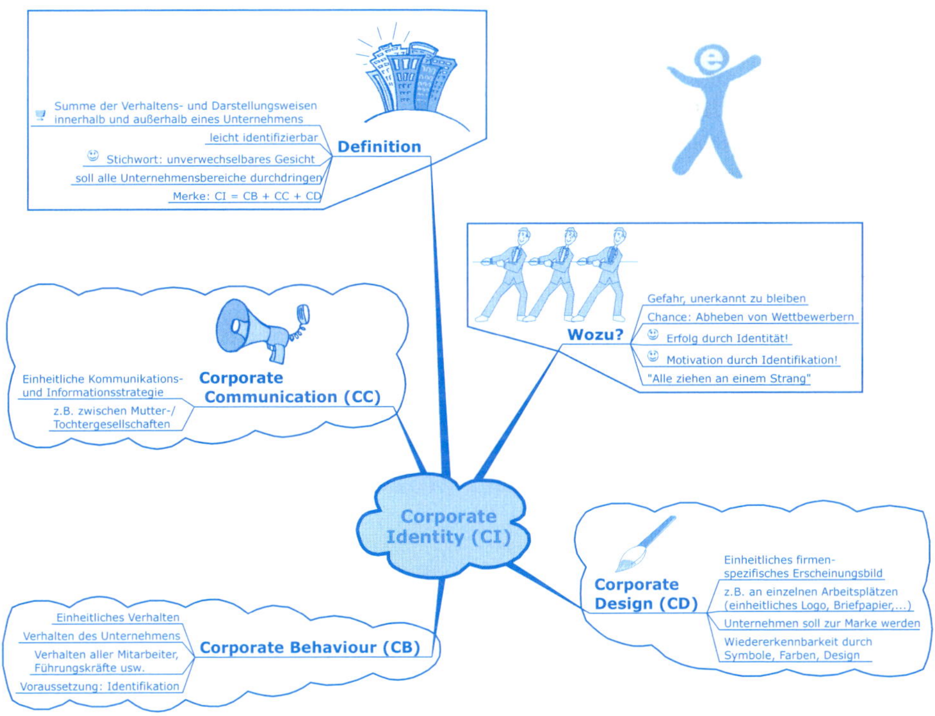

Abbildung 1: *Die Corporate Identity ist ein wichtiges Marketinginstrument*

19 Corporate Identity mit Intrexx

Während Marketing und Projektleitung noch an den Feinheiten des Corporate Identitys basteln, probiert Mario L. bereits munter die Möglichkeiten von Intrexx zur Layoutgestaltung aus. Bislang stöberte er nur in den Gefilden des *Anwendungsdesigners*, jetzt ist Logiks neues Steckenpferd der *Layout Designer* und seine endlosen Möglichkeiten.

Im Fenster *Layout Manager* öffnet er das Layout seiner Firma und gelangt zur Layoutübersicht.

Logik braucht nicht lange, um ohne jede Anleitung herauszufinden, dass sich die Eigenschaften eines jeden Frames durch einen Doppelklick darauf öffnen lassen. Es wird zwischen *Anwendungs-* und *Standardseiten* unterschieden. Anpassen lassen sich beispielsweise Farben, Text- und Tabellenelemente, Links oder der gesamte Hintergrund. Es lassen sich sogar *Startseiten* alternativ für anonyme

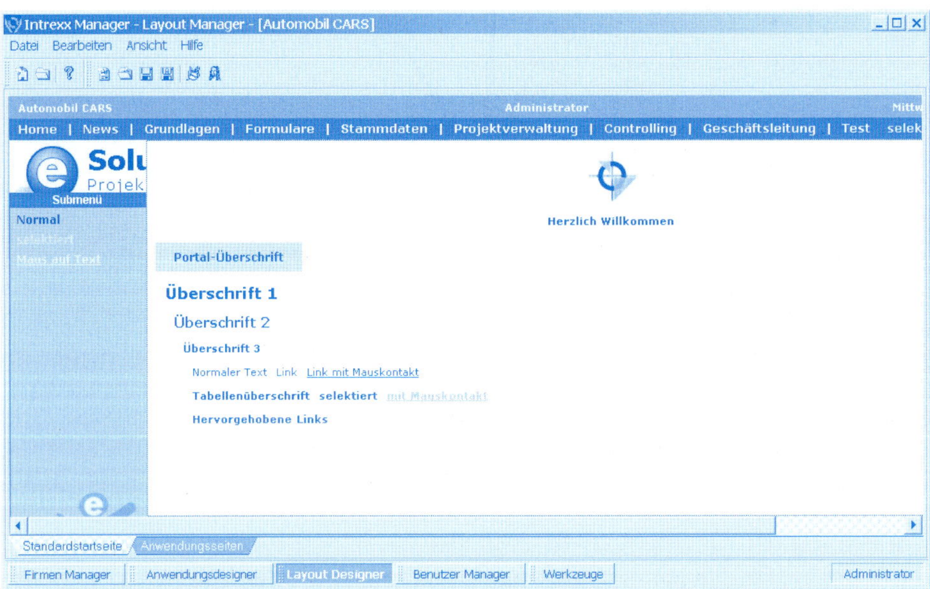

Abbildung 1: *Intrexx bietet mit dem* Layout Manager *ein einfaches Tool zur Gestaltung von Intranetseiten*

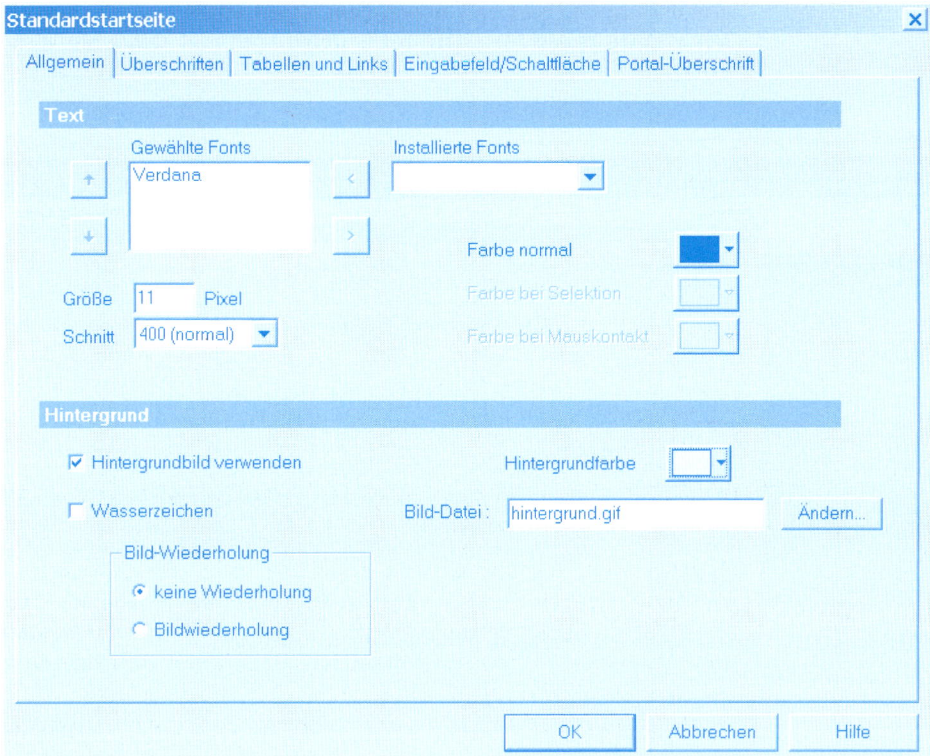

Abbildung 2: *Das Layoutauswahlfenster für die* Standardstartseite

oder andere Nutzer gestalten. Logik stellt rasch fest, dass er sehr schnell mit Spielereien beginnt. Hier eine animierte Grafik für die Startseite eingefügt und dort schnell auf das Logo geklickt – besser er lässt schnell die Finger davon ...

Im Fenster *Submenü Logo* über den Befehl (Bild-Datei) *Ändern* gelangt er zu einer Liste verschiedener Logo-Motive. Da fällt ihm ein, ein eigenes Logo aus einem Firmenverzeichnis im Netzwerk zu wählen. Über den Befehl *Suchen* wählt er die entsprechende Grafik-Datei aus, bestätigt die Änderungen und begutachtet in der Vorschau des *Layout Designers* die Ergebnisse. Für das Hintergrundbild findet sich auf die gleiche Weise eine schicke Grafik. Da eines der Bilder nicht so recht in den vorgesehenen Bereich passen mag, ändert Logik die Bildgröße mit seinem bevorzugten Grafikprogramm und fügt das Bild anschließend nochmals ein.

Bevor er dann ungeduldig zur eigentlichen Browseransicht wechseln kann, muss Logik noch sein erstelltes Layout abspeichern. Er entscheidet sich dafür, es als aktives Layout zu speichern. Zurzeit gibt es ja noch nicht viel, was er dem eigentlichen Layouter zerstören könnte. Assistent Logik fühlt sich heute mal selbst als Web-Designer!

Abbildung 3: *Mit firmeneigenem Logo macht der Intranetauftritt viel mehr her*

20 Das optimale Team

Die Aufgabe

So, um jetzt richtig mit dem Projekt **Intranet Aufbau Frankfurt** loslegen zu können, muss nun endlich ein optimales Team zusammengestellt werden. Die Aufgaben müssen verteilt sein, d.h. die Anzahl der Personen und die Aufgabenpakete zusammengefügt werden. Ein wenig Überzeugungskraft muss der Projektleiter jetzt an den Tag legen, denn die jeweiligen Abteilungen der Teammitglieder wollen überzeugt werden. Schließlich wird ein ganzer Teil der Arbeitszeit für dieses Projekt in Anspruch genommen werden.

Der Weg

Keine leichte Aufgabe für Peter Kreativ. Sein Wunschteam hatte er ja bereits einmal zusammengestellt (siehe Seite 111), aber ob er es so auch bekommen wird, ist noch die Frage. Zunächst kopiert er sich aus der bereits vorhandenen Map den Ast mit den einzelnen Personen und fügt ihn in eine neue Map mit dem Titel *Team* ein.

Er weiß, dass ein Projekt nur so gut gelingt, wie das Team zusammenarbeitet, kommuniziert und die unterschiedlichen Bedürfnisse aufeinander abgestimmt sind. So erstellt er ein Aufgabenprofil und legt Beurteilungskriterien fest. Zu jedem Mitarbeiter fügt er Informationen hinzu (Fähigkeiten, Stärken, Schwächen, Besonderheiten etc.). Diese Informationen können ihm im Laufe der Projektarbeit sehr dienlich sein, um vermeidbare Konflikte von Anfang an zu verhindern.

Die Umsetzung

Peter Kreativ fügt alle Informationen, die er über die einzelnen Personen besitzt, in die Mind Map ein. „Welche Informationen brauche ich eigentlich, außer den fachlichen Qualifikationen?“, fragt er sich. Er denkt an sein letztes Projekt zurück, bei dem das damalige Team nicht gut miteinander arbeiten konnte, weil nur eine Person den Teamgeist störte. Diesmal, so weiß er genau, wird er den individuellen Gewohnheiten der einzelnen Teammitglieder mehr Beachtung schenken. Unser Projektleiter hat aus seinen Fehlern gelernt und kennt seine Aufgabe, das Team zu motivieren und auf Arbeitsweisen und Bedürfnisse einzugehen. Nur so wird jeder optimal motiviert und eine Spitzenleistung bringen.

Die Weisheit

„Wer führen will, muss Emotionen produzieren können.“
(Rupert Lay)

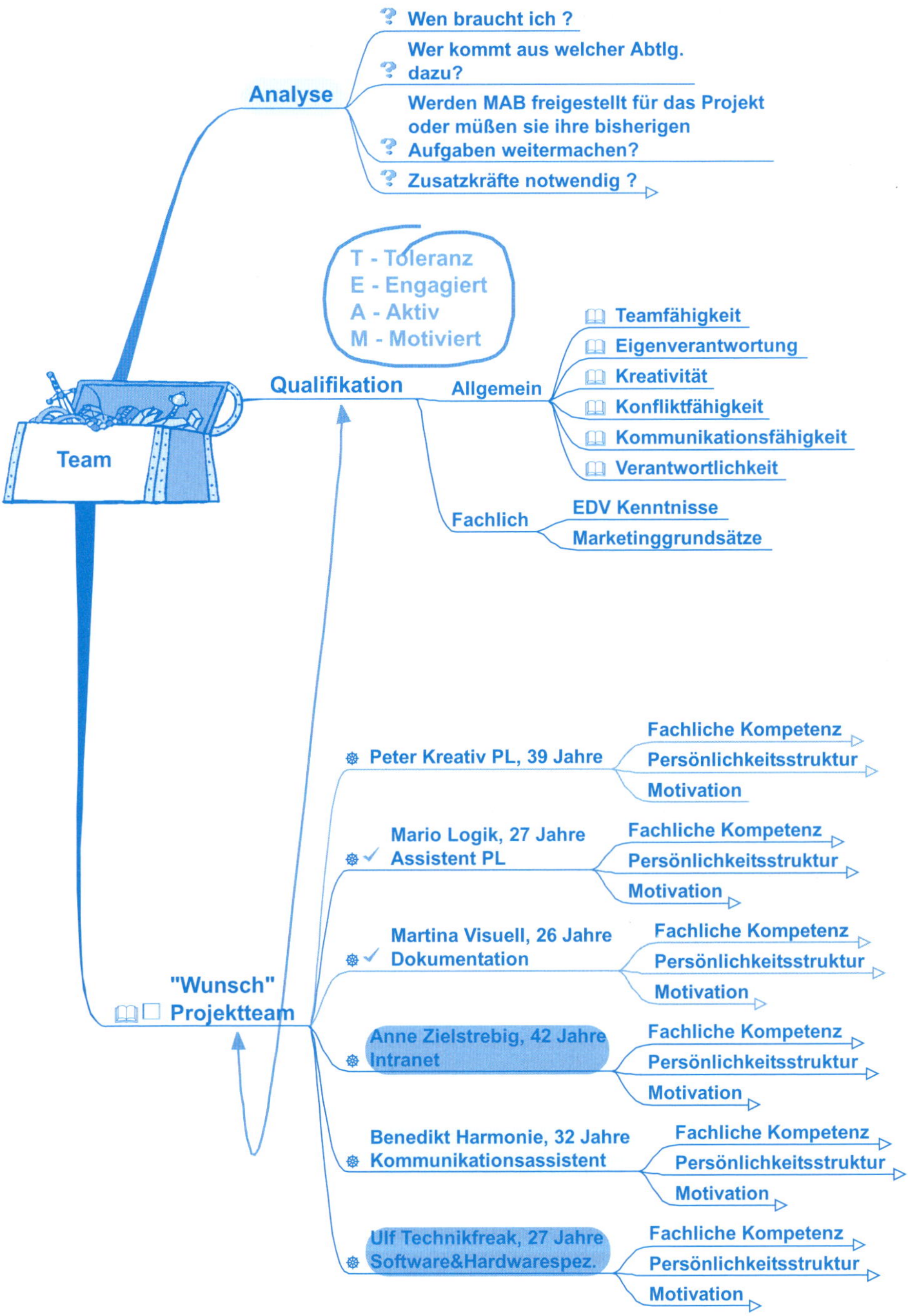

#Abbildung 1: *Das schaut doch schon nach einem erfolgreichen Team aus*

Peter Kreativ ist ein Mensch, der sich selbst immer wieder gut motivieren kann und auch muss. Er ist schon bekannt dafür, dass er mit Leidenschaft Lebensweisheiten sammelt und diese auch immer wieder versucht, in seinen Alltag einzubauen. Mario Logik wird schmunzeln, wenn er die gesammelten Informationen seines Chefs in die Struktur bringen wird. Den Tick mit den Weisheiten kennt er schon zu gut. Ein tolles Team, die beiden!

Schauen wir nun mal, was unser Projektleiter so alles an Informationsschätzen gesammelt hat.

Die Map zu diesem Kapitel finden Sie auf der CD-Rom im Verzeichnis \Teil III\1.7\Praxis Team.mmp.

21 Teamzusammenstellung – Worauf kommt es an?

Was verstehen wir unter einem Team?

Ein Team oder eine Arbeitsgruppe ist eine Anzahl von Personen, die gemeinsam an der Erfüllung einer übergeordneten Aufgabe und der Erreichung eines für alle Gruppenmitglieder verbindlichen Ziels arbeiten. In der betriebswirtschaftlichen Literatur werden als Vorteile der Gruppenarbeit beispielsweise die Ideenhäufung, der Fehlerausgleich oder die Spezialisierung der Mitarbeiter genannt. Für effiziente Gruppenarbeit wird abhängig von der Aufgabenstellung eine Mitgliederzahl von fünf bis neun Personen vorgeschlagen. Generell ist zu bedenken, dass das Arbeitsergebnis einer gut geführten Gruppe besser ist als die beste Einzelleistung.

Ein Team setzt sich aus Menschen zusammen, die unterschiedliche Fähigkeiten, Fertigkeiten, Bedürfnisse, Interessen oder Charaktere haben. So kommt es zu Konflikten und Hindernissen zwischen ihnen, die es anzusprechen und zu klären gilt. In der Teamentwicklung wird am Konfliktlösungs- und Kommunikationsverhalten in der Gruppe gearbeitet.

Das Projektteam

Ein Projekt ist so erfolgreich wie sein Projektteam. Dieses besteht aus dem Projektleiter und aus Mitarbeitern der verschiedenen Fachabteilungen und der auftraggebenden Bereiche. Oft kommen externe Berater hinzu. Die Projektgruppe wird speziell für das jeweilige Vorhaben zusammengestellt und oftmals nach Projektende wieder aufgelöst. Die Zuordnung von Projektmitarbeitern (siehe Seite 83) zu verfügbaren Projektstellen erfolgt in so genannten Stellenbesetzungsplänen (hier: Projektmitarbeiterplänen).

Tipps für Projektleiter und Auftraggeber

Bei der Teamzusammenstellung ist daran zu denken, dass die Konstellation des Projektteams die Motivation der Teammitglieder beeinflusst. Es ist darauf zu achten, dass sich die Stärken und Schwächen der Persönlichkeiten im Projektteam ausgleichen. Generell geht es darum, interessierte und aktive Personen für die Mitarbeit zu gewinnen. Der Projektleiter sollte ein Aufgabenprofil erstellen und Beurteilungskriterien festlegen. In jedem Fall sollte er mehrere potenziell qualifizierte Mitarbeiter ansehen und die Bewerber mit Kollegen oder ihren früheren Vorgesetzten durchsprechen.

Wir empfehlen eine flache Hierarchie in Projektteams, bei der nur der Teamleiter eine herausragende Stellung innehat. Komplexere Strukturen sollten vermieden werden. Sind sie unvermeidlich, so sollten sie ebenfalls flach und Team orientiert sein und beispielsweise aus verschiedenen Teams mit Teamleitern und einer übergeordneten, koordinierenden Instanz bestehen.

Die Map zu diesem Kapitel finden Sie auf der CD-Rom im Verzeichnis \Teil III\1.7\Theorie Team.mmp.

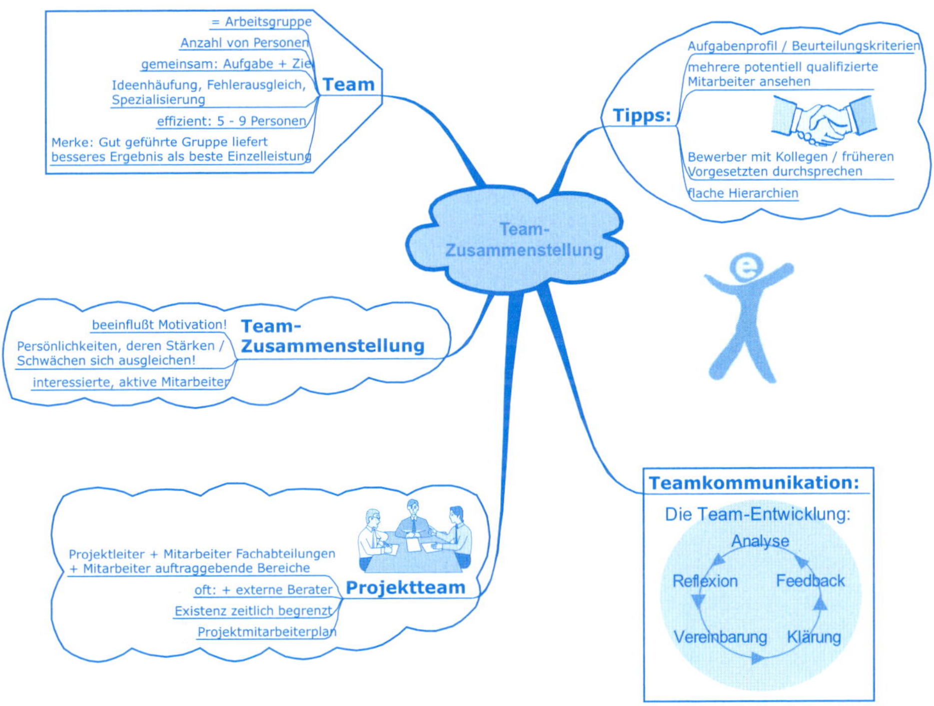

Abbildung 1: *Die Teamzusammenstellung ist das A und O eines Projektes*

22 Die Teamaufstellung ganz virtuell

Zurück zur Projektplanung. Inzwischen liegen Mario Logik neben seinen ersten groben Entwürfen in Intrexx auch etwas klarere Vorstellungen vom Projektleiter vor. Kreativ hatte in seiner Präsentations-Map bereits das Wunschteam zusammengestellt. Vorgestellt hat er es allerdings noch nicht. Jetzt ist es an der Zeit, die Projektteam-Mitglieder beim Namen zu nennen. Ebenso sind die Planungen für die Terminschiene und den groben Phasenablauf inzwischen weiter vorangeschritten. Der Anfangstermin wurde verlegt und über die Projektphasen lässt sich inzwischen auch schon mehr Auskunft geben. Mit diesen neuen Aufgaben betraut, kann sich Mario Logik wieder über die weitere Gestaltung seines Projektmanagement-Systems stürzen. Der Aufbau des Intranets nimmt langsam auch im Ablauf Form an.

Zunächst möchte Logik die Teammitglieder in seinen Projektformularen zur Verfügung stellen. Er braucht dazu eigentlich gar nicht mehr den gewohnten Weg über den Intrexx-Anwendungsdesigner zu gehen. Die Anwendung steht ja schließlich schon in seiner Grundstruktur im Intranet zur Verfügung. Direkt über den Browser die entsprechende Seite aufgerufen und los geht's. Er wählt den Link seiner Anwendung *Projekte Automobil Cars* und gelangt damit auf die Einstiegsseite mit der Projektübersicht. Inzwischen sind die Vorgänge nicht mehr aktuell. Aber, denkt sich Mario L., das haben wir ja gleich.

Er wählt im Anwendungsmenü den Link *Verwaltung* und geht danach auf *Ressourcen anlegen*. Das Formular bzw. Eingabefenster *Ressourcen erfassen* erscheint. Als Ressourcen gelten zunächst nur die Mitarbeiter. Kosten und Stundensätze sollen noch nicht erfasst und geplant werden.

Assistent Logik trägt nacheinander die Namen seiner Kollegen in die Formulare ein. Das geht schnell, denn jedes Mal nach dem Speichern öffnet sich gleich ein neues Blanko-Formular mit entsprechend neuer ID. Die oben angezeigte Ressourcenliste füllt sich allmählich.

Im nächsten Schritt sollen die Aufgabenpakete aktualisiert und dann natürlich auch den Teammitgliedern zugeordnet werden. Als Quelle dient Logik die Präsentations-Map seines Chefs; besonders

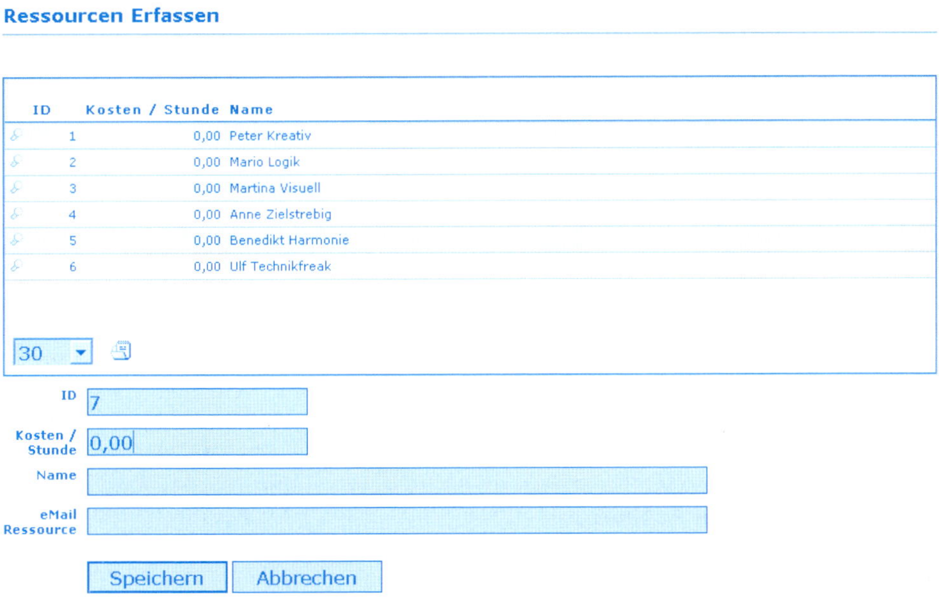

Abbildung 1: *Die erfassten Ressourcen*

der Ast *Konzept & Planung*. Hier finden sich wichtige Vorgangsinfos. Dazu wählt er den Menüpunkt *Projekt*, um in die Vorgangsliste zu gelangen. Von hier aus lässt sich jeder Vorgang zum Bearbeiten über das *Lupensymbol* einzeln aufrufen.

Abbildung 2: *Das Lupensymbol*

Jedem Vorgang stehen von dort aus verschiedene Editieroptionen zur Verfügung, von denen Logik zunächst die Registerkarte *Aufgabe Plan* wählt, um die vorhandenen Vorgänge zu bearbeiten.

Nachdem alle Vorgänge bearbeitet oder neu eingegeben wurden, blickt Mario L. stolz auf die schon recht ordentlich aussehende Liste seiner Projektvorgänge. Eine Dauer hat er jeweils schon eingegeben. Die Meilensteine haben wie üblich eine Dauer von Null. Aufwände sollen später nach Absprache mit den jeweiligen Mitarbeitern noch genau geplant werden.

Die Anfangs- und Endtermine möchte er über Vorgangsabhängigkeiten festlegen. Die Technik dazu hat er bereits bei der Eingabe seiner ersten Vorgänge ausprobiert. Je nach Wunsch verknüpft er die Vorgänge über die Seite *Grafik* oder direkt in der Vorgangsbearbeitung.

Jetzt sollten noch die Mitarbeiter den einzelnen Arbeitspaketen zugeordnet werden. Denn sonst lässt sich eine Ist-Stundenerfassung später schlecht durchführen und die Projektüberwachung würde auch wenig ergiebig sein. Logik geht also wieder auf den Menü-

ID	Aufgabe	Prozent erledigt	Start Plan	Ende Plan	Dauer Plan	Arbeit Plan
1	Vorstudie Intranet	0	06.05.2002	10.05.2002	5 Tage	0 Tage
2	Rahmenplan / Projektstrukturplan	0	06.05.2002	08.05.2002	3 Tage	0 Tage
3	Strategieentscheidung	0	06.05.2002	08.05.2002	3 Tage	0 Tage
4	Phase I. abgeschlossen	0	06.05.2002	06.05.2002	0 Tage	0 Tage
5	Implementierung	0	06.05.2002	14.06.2002	30 Tage	0 Tage
6	Ausbau / Weiterentwicklung	0	06.05.2002	03.06.2002	21 Tage	0 Tage
7	Phase II. abgeschlossen	0	06.05.2002	06.05.2002	0 Tage	0 Tage
8	Vorstellung	0	06.05.2002	06.05.2002	1 Tag	0 Tage
9	Schulung	0	06.05.2002	08.05.2002	3 Tage	0 Tage
10	Pflege / Input	0	06.05.2002	03.06.2002	21 Tage	0 Tage

30

Abbildung 3: *Die Liste der Projektvorgänge*

punkt *Projekt*, wählt einen Vorgang aus und klickt dann auf die Registerkarte *Ressourcen*. Über die Schaltfläche *Ressourcen hinzufügen* gelangt Logik zum Eingabefenster *Ressourcen bearbeiten*.

Ähnlich wie schon bei den Projektaufgaben kann unser Assistent sich rasch im gleichen Eingabefenster mit Hilfe der Pfeiltasten am oberen Bildrand durch sämtliche Ressourcen klicken und die Zuordnungen vornehmen. Auch in der Projekt-Grafik sind die Ressourcenzuordnungen gut am Balkenende dokumentiert.

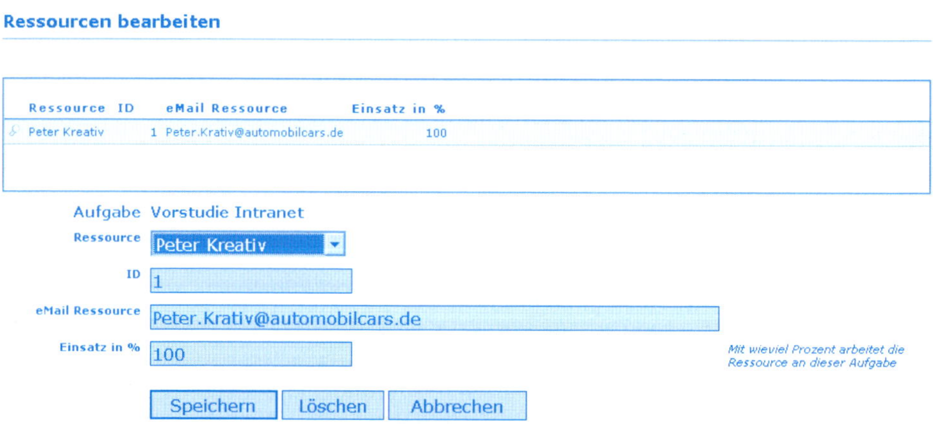

Abbildung 4: *Das Formular* Ressourcen bearbeiten

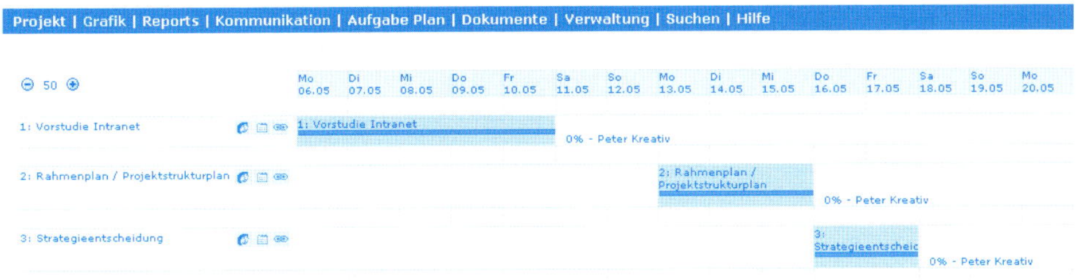

Abbildung 5: *Die Projekt-Grafik*

Was Logik jedoch im Moment noch beschäftigt, ist die Frage, wie er Vorgänge ähnlich den Sammelvorgängen aus Microsoft Project bestimmten Gruppen unterordnen kann. Das würde nicht nur die Übersicht verbessern, sondern später auch die Auswertung erleichtern.

Dazu wählt Logik im Menü *Verwaltung* den Link *Gruppen anlegen*, um im Formular *Gruppen bearbeiten* in gewohnter Manier einen neuen Eintrag vorzunehmen. Auf der Eingabeseite *Aufgabe Plan* ist ihm gleich das erste Auswahlfeld, wo sich Gruppierungen einzeln auswählen lassen, bekannt. Sind die Zuordnungen allesamt vorgenommen, lässt sich in der Grafik eine farbliche Übersicht erkennen.

Abbildung 6: *Der Farbindex kennzeichnet die verschiedenen Gruppen*

... und nun noch schnell über den Link *Reports* unter *Gruppierungen* eine schöne Zusammenfassung ausdrucken.

Gruppenübersicht, 19.11.2001

Intranet

Gruppierung	Dauer	% Abg.	Start - Ende	Kosten	Arbeit
Intranet Strategie	8 Tage	0	06.05.2002 - 16.05.2002	0,00 €	0 Tage
Realisierungszyklen	29 Tage	0	20.05.2002 - 01.07.2002	0,00 €	0 Tage
Betrieb & Pflege	5 Tage	0	25.06.2002 - 02.07.2002	0,00 €	0 Tage

Abbildung 7: *Der Gruppenübersichtsplan*

23 Money, Money, Money – Die Kostenpläne

Die Aufgabe

Peter Kreativ soll Herrn Ganzgenau, dem Controller der Firma, einen Kostenplan für das Projekt aufstellen.

Der Weg

Bei seinen Überlegungen, wie er effizient aus den bereits herausgearbeiteten Aufgaben den Kostenplan erstellen kann, läuft alles auf das Erstellen einer Map hinaus. Schließlich hat er die meisten Informationen bereits in dieser Form vorliegen.

Die Umsetzung

Er nimmt als Grundlage den Zeitraum für das Projekt, das Personal, die geplanten Arbeitsstunden, die Kostenberechnungen für Software etc. Demgegenüber stellt der die Einsparungen durch die Investitionen wie Zeit- und Kapazitätsfaktor, Dokumente in Druckform etc. Diese Informationen zeigt er in der Map und legt in die Textnotizen alle entsprechenden Merksätze und Daten ab, die ihm vorliegen und ergänzt die Informationen.

Zusammenhänge stellt er durch *Zweigverbindungen* und/oder *Lesezeichen* dar. Die Verbindungen zwischen den einzelnen Kostenblöcken und Einsparungen werden auf diese Weise in der Map viel übersichtlicher dargestellt. Doch wie schon geahnt: Herrn Gansgenau gefällt die Darstellung überhaupt nicht. Er möchte wie gewohnt den Kostenplan als Exceltabelle und die Ausführungen hierzu als Dokumentation haben.

Peter Kreativ sieht darin nun gar kein Problem, da er die Exportfunktion nutzt und aus seiner Mind Map ein Worddokument erstellen kann. Er legt die Reihenfolge der Hauptäste fest und über das Menü *Datei/Export/Worddokument* erstellt er eine Dokumentation mit allen Punkten, Notizen und eingefügten Exceltabellen. Zusätzlich kann er die Informationen auch im HTML Format darstellen. Die Kostenanalyse stellt er nun Herrn Gansgenau vor und eine weitere Durchschrift sendet er der Marketingabteilung und natürlich seinem Assistenten.

Für seine Dokumentation und Arbeitsunterlagen verknüpft er alle erstellten Worddokumente und Exceltabellen mit der Mind Map *Kosten*, damit er weiterhin nur einen Ordner öffnen muss. Von der Präsentations-Map legt er einen Hyperlink zu den Ästen Phase 1 – Phase 3, damit er immer die aktuell eingearbeiteten Informationen einsehen kann.

Da die Zeit bereits sehr knapp ist, freut sich unser Projektleiter ganz besonders über die Funktion *Pack & Deliver* mit der er alle verknüpften Dokumente, Links zu Internetadressen, Mailadressen etc. in einem Arbeitsschritt an seinen Assistenten Herrn Logik versenden kann. Wie zeitraubend ist es dagegen, das Mailprogramm zu öffnen, den Adressaten einzugeben und dann alle wichtigen Unterlagen weiterzuleiten.

Die Weisheit

„Inmitten der Schwierigkeit liegt die Möglichkeit."
(Albert Einstein)

Die Map zu diesem Kapitel finden Sie auf der CD-Rom im Verzeichnis \Teil III\1.8\Praxis Kosten.mmp.

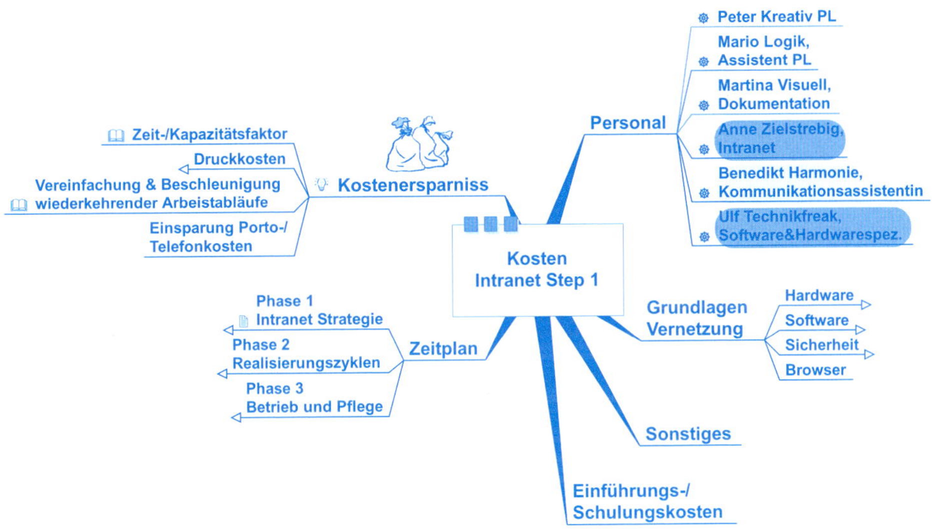

Abbildung 1: *Kosten spielen bei dem Projekt eine übergeordnete Rolle*

24 Kosten kontrollieren

Was verstehen wir unter Kosten und Kostenzielen?

Kosten sind der mit Geldeinheiten bewertete Verbrauch von Gütern und Dienstleistungen zum Erstellen der Betriebsleistung innerhalb einer bestimmten Zeitperiode. In der Literatur zum Projektmanagement werden meist die folgenden drei Ziele unterschieden: das Sachziel, das Terminziel und das Kostenziel. Kostenziele betreffen das Budget, welches für das jeweilige Projekt eingeräumt wird. Projektkosten sollen in dem jeweils vorgegebenen Rahmen gehalten werden. Wie für Sach- und Terminziele gilt auch für Kostenziele, dass sie messbar sein müssen. Dann erst sind Abweichungen vom Planbudget ersichtlich und es können Gegenmaßnahmen eingeleitet werden.

Kostenziele im Projektmanagement?

Der Einbezug von Kostenzielen in das Projektmanagement bewirkt in der Regel eine Erhöhung der Kostendisziplin in Projekten. Kostenziele bilden eine Leitlinie für den Projektmanager und sein Team. Durch den Zielerreichungsgrad der definierten Ziele kann der Projektleiter von außen besser überprüft werden und eigene Leistungen besser einschätzen. Kosteninformationen ermöglichen Rückschlüsse auf künftige, ähnliche Projekte und können zum Beispiel Grundlage einer Preiskalkulation sein.

In der Praxis entstehen oft nur wenige dem Projekt direkt zurechenbare Kosten. Ein großer Kostenblock entfällt auf die Gemeinkosten und ist schwer messbar. Es kommt zu keinen direkten Mittelabflüssen. Daher wird oftmals auf den Einbezug der Kosten in das Projektmanagement verzichtet, obwohl durch ihn erst Kosten-Nutzen-Betrachtungen sowie sinnvolle Aussagen über den Projekterfolg möglich sind.

Tipps für den Projektleiter

Aufgabe des Projektleiters ist es, auf messbare Kostenziele zu achten. Bereits in der Planungsphase des Projektes sollte eine genaue

Kostenplanung erfolgen. Ressourcenkosten und feste Vorgangskosten müssen realistisch eingeschätzt werden. Gegebenenfalls sollten bereits definierte Verrechnungskosten verwendet werden (z. B. für Personal). Schon während der Realisierungsphase sollte der Projektleiter Kostenabweichungen analysieren. Fragen wie *Welcher Kostenanteil entsteht oder entstand aus welchem Grund?* können dabei hilfreich sein und das gezielte Filtern und Verdichten von Informationen erleichtern.

Die Map zu diesem Kapitel finden Sie auf der CD-Rom im Verzeichnis \Teil III\1.8\Theorie Kosten.mmp.

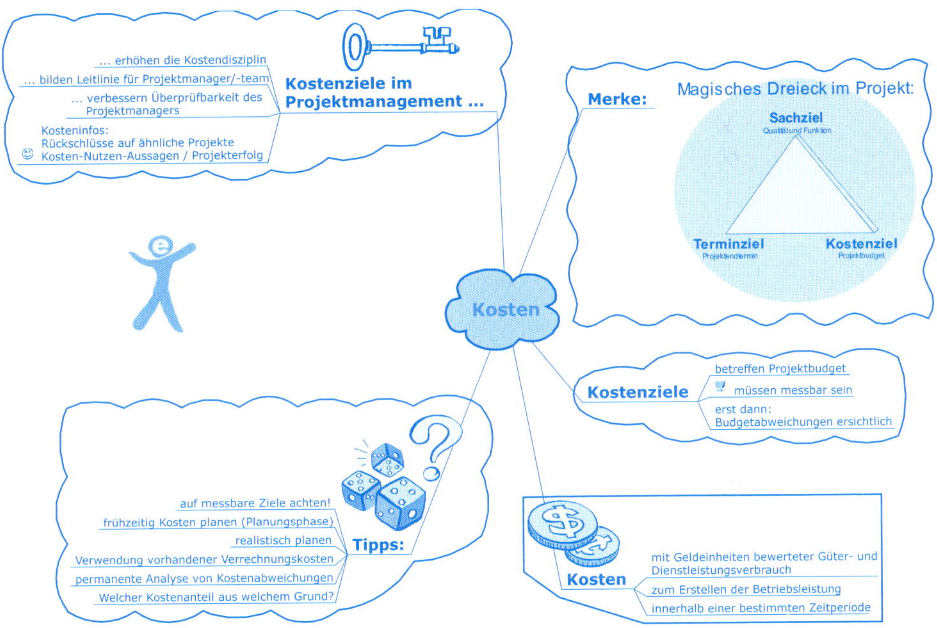

Abbildung 1: *Die Kosten eines Projektes sind in der Theorie oft schwer messbar*

25 Importieren von Exceldateien

Mario Logik sitzt heute schon früh im Büro vor seinem Rechner und lässt die bisherigen Schritte Revue passieren. Klar, unter Projektmanagement-Gesichtspunkten ist der Intranetaufbau selbst – als Projekt gesehen – noch kein wirklich umfangreiches Projekt. Vorgänge und Ressourcen sind überschaubar und leicht zu planen. Die Tücken liegen da eher, wie so oft, in der Umsetzung. Trotzdem hat Logik im Moment den Eindruck, mit den Möglichkeiten von Intrexx ließen sich für eine Projektverwaltung auch umfangreiche Projekte planen.

Was den klugen Assistenten gerade beschäftigt, ist ein Problem, dass bei der Einführung neuer Systeme in die Firmenstruktur generell interessant ist. Wie schiebe ich vorhandene Daten aus verschiedenen Anwendungsbereichen möglichst in einem Rutsch in meine neue Applikation? Und wie synchronisiere ich diese Daten, die mit unterschiedlichsten Software-Produkten eingepflegt werden?

Nachdem Logik nun sämtliche Projektvorgänge angelegt und im Hinblick auf Termine geplant hat, also Verknüpfungen definiert und Ressourcen zugeordnet wurden, fehlt lediglich noch der Bereich Kosten. Erst wenn den Mitarbeitern Stundensätze zugeteilt werden, lassen sich logischerweise Mitarbeiterkosten kalkulieren und im Projekt überwachen.

Eine kleine Exceltabelle hatte Logik vor einigen Wochen mal auf die Schnelle erstellt. Da war noch nicht klar, welche Möglichkeiten ihm jetzt zur Verfügung stehen würden. Die Daten möchte er aber dennoch nicht nochmals per Hand in Intrexx eingeben. Quasi als Testlauf für einen Datenabgleich und den Schnittstellenkomfort von Intrexx verwendet Logik also seine Exceltabelle, die Stundensätze der verplanten Projektbeteiligten (Ressourcen) enthält.

Er öffnet die Tabelle mit Excel und prüft, welche Datensätze er für sein Projekt benötigt. Die Tabellenspalten möchte er später beim Import in Intrexx schließlich wieder erkennen. Nachdem ein paar Änderungen vorgenommen wurden, schließt Logik die Datei und merkt sich den Pfad.

Gespannt auf die Möglichkeiten der *Werkzeuge* des Intrexx Managers klickt er auf das erste Modul mit dem netten Namen *BizWalker*. Im zweigeteilten Fenster erkennt Logik sofort, dass er hier richtig aufgehoben ist – Datenaustausch ist das Schlagwort.

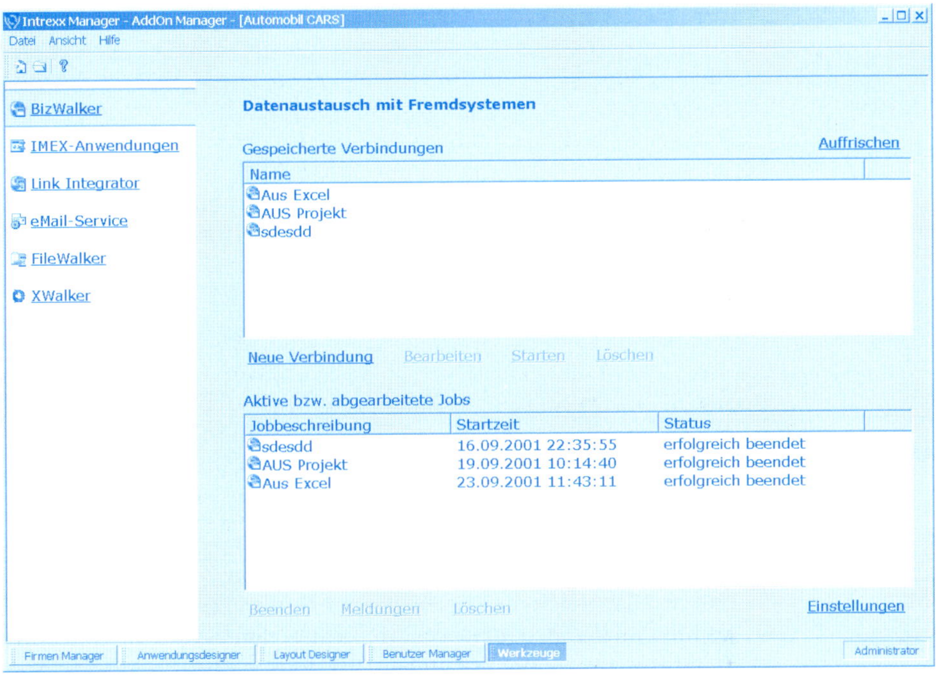

Abbildung 1: *Das Werkzeug BizWalker für den Datenaustausch mit Fremdsystemen*

Mit einem Klick auf *Neue Verbindung* setzt Logik ein Prozedere in Gang, das ihn Schritt für Schritt beim Datenaustausch unterstützt. Im Fenster *Neue Verbindung Datenpool* trägt er den Namen für die Verbindung ein, der eindeutig ist, damit er sich später leicht wieder verwenden lässt. Im folgenden Fenster wählt Logik aus dem Anwendungsbaum die Datenbanktabelle (Datengruppe der Anwendung) aus.

Das „Wohin" wäre damit geklärt. Das „Woher" folgt sogleich. Im Dialogfenster *Datenbank/Quelle* ruft er dazu den *Assistent* auf und folgt den Anweisungen der folgenden Fenster. Über den Befehl *Durchsuchen* verfolgt er den Datenquellenpfad zur Exceltabelle, die geschlossen sein muss. Im Fenster *Neue Verbindung Importquelle* wählt Logik noch das entsprechende Exceldatenblatt der Tabelle aus. Der Rest erklärt sich von allein.

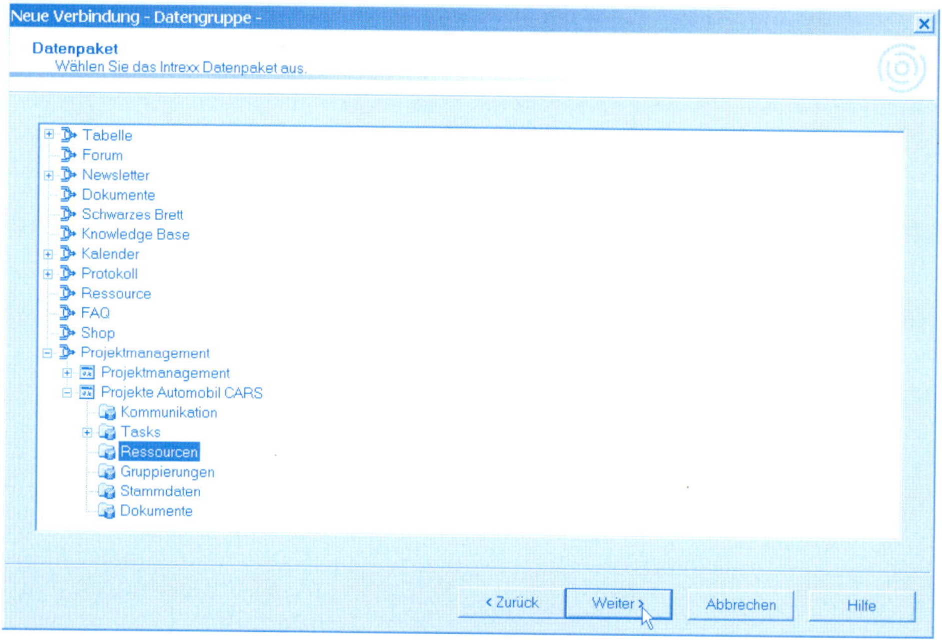

Abbildung 2: *Das Auswahlfenster der zu importierenden Datengruppe*

Spannend ist erst das Fenster *Neue Verbindung Importfelder*, wo im linken Bildbereich die Zuordnung zur Intrexx Datengruppe und im rechten Bildbereich (externe Datenfelder) sämtliche Spalten der Exceltabelle zur Verfügung stehen. Hier kann also die direkte Verknüpfung der Datenfelder vorgenommen werden, erkennt Logik.

Auf der Intrexx-Seite markiert Logik nacheinander, welches Feld der Intrexx-Anwendung welche Daten erhalten soll. Dann bestimmt er auf gleiche Weise, aus welchem Feld die Daten der Exceltabelle kommen. Beim *Übertragungsmodus* hat Logik im folgenden Dialogfeld die Wahl zwischen den Optionen, alle Daten zu überschreiben, alle oder nur neue Daten anzuhängen. Sehr sinnvoll für einen späteren Abgleich, bemerkt der Assistent. Ähnlich sinnvoll sind die weiteren Optionen wie im Fenster *Ausführungszeitpunkt*. Dort kann die Häufigkeit der auszuführenden Verbindung festgelegt werden oder im Fenster *Folgeaufträge*, wo sich festlegen lässt, welche Verbindung im Anschluss an die Aktuelle ausgeführt werden soll. Auf diese Weise wird Logik in Zukunft detaillierte Routinen anlegen.

Die angelegte Verbindung ist gespeichert! Als Bestätigung wird im Intrexx Manager auf der Seite *Werkzeuge* im unteren Bildbereich unter *aktive/abgearbeitete Jobs* die ausgeführte Verbindung aufge-

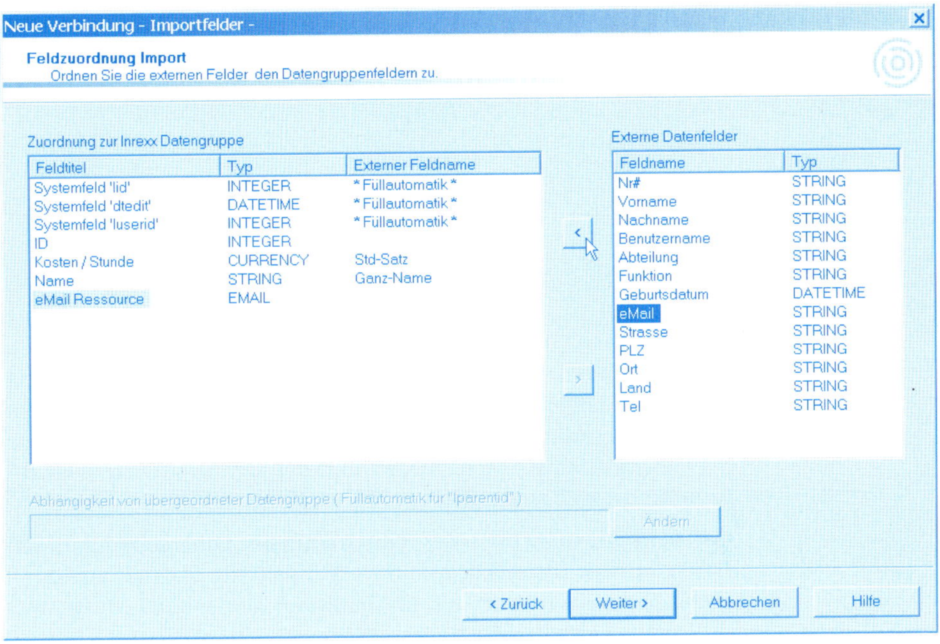

Abbildung 3: *Die Auswahl der Importfelder*

führt. Logik möchte zum Abschluss natürlich den Import sofort ausführen.

Das ging so glatt, da muss es doch einen Haken geben, grübelt Logik, als plötzlich Peter Kreativ hinter ihm steht und ihm anerkennend auf die Schulter klopft.

26 Die Richtung halten mit dem Lenkungsausschuss

Die Aufgabe

Für das Projekt **Intranet Aufbau Frankfurt** hat die Geschäftsleitung einen Lenkungsausschuss bestellt. Da es sich bei dem Projekt um einen Erstversuch handelt, soll natürlich alles genau beobachtet und überprüft werden. Schließlich waren nicht alle Mitglieder der Geschäftsleitung so begeistert von der Idee, das Intranet als Informationsoffice auszubauen, wie Herr Kommando.

Der Lenkungsausschuss des Unternehmens wird gebildet durch Herrn Stratege (Produktionsleiter + Mitglied der Geschäftsleitung), Herrn Zukunft (Leiter der IT-Abteilung) und Herrn Ordentlich (2. Produktionsleiter).

Der Ausschuss möchte regelmäßig Informationen über den Status des Projektes erhalten, um die Überwachung des Sachzieles durchführen zu können. Zuallererst wollen alle Ausschussmitglieder über das Projekt, die Ziele und die Planung informiert werden.

Der Weg

Herr Kreativ ist von dem Geschäftsführer Herr Kommando vorgewarnt worden: Herr Zukunft ist von dem Projekt nicht begeistert, da er große Sicherheitsprobleme sieht und zudem noch zwei seiner Mitarbeiter dafür abstellen soll. Das passt ihm momentan überhaupt nicht und Herr Kreativ wird seine ganze Überzeugungskraft benötigen, um ihn mit ins Boot zu holen.

Die Umsetzung

Als Präsentationsgrundlage für den Termin mit dem Ausschuss nimmt Peter Kreativ die Präsentations-Map und arbeitet weitere Informationen ein.

Der Vorteil ist, dass diese Vorlage bereits für den PowerPoint Export formatiert ist und er nur noch die Änderungen einarbeiten muss.

Ziel ist es, den Lenkungsausschuss von dem Projekt zu überzeugen. Der Nutzen und die Vorteile, die durch das Projekt für alle entstehen, müssen bei der Präsentation deutlich hervorgehoben werden. Herr Zukunft, Leiter der IT-Abteilung, ist davon zu überzeugen, dass sich die Mehrbelastung, bedingt durch den Ausfall seiner Mitarbeiter, in absehbarer Zeit auszahlen wird. Auch Herr Ordentlich, 2. Projektleiter, ist von den bisherigen Strukturen überzeugt und sieht eigentlich wenig Änderungsbedarf. Er traut dem Papier weitaus mehr als dem Computer.

Die Präsentation baut sich Stück für Stück auf: Kreativ fügt als Letztes einen Hauptast *Zusammenfassung Nutzen* ein. Damit alle Informationen mit- und nachgelesen werden können, exportiert Herr Kreativ die Mind Map zusätzlich als Worddokument, um später daraus die Handouts drucken zu lassen. Nicht ganz ohne Hintergedanken rechnet er einfach mal die Kosten für diese Handouts aus. Ein Beispiel aus der Praxis für die Kollegen, damit sie verstehen, dass Zeit für den Ausdruck und Papierkosten einen höheren finanziellen Aufwand bedeuten. Die auf dem Papier enthaltenen Informationen können nun viel günstiger im Intranet nachgelesen werden.

Er formatiert die Mind Map also gleichzeitig im HTML Format. Alle zusätzlichen Informationen wird sein Assistent als Textnotiz einfügen und das Gesamtwerk ins Netz stellen. Unser Projektleiter hat mit dieser Methode mittlerweile Herrn Ganzgenau überzeugt und die Marketingleiterin Frau Schaunachvorn ist seit dem letzten Meeting total begeistert von dem gesamten Projekt.

Die Weisheit

„Wenn über Grundsätzliches keine Einigkeit besteht, ist es sinnlos, miteinander Pläne zu schmieden.“ (Konfuzius)

Die Map zu diesem Kapitel finden Sie auf der CD-Rom im Verzeichnis \Teil III\2.1\Praxis Lenkungsausschuss.mmp.

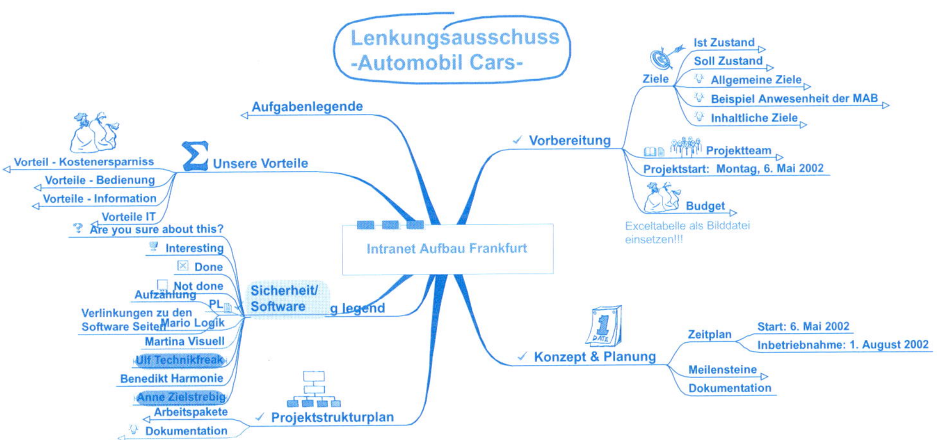

Abbildung 1: *Der Lenkungsausschuss hat großen Einfluss auf das Projekt*

27 Lenkungsausschuss und Sponsoring

Was verstehen wir unter einem Lenkungsausschuss?

Unter einem Lenkungsausschuss verstehen wir die Institutionalisierung des Projektsponsorings. Die Aufgabe des Projektsponsorings wird durch ein Gremium von Personen aus Projektarbeit, Linie oder anderen Unternehmensbereichen ausgeführt. Der Ausschuss ist Clearingstelle und Entscheider. Er löst strittige Fragen im Projekt und entscheidet über etwaige Zielkorrekturen oder Projekteinstellung. Neben dem Vorteil, dass erwünschte Projektarbeit unterstützt wird, birgt die Installation eines solchen Gremiums die Gefahr in sich, dass gute Projekte aufgrund einer fehlenden Mehrheit im Lenkungsausschuss scheitern können. Dies gilt umso mehr für die in der Literatur häufig zu findende Forderung nach Einstimmigkeit im Lenkungsausschuss.

Was verstehen wir unter Sponsoring?

Projektsponsoring meint die Sicherung der Rückendeckung für ein Projekt. Sie ist eine der wichtigsten Erfolgsvoraussetzungen des Projektmanagements. Oftmals ist der Auftraggeber (z.B. Unternehmensleitung) zugleich Sponsor des Projekts. Je problematischer und komplexer ein Projekt ist, umso bedeutsamer ist die Rolle des Sponsors.

Projektorganisation

Sobald mehr als eine Person in der Projektarbeit involviert ist, werden Regelungen über Aufbau- und Ablauforganisation im Projekt zwingend. Es sollte eine klare Struktur festgelegt werden. Verantwortlichkeiten, Aufgaben und Kompetenzen sind zu klären und zuzuordnen.

Mögliche Organisationsformen im Projekt sind die reine Projektorganisation, die Einfluss-Projektorganisation und die Matrix-Projektorganisation. Letztere ist eine projektbezogene Variante der klassischen Matrixorganisation und begünstigt Abstimmungsprobleme zwischen Projekt und Linie. In der Praxis wird oftmals diese Form der Projektorganisation in Verbindung mit einem klärenden und schlichtenden Lenkungsausschuss eingesetzt.

Bei der reinen Projektorganisation wird die Projektarbeit von der herkömmlichen Organisation isoliert betrachtet. Die Projektbeteiligten werden aus ihren Linienfunktionen ausgegliedert. Dies ist bei der Einfluss-Projektorganisation nicht der Fall. Hier verbringen die Mitarbeiter nur einen Teil ihrer Zeit im Projekt. Wird die Projektarbeit auf letztere Weise organisiert, so bedarf sie eines stärkeren Sponsorings. Für kleinere Projekte ist die Einfluss-Projektorganisation verbunden mit einem starken und für Neues offenen Lenkungsausschuss empfehlenswert.

Die Map zu diesem Kapitel finden Sie auf der CD-Rom im Verzeichnis \Teil III\2.1\Theorie Lenkungsausschuss.mmp.

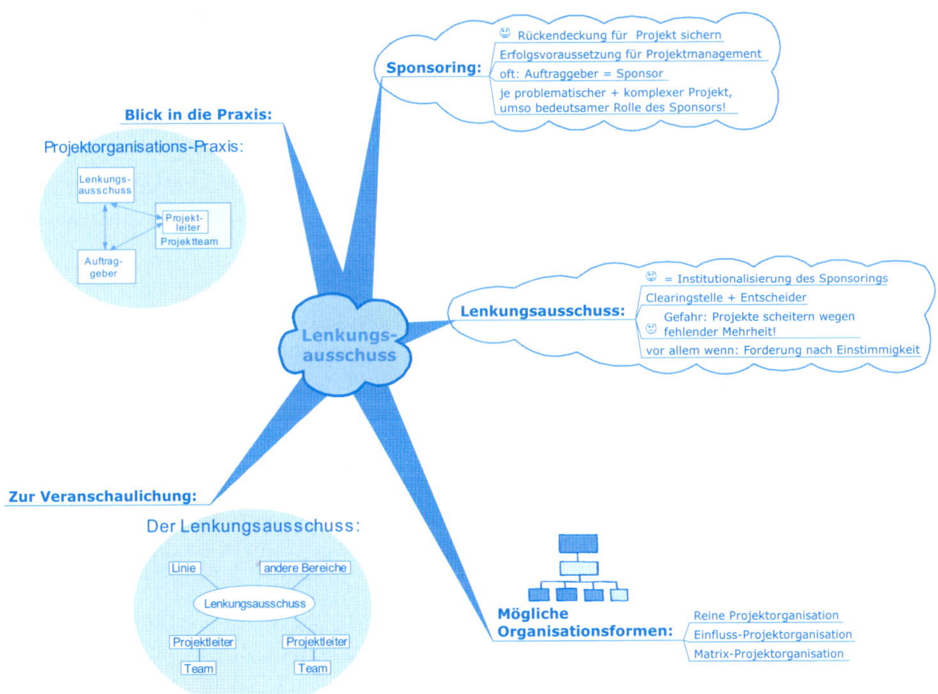

Abbildung 1: *Hinter dem Lenkungsausschuss steht eine komplexe Struktur*

28 Links in Intrexx integrieren

Der Blick in die Werkzeuge des Intrexx Managers hat bei Logik die Neugierde geweckt. Der BizWalker als Modul für den Datenaustausch mit *intrexxfremden* Applikationen lief überraschend glatt. Er weiß allzu gut, dass Schnittstellen-Probleme zwischen Standardsoftware wie Microsoft Office und Fremdprogrammen heutzutage leider immer noch an der Tagesordnung sind. Der MindManager machte hierbei auf Logik schon einen guten Eindruck. Bei allen Raffinessen ist der komfortable Datenaustausch des MindManagers mit firmenintern verwendeten Programmen doch sein persönliches Highlight.

Logik macht die Probe aufs Exempel. Sein Chef hat inzwischen eine wahre Flut von Maps erstellt, die in den meisten Fällen einen hohen Informationswert für das gesamte Team haben. Jetzt muss endlich mal eine Map direkt auf einer Ansichtsseite in Intrexx eingebunden werden, so fordert sich Logik selbst.

Die Map wird im MindManager geöffnet und mit dem Befehl *als Webseite exportieren* in das notwendige HTML Format konvertiert. Logik exportiert dabei nur die Image-Map, eine Java-Gliederung ist für sein Vorhaben nicht sinnvoll. Abgespeichert, Pfad gemerkt und los geht's im Intrexx Manager mit dem Werkzeug Link Integrator.

Der Link Integrator ist genau das richtige Instrument für Logiks Vorhaben. Denn die Map soll komplett in der Ansicht zu sehen und nicht erst über einen Link aufrufbar sein. Zudem haben einige Mitarbeiter den MindManager nicht installiert, so dass die Ansicht der HTML Datei über den Browser ohnehin vorteilhaft ist.

Mit dem Befehl *Hinzufügen* beginnt Logik, die Verbindung zur erstellten HTML-Map aufzubauen. Im Fenster *Allgemeine Einstellungen* wird der Pfad zur Map verlangt. Mario L. sucht im Windows-Explorer rasch im entsprechenden Verzeichnis seine Map und fügt den Map-Pfad per Copy&Paste aus dem Explorer ein. Für den Test reicht ihm ein lokales Verzeichnis aus. Die Verbindung zur Map bekommt einen eindeutigen Namen. Das ist wichtig, da später der Link ähnlich wie eine Anwendung verwaltet wird und für jeden Nutzer verständlich sein soll.

Assistent Logik wird in den folgenden Schritten vom Assistenten des Link Integrators an die Hand genommen. Im Fenster *Veröffent-*

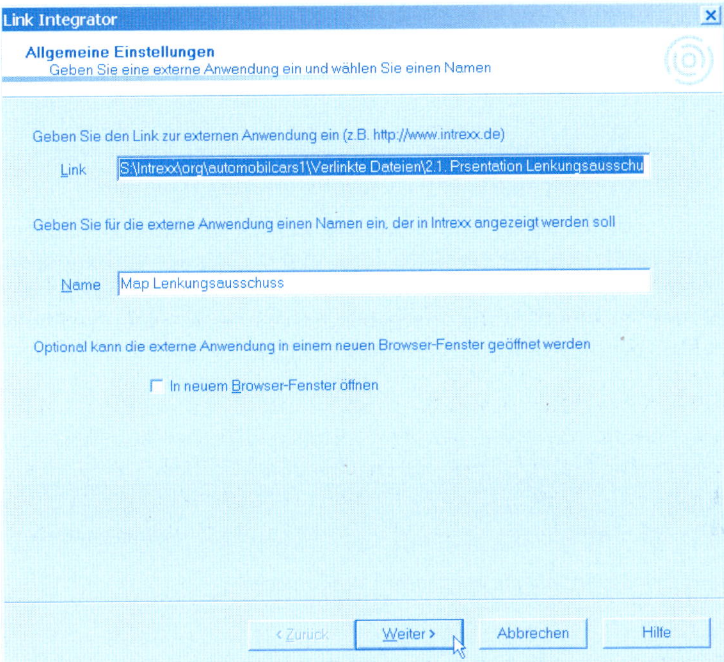

Abbildung 1: *Der Link Integrator zum Einfügen fremder Seiten*

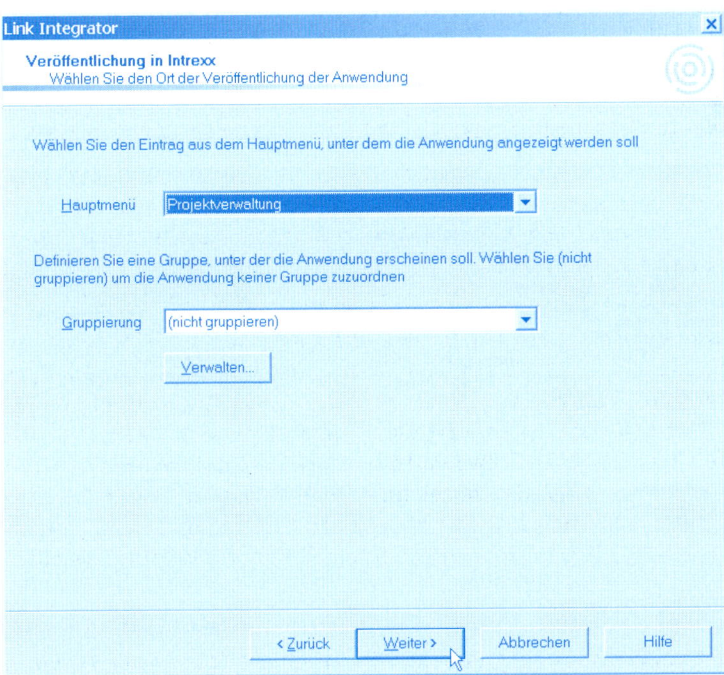

Abbildung 2: *Wichtige Information ist der Ort der Veröffentlichung der Anwendung*

lichung in Intrexx wählt er das Hauptmenü aus, wo der Link im Web zunächst ungruppiert auftauchen soll.

Im nachfolgenden Fenster *Rechte an der Anwendung* übernimmt Logik die Standardeinstellungen. Wie Rechte einzeln vergeben werden können, möchte er erst später ausprobieren. Denn jetzt soll schleunigst die Map ins Netz, die ohnehin jeder sehen darf.

So, die Einstellungen sind komplett! Zurück im Intrexx Manager findet Logik den just erstellten Link in der Liste der vorhandenen Verbindungen in der Spalte *Anwendung* angezeigt. Ebenso ist der Ort der Veröffentlichung angegeben, so dass auch später nachvollziehbar bleibt, wohin die Verbindung weist.

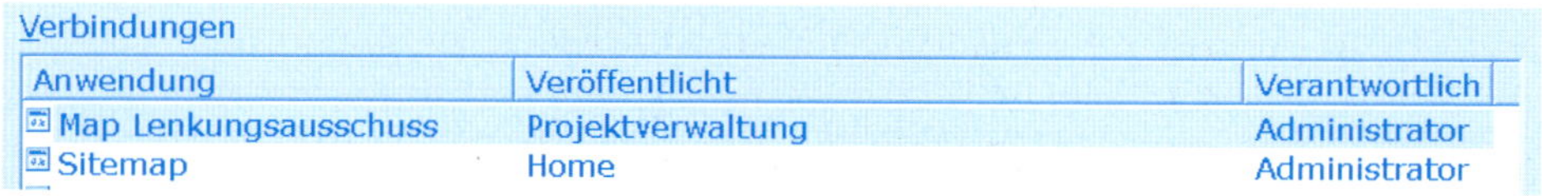
Verbindungen

Anwendung	Veröffentlicht	Verantwortlich
Map Lenkungsausschuss	Projektverwaltung	Administrator
Sitemap	Home	Administrator

Abbildung 3: *Ein einfacher Link verweist auf die vorhandenen Verbindungen*

Wie immer folgt nach vollbrachter Vorarbeit der erwartungsvolle Blick in den Browser. Für Logik ist es das Größte, dass er sich mit dem obligatorischen Klick auf das Kugelsymbol im Anwendungsmanager sofort in den Browser begibt und dort sein erfolgreiches Ergebnis begutachten kann. Das ist kritische Prüfung und Belohnung in einem.

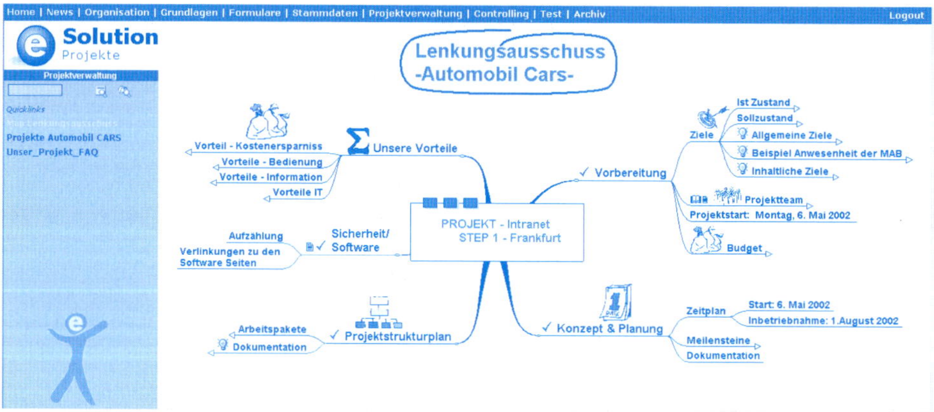

Abbildung 4: *Die eingefügte Map in Intrexx*

29 Statusberichte und Projektprotokolle

Peter Kreativ ist auf dem Weg nach Hause. Wie so häufig lässt ihn die Arbeit gedanklich nicht gleich los. Er überlegt, wie er seinem Projektteam alle Informationen ohne ständige Meetings zur Verfügung stellen kann.

Die Aufgabe

Aufgabe ist es, ein Formular für den Projektstatusbericht zu erstellen, welches per E-Mail verteilt werden kann oder dem Team über das Intranet zur Verfügung steht.

Der Weg

Peter Kreativ sitzt im Zug und eine Idee nach der anderen geistert durch seinen Kopf. „Gut, dass ich meinen Palm dabei habe", denkt er und nutzt die Zeit, um alles schriftlich festzuhalten.

„Wie kann ich den Bericht weitergeben, so dass alle immer auf dem neusten Stand sind und keine unnötige Zeit für stundenlange Meetings verloren geht", fragt er sich und notiert als ersten Ast *Weg der Verteilung*.

Danach sammelt er alles zu dem Thema *Statusbericht.* Was soll darin enthalten sein, welche Informationen müssen festgehalten werden, etc. So visualisiert er seine Ideen mit dem MindManager Mobile und es gehen keine Ideen verloren. Er kann am nächsten Morgen sofort weiterarbeiten.

Die Umsetzung

Am nächsten Morgen im Büro, synchronisiert er die Daten von seinem Palm auf seinen Rechner. Die Mind Map ist schon gut gefüllt. Der Statusbericht muss auf jeden Fall in ein Formular umgewandelt werden und Peter Kreativ hat hier so seine eigenen Vorstellungen, die er in Tabellenform in die Textnotiz einbringt.

Mario Logik kommt zur morgendlichen Besprechung und findet seinen Chef gut gelaunt vor, da die momentan noch sehr trockene Arbeit für ihn sehr effektiv vorangeht. Die Beiden sehen sich den Inhalt der Mind Map als Worddokument an und Herr Kreativ kann seinem Assistenten nun auch genau erklären, wie er sich das Formular für den Statusbericht vorstellt.

In der Produktionsabteilung ist die Begeisterung für das Projekt noch nicht ganz angekommen. „Wie auch", denkt Peter Kreativ. Herr Ordentlich ist nach wie vor nicht sehr offen und blockiert das Projekt. Seine Mitarbeiter werden nur sehr sporadisch über die Inhalte und den Nutzen informiert. Hier schlagen die Hierarchien voll durch. „Wie können wir denn alle Mitarbeiter in dem Unternehmen mit Informationen versorgen? Jeder soll die Möglichkeit haben, sich sein eigenes Bild zu machen!“ spricht Herr Kreativ zu seinem Assistenten. „Wir nutzen einfach das gute alte schwarze Brett an der Kantine!“ schlägt dieser vor. „Ja, das ist genau das Richtige und wir sind auch noch ein bisschen gemein dabei“, meint unser PL. „Gemein? Wie denn und warum?“ fragt Herr Logik neugierig.

„Na ja, den Nutzen spüren die Mitarbeiter nur, wenn sie durch das gute alte schwarze Brett zu spät informiert wurden und etwas Wichtiges verpasst haben – wie vielleicht ein lockeres Info-Intranet-Treffen mit Bier und Gulaschkanone“, schmunzelt Peter Kreativ. Die beiden bringen umgehend alles auf den Weg.

Die Weisheit

„Der eine wartet, dass die Zeit sich wandelt, der andere packt sie kräftig an und handelt.“ (Dante)

Die Map zu diesem Kapitel finden Sie auf der CD-Rom im Verzeichnis \Teil III\2.2\Praxis Projektbericht.mmp.

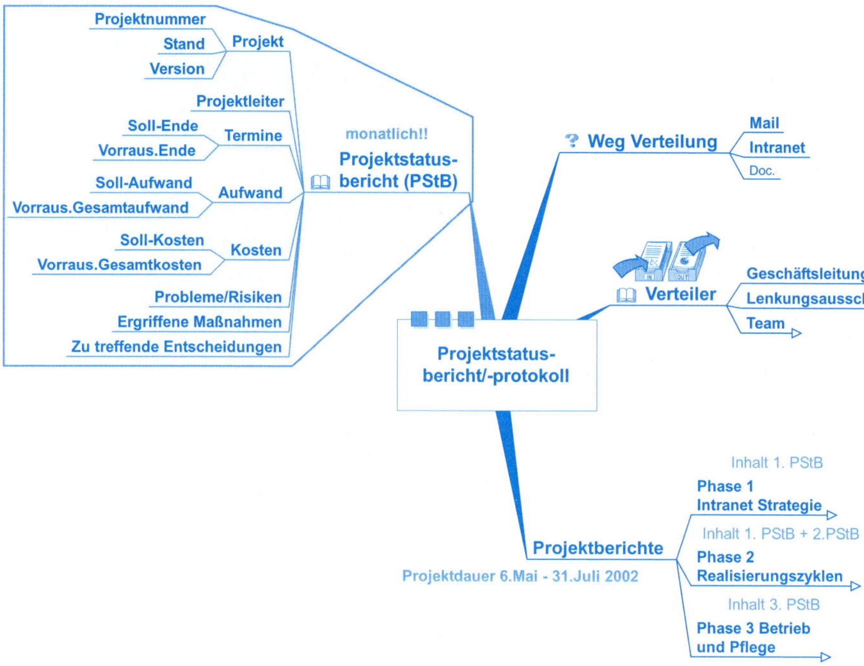

Abbildung 1: *Der Projektstatusbericht als Map*

30 Was bewirken Projektstatusberichte und -protokolle?

Was verstehen wir unter Berichten oder Informieren?

Unter Berichten oder Informieren im Projektmanagement verstehen wir die Weitergabe von Informationen an Projektbeteiligte. Anforderungen an eine Berichterstattung sind beispielsweise Regelmäßigkeit, Richtigkeit und Aktualität. Berichte enthalten oftmals wertvolle Steuerungsinformationen für das Projekt und setzen sich aus einer Auswahl selektierter Daten und deren aussagekräftige Darstellung zusammen. Ein funktionierender Informationsfluss unterstützt die Effizienz und Effektivität der Projektarbeit. Der Erhalt von Informationen kann auf Projektmitarbeiter und -beteiligte motivierend wirken.

Was verstehen wir unter einem Projektstatusbericht oder Projektprotokoll?

Unter einem Projektstatusbericht oder Projektprotokoll verstehen wir eine Aufzeichnung von Informationen, die den aktuellen Stand in der Projektarbeit und deren Entwicklung wiedergibt. Thematisiert werden insbesondere die Aspekte Aufwand, Termin und Kosten des Projekts. Der Projektstatusbericht erscheint in regelmäßigen Abständen (z.B. monatlich). Adressaten sind in der Regel übergeordnete Instanzen wie Auftraggeber oder Lenkungsausschuss, bei welchen der Projektleiter auf diese Weise Abweichungen vom Projektplan kommuniziert. In diesem Sinne ist der Projektstatusbericht ein Instrument der Projektfortschrittskontrolle. Inhaltlich basiert er immer auf dem zuletzt vereinbarten Leistungsverzeichnis.

Der Projektstatus

Von Interesse ist zunächst der Status des Gesamtprojektes. Vor dem Hintergrund definierter Sach-, Termin- und Kostenziele (siehe Seite 136) muss der Projektleiter das Gesamtprojekt und seinen Fortschritt im Auge behalten. Hilfreich ist hier die Überwachung der Einhaltung der Meilensteine und die Beobachtung der kritischen Vorgänge sowie der bereits aufgewendeten Arbeitstage. Auch der aktuelle Kostenstand und seine voraussichtliche Entwicklung werden regelmäßig an übergeordnete Instanzen weitergegeben. So sind im Rahmen einer Kostenanalyse zum Beispiel die jeweils aktuellen Vorgangskosten zu ermitteln und Abweichungen vom vorgegebenen Kostenrahmen weiterzugeben. Ressourcenüberlastungen sollten vom Projektleiter frühzeitig aufgespürt und behoben werden. Im Bereich des Mitarbeitereinsatzes plant der Projektleiter, wer was macht bzw. wann er dies tut. Darüber hinaus sollten auch Informationen über die Arbeitsauslastung von Ressourcen weitergege-ben werden.

Die Map zu diesem Kapitel finden Sie auf der CD-Rom im Verzeichnis \Teil III\2.2\Theorie Projektstatusbericht.mmp.

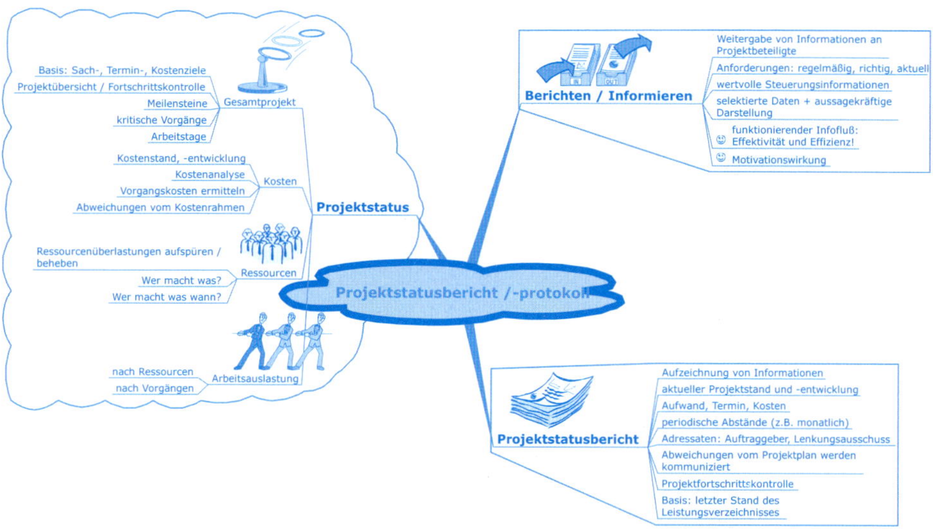

Abbildung 1: *Was gehört alles in den Projektstatusbericht?*

31 Das Projektprotokoll in Intrexx

Nach den bisherigen Ausflügen in die Möglichkeiten der Intrexx-Tools bzw. so genannten Add-Ons wirft Assistent Mario nun für diese Aufgabe zunächst wieder einen Blick in die Vorlagen des Anwendungsmanagers. Unter der Registerkarte *Anwendung erstellen* macht Logik einen Fund, der ihn fröhlich stimmt. Die Vorlage mit dem Titel *Protokoll* verspricht leichtes Spiel für das neue Formular.

Basierend auf der Protokoll-Vorlage legt Logik rasch eine neue Anwendung an. Ein Blick in den Anwendungsbaum zeigt Logik, dass es sich bei dieser Anwendung um eine etwas komplexere Struktur handelt, jedoch weniger umfangreich als das komplette Projektmanagementsystem. Aber dennoch findet er auf Anhieb gleich drei Eingabeseiten und zwei unterschiedliche Datengruppen. Da ein Blick in den Browser zeigt, dass nicht sämtliche Eingabeseiten über einen entsprechenden Menüpunkt erreichbar sind, macht Logik sich an dieser Stelle endlich mal die Mühe, die Verlinkung nachzuvollziehen. Schließlich wird er später die selbst erstellten Formulare sinnvoll miteinander verknüpfen müssen.

Die im Anwendungsmenü enthaltene Eingabeseite Protokoll Neu ermöglicht neben mehreren verschiedenen Feldern und Listen auch den Zugang zu einer Datengruppe, die nicht direkt über das Menü erreicht wird. Gleich zwei für Logik neue Werkzeuge werden dafür verwendet.

Zum einen werden mit Hilfe der Ansichtstabelle die Werte der Datengruppe Tagesordnung dargestellt. Und zum anderen erreicht man die Eingabeseite Tagesordnung erfassen nur über die entsprechende Schaltfläche Tagesordnungspunkte. Um herauszufinden,

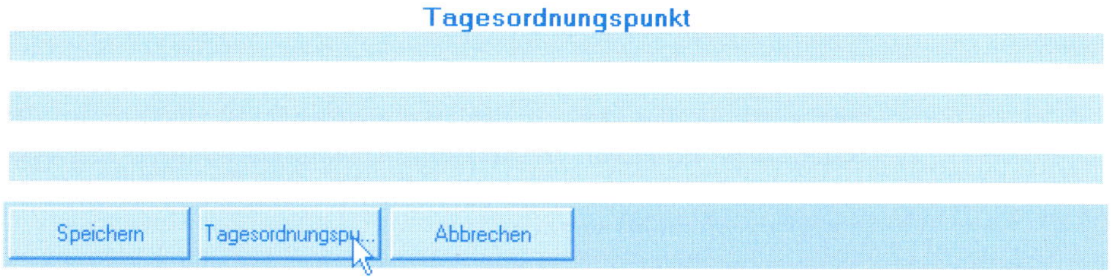

Abbildung 1: *Die Schaltfläche zum Anlegen eines neuen Tagesordnungspunktes*

wie die Verlinkung der Schaltfläche definiert wird, doppelklickt Logik auf das Feld der Schaltflächen in der Eingabeseite Protokoll Neu. Im Fenster Schaltflächen bearbeiten sind über die Registerkarten alle Schaltflächen samt ihrer Aktionen und Verweise angelegt. Hier lässt sich genau bestimmen, was beim Drücken der Schaltfläche passieren soll und welche Seite im Anschluss aufgerufen wird. Mario L. ist angenehm überrascht, dass zahlreiche nützliche Optionen bereits vordefiniert sind. Das wird eine Menge Arbeit ersparen.

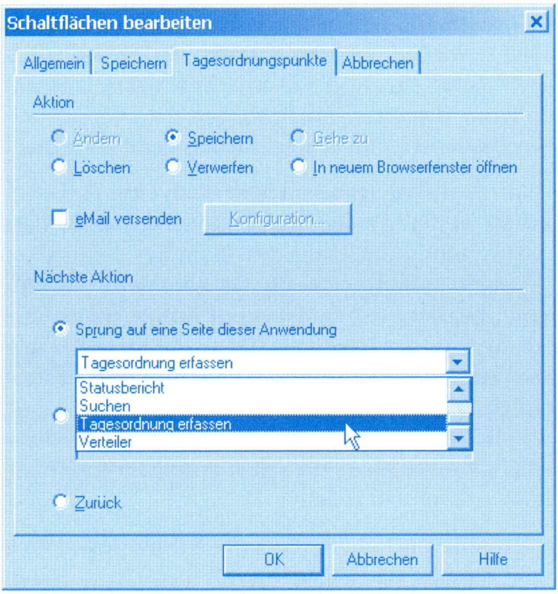

Abbildung 2: *Die Registerkarte* Schaltflächen bearbeiten

Mario Logik prüft den Ablauf zur Protokollerstellung im Browser. Nach Eingabe der grundlegenden Protokollinfos wählt er die Schaltfläche *Tagesordnungspunkte*. Hier können nacheinander in mehreren Formularen Tagesordnungspunkte und Erklärungen eingegeben werden. Logik füllt die mit Peter Kreativ besprochenen Punkte ein. Nachdem alle Tagesordnungspunkte des Statusberichts erfasst sind, speichert Logik das Protokoll samt seiner einzelnen TOP's.

Im Anschluss möchte Logik das gesamte Team auf einen Schlag zum anstehenden Projektmeeting einladen. Dazu klickt er auf die Schaltfläche Einladen. Im Fenster Sitzungskreis können alle Projektmitglieder aus den firmeninternen Benutzergruppen und Benutzern ausgewählt werden.

Ein Blick in den Statusbericht gibt zu jedem Zeitpunkt für alle Beteiligten Aufschluss über den aktuellen Stand – vom Entwurf bis hin zu den verteilten Protokollen. Vor allem das schnelle Verteilen und Archivieren von einmal erstellten Protokollen gefällt Logik gut. Da werden die Ausreden in Zukunft besser werden müssen, wenn es wieder einmal heißen sollte: Keiner wusste Bescheid.

32 Exkurs Microsoft Outlook

Haben Sie sich schon einmal gefragt, welche Funktionen Sie zur praktischen Aufgabenplanung häufig verwenden?

- Persönliche Aufgabenlisten anlegen
- Aufgabenlisten aktuell halten
- Den Fortschritt verfolgen
- Kategorisieren und priorisieren
- Erinnerungen und Termine einrichten

Sind Sie schon auf die Idee gekommen, für diese Arbeiten neben Outlook auch den MindManager zu verwenden? Setzen Sie beide Anwendungen gemeinsam zur Aufgabenplanung ein. Sie können dann beliebige Aufgaben aus Outlook in Ihre Mindmap importieren und die Aufgaben dort übersichtlich in einer hierarchischen Struktur anordnen. Oder planen Sie zum Beispiel gemeinsam im Team Aufgaben direkt in einer Mind Map? Dann nutzen Sie im Anschluss an einen Export in Outlook sämtliche Optionen der Kontaktverwaltung oder Kommunikation von Outlook. Die Vorteile beider Programme stehen Ihnen damit zur Verfügung.

Die *Aufgabenplanung*, das Kernstück des MindMangers für die Synchronisation mit Outlook, finden Sie über den Befehl *Aufgabenbereich* in der Symbolleiste.

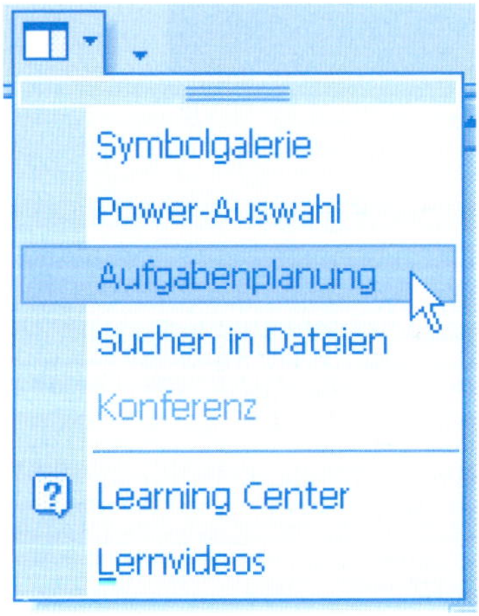

Abbildung 1:
Über das Symbol Aufgabenbereich *kommen Sie zur* Aufgabenplanung

Über die Funktionen der Aufgabenplanung haben Sie die Möglichkeit, einzelnen Zweigen Ihrer Map Termine, Prioritäten, Aufgabendauer und Ressourcen zuzuordnen. Unabhängig, ob Sie später Ihre Map mit Outlook verknüpfen möchten, steht Ihnen damit die interessante Option zur Verfügung, eine umfassende Aufgabenplanung für beispielsweise Ihr Projektteam als Mind Map anzulegen. Oder möchten Sie vielleicht einige Ihrer Outlook-Aufgaben für den aktuellen Monat nach der Priorität auflisten?

Importieren von Outlook-Aufgaben

In welcher Anwendung Ihnen eine Aufgabenplanung auch am liebsten sein mag, stellen Sie einfach über den Import bzw. Export eine Verknüpfung zwischen den Anwendungen her. Am Beispiel für den Import von Outlook-Aufgaben werden die einzelnen Schritte für die Synchronisation in beide Richtungen deutlich.

Beim Importieren von Aufgaben aus Outlook können Sie einzelne Aufgaben zum Import auswählen und in der Map beispielsweise gruppieren.

Sie beginnen den Importvorgang, indem Sie im Menü *Datei/Synchronisieren/Mit Microsoft Outlook synchronisieren* wählen. In den folgenden Dialogfeldern werden Sie vom Assistenten für die Outlook-Synchronisation geleitet. Wählen Sie mit Hilfe des *Assistent zum*

Abbildung 2: *Der Assistent hilft beim Synchronisieren mit Outlook*

Synchronisieren von Outlook-Aufgaben die Option *Importfilter & Gruppen definieren*. Im nächsten Dialogfeld folgen Sie den Vorschlägen des Assistenten und entscheiden sich, ob Sie Aufgaben nur in einen Hauptzweig einer Map importieren möchten oder in eine gesamte Map. Setzen Sie dann je nach Wunsch Filter für die zu importierenden Aufgaben.

Im folgenden Dialogfeld fragt Sie der Assistent, ob Sie die zu importierenden Aufgaben gruppieren möchten. Wählen Sie beispielsweise die Option *Gruppieren nach Priorität* aus und klicken im Anschluss auf *Weiter*. Schließlich stellt Ihnen der Assistent ein kleines Protokoll der bisher von Ihnen vorgenommenen Importeinstellungen vor. Prüfen Sie Ihre Angaben in der Aufgaben-Import-Zusammenfassung und bestätigen Sie mit *Weiter*.

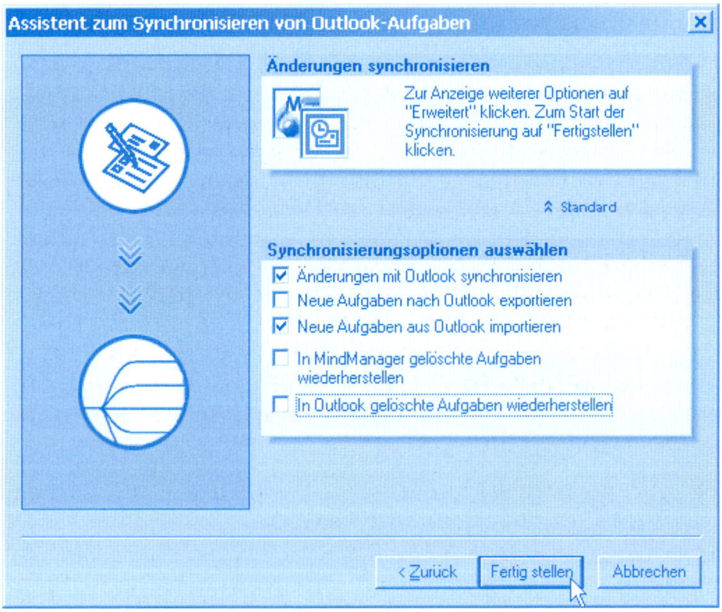

Abbildung 3: *Welche Änderungen sollen vorgenommen werden? Der Assistent hilft*

Je nachdem, ob Sie den ersten Import vornehmen oder bereits zuvor schon eine Verknüpfung zu Outlook-Aufgaben hergestellt hatten, entscheiden Sie sich über den Befehl *Erweitert* für unterschiedliche Synchronisierungsoptionen und schließen den Import mit *Fertig stellen* ab.

Entsprechend der vorgenommenen Einstellungen erscheint nun z.B. ein neuer Hauptzweig in Ihrer geöffneten Map.

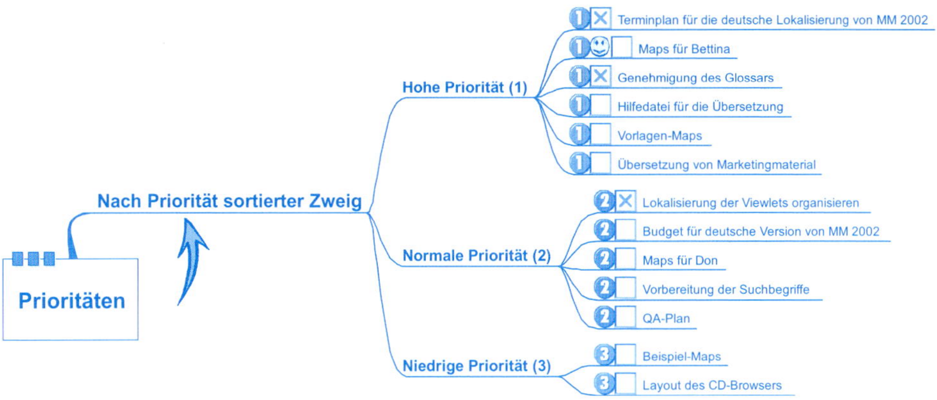

Abbildung 4: *Wenn Sie sich für die Sortierung nach Prioritäten entscheiden, sieht Ihr neuer Aufgaben-Hauptzweig so aus*

Je nach Wunsch sind die Zweige und Unterzweige in einer 2-D-Hierarchie angeordnet. So sehen Sie Ihre Aufgaben beispielsweise unter einem übergeordneten Zweig, geordnet nach dem Fälligkeitstermin, dem Startdatum, der Priorität, der Kategorie, der Zuordnung oder nach mehreren dieser Kriterien in Kombination.

Wenn Sie auf die eben beschriebene Weise erst einmal eine Verknüpfung zwischen einer Mind Map und Outlook-Aufgaben angelegt haben, können Sie die Map und/oder die Outlook-Aufgaben stetig bearbeiten und zwischen den oben beschriebenen Synchronisationsmöglichkeiten (**Abbildung 3**) wählen. Über die Befehlsfolge *Datei/Synchronisieren/Outlook-Aufgaben synchronisieren* gelangen Sie direkt zum Dialogfeld *Microsoft Outlook-Synchronisation.*

Hinweis

Die Synchronisierung kann nur mit der ursprünglichen Datei erfolgen. Wird die Outlook-Datei im Verzeichnis verschoben, schlägt die Synchronisierung fehl. In diesem Fall wird eine Fehlermeldung angezeigt und Sie müssen unter Verwendung der Schaltfläche *Durchsuchen* den neuen Speicherort der Outlook-Datei angeben.

Gruppieren von Aufgaben

In Ihrer Map können Sie bis zu zwei Ebenen für die Gruppierung von Aufgaben angeben. Die Aufgaben werden unter einem Zweig, der die Gruppe identifiziert, als Unterzweige gruppiert. Für einige Attribute können Sie wählen, woraus die Zweigtitel bestehen können:

Tabelle 1: *Die verschiedenen Gruppierungsaufgaben*

Aufgabe	Definition
Startdatum	wie bei Fällig am
Fertig (%)	100%, 75%, 50%, 25%, 0% oder keine Angabe (0 schließt dabei 0–24% ein usw.)
Fertig	Mindestens 50% fertig, Weniger als 50% fertig, 0% oder keine Angabe. (Bei weniger als 6 Werten wird eine dynamische Prozentliste verwendet.)
Ressourcen	Wird dynamisch angelegt, eine für jede in Outlook verwendete Ressource
Kategorien	Wird dynamisch angelegt, eine für jede in Outlook verwendete Kategorie
Priorität	Hohe Priorität, Mittlere Priorität, Niedrige Priorität, Keine Priorität, Priorität 1, Priorität 2, Priorität 3

Konflikte

Sie können jederzeit in beiden Anwendungen Aufgaben hinzufügen, umbenennen oder deren Attribute ändern. Was geschieht, wenn Sie versehentlich sowohl in Ihrer Map als auch in Outlook dieselbe Aufgabe bearbeitet haben?

Sie können in einem solchen Konfliktfall über eine Auswahlliste entscheiden, welche Änderungen beibehalten werden sollen.

Mit den dort verfügbaren drei Optionen können Sie festlegen, ob Sie in jedem Fall selbst entscheiden möchten bzw. ob MindManager oder Outlook den Vorrang haben soll (Master-Modus).

Wenn Sie selbst entscheiden möchten, wird bei jedem Konflikt ein Dialogfeld angezeigt, in dem Sie von Fall zu Fall neu entscheiden können, welche Änderung den Vorrang haben soll. Sie werden aufgefordert, die zu verwendende Version der Aufgabe anzugeben. Zur Auswahl stehen *Anwenden, Auf alle anwenden, Überspringen* und *Synchronisierung abbrechen.*

Wenn Sie den Synchronisationsvorgang abbrechen, werden keine weiteren Aufgaben einer Synchronisation unterzogen. Bereits vorgenommene Änderungen werden allerdings auch nicht rückgängig gemacht.

Im Master-Modus überschreibt die Master-Anwendung immer die Daten der anderen Anwendung.

Attribute in MindManager und Outlook

Einige häufig für Aufgaben verwendete Attribute werden in MindManager und Outlook gleichermaßen eingesetzt. Andererseits gibt es spezielle Eigenschaften, die jeweils nur von einem der Programme verwendet werden.

Felder, die nur für MindManager gelten und bei der Synchronisation verworfen werden:

- Reihenfolge der Unterzweige
- Dateiname
- Maptitel
- Zweige mit untergeordneten Zweigen
- Dauer

Weitere Informationen zum Export zu Outlook finden Sie in der Map auf der beiliegenden CD-Rom im Verzeichnis \Teil III\2.2\ Exkurs Outlook.mmp.

33 Oberhand bei der Terminplanung

Die Aufgabe

Peter Kreativ hat die Meilensteine festgelegt, die er mit dem Team durchgesprochen hat. Das Projekt ist durchgeplant und in Zeitfenster und Arbeitspakete eingeteilt. Nun kommt die Mitteilung, dass die IT-Abteilung die Kollegin Anne Zielstrebig erst in zwei Wochen für das Projekt abstellen kann.

Die Terminplanung des Projektes gerät durcheinander, da Anne für bestimmte Projektbereiche enorm wichtig ist und bei dem kurzen Zeitrahmen vierzehn Tage natürlich eine Menge ausmachen. Wie lässt sich der Konflikt lösen?

Der Weg

Peter Kreativ ist ziemlich ratlos und überlegt, was er tun kann. Heute ist Freitag und am Montag soll das Projekt starten. „Die Zeit von zwei Wochen ist bei einem solchen Projekt, das innerhalb von drei Monaten abgeschlossen sein soll, nicht einzuholen", denkt er leicht verzweifelt. Er lässt seine Blicke durch das Büro schweifen und bleibt an seinem PC hängen.

Die Weisheit

„Frage nie, warum es nicht geht, sondern immer nur, wie du es schaffen kannst."

Die Umsetzung

Er aktualisiert die Termine und fasst die Probleme und Konflikte, die sich aus der neuen Situation ergeben, zusammen. Peter Kreativ beruft kurzfristig ein Meeting für Freitagabend ein, an dem sich alle Teammitglieder bei ihm im Büro treffen. Er bereitet das Meeting sehr gut vor, damit alle auch bald in das wohlverdiente Wochenende gehen können.

Alle Projektmitglieder stellen sehr bald fest, dass keine endgültige Lösung gefunden werden kann. Alle sind sich einig, dass sie Teilaufgaben von Frau Zielstrebig übernehmen müssen, damit die vierzehn Tage überbrückt werden können. Anne Zielstrebig ist enttäuscht, dass sie nicht von Anfang an ihre Kompetenz und ihr Wissen in das Projekt einfließen lassen kann. Peter Kreativ muss als Projektleiter ganz schön motivierend auf sie einwirken und ihr erklären, dass sie auch zu dem späteren Zeitpunkt noch viele Gelegenheiten haben wird, ihre Ideen umzusetzen. Nichts desto trotz muss das Terminziel um eine Woche verschoben werden. Peter Kreativ lässt seinen Assistenten dies in den Projektstatusbericht eintragen.

Das Besprechungsprotokoll hat Mario Logik während des Meetings bereits „mitgemappt" und schickt jedem Teammitglied die Mind Map per Mail zu. So können alle am Montag, der Tag an dem das Projekt startet, die aktuellen Aufgaben einsehen.

Der erste Projektmonatsbericht soll nun schon nach zwei Wochen erstellt werden, damit kurzfristig überprüft werden kann, welchen Stand das Projekt hat und welche Maßnahmen noch ergriffen werden müssen. Alle Meldungen für den Bericht sind bis zum 17.5.2002 an Herrn Logik zu schicken, damit er die Unterlagen für Peter Kreativ fertig machen kann. In die protokollierte Mind Map wurden inzwischen alle Informationen eingearbeitet. Mario Logik stellt sie gemeinsam mit dem ersten Projektstatusbericht ins Netz. So kann sich jedes Teammitglied die jeweiligen Aufgaben herausfiltern lassen und dann mit Outlook synchronisieren (siehe Exkurs Outlook in Kapitel 32).

Die Map finden Sie auf der beiliegenden CD-Rom im Verzeichnis \Teil III\2.3\Praxis Termine.mmp.

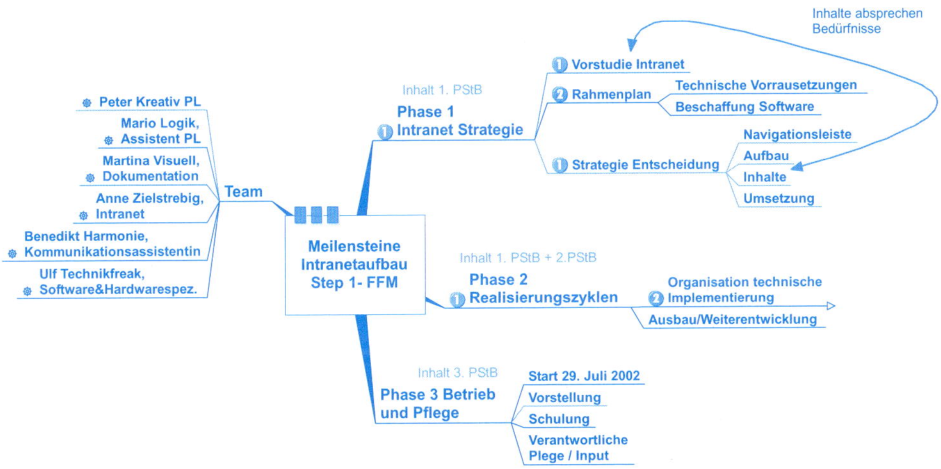

Abbildung 1: *Durch eine zeitliche Verzögerung können alle Meilensteine ins Wanken kommen*

34 Termin und Konflikte

Was verstehen wir unter einem Termin und einem Terminziel?

Unter einem Termin verstehen wir einen bestimmten Zeitpunkt, der in der Regel leicht zu definieren und seine Einhaltung leicht zu überwachen ist. Das Terminziel eines Vorhabens oder Projektes drückt aus, dass dieses bis zu einem definierten Zeitpunkt erfolgreich abgeschlossen sein soll. Bei der Definition eines Terminziels für ein Projekt ist darauf zu achten, dass eine Zielerreichung bis zu dem gesetzten Zeitpunkt realistisch ist.

Zielkonflikte

Eine der größten Herausforderungen des Projektmanagements liegt in der Integration und Steuerung von Sach-, Termin- und Kostenzielen. Das Sachziel definiert die Leistung, die in der Projektarbeit erbracht werden soll. Das Kostenziel sorgt dafür, dass Kosten in einem definierten Rahmen gehalten werden (siehe Seite 136). Da diese Zielgrößen oft miteinander konkurrieren, ist hier auch von einem magischen Dreieck und damit verbundenen Zielkonflikten die Rede. Kurz ein Beispiel hierzu: Wenn ein Budget nicht überschritten werden darf (Einhaltung Kostenziel), dann kann dies eine verringerte Qualität einer Leistung bedeuten (Konflikt: Sachziel). Oder: Um eine bestimmte Leistung zu erreichen (Einhaltung Sachziel) kann es unter Umständen erforderlich sein, die Projektdauer auszudehnen (Konflikt: Terminziel). Viel Zündstoff für Konflikte bieten auch konkurrierende Interessen verschiedener Abteilungen. Mögliche Reaktionen auf Zielkonflikte sind Zielanpassungen, die Suche nach Rationalisierungspotenzialen im Projekt oder der Projektabbruch.

Tipps für den Projektleiter

In der Praxis werden Terminziele häufig verschoben. Dies liegt zum einen daran, dass sich beispielsweise komplexe Projekte aus dem Forschungs- und Entwicklungsbereich oft nicht exakt terminieren lassen. Zum anderen kann eine Terminverschiebung auch ein Hinweis darauf sein, dass ein Projekt nicht gründlich genug analysiert und geplant wurde. Gutes Projektmanagement schützt zwar nicht vor unerwarteten Störeinflüssen auf das Projekt, doch können mit seiner Hilfe über längere Zeit absehbare Terminverschiebungen frühzeitig erkannt werden. Methoden der Terminüberwachung sind das Führen von Terminlisten und Industriekalendern oder der Einsatz von Instrumenten wie Balkendiagramm oder Netzplantechnik. Für das Führen von Terminlisten sind fast keine Vorkenntnisse erforderlich. Daten über Vorgänge und Aktivitäten, deren Beginn und Dauer sowie Informationen zu Vorgängern und Nachfolgern werden übersichtlich in einer Tabelle dargestellt. Dies ist allerdings nur für kleine und übersichtliche Projekte sinnvoll. Bei größeren Projekten bietet sich der Einsatz eines oder mehrerer Balkendiagramme an, in welchen im Gegensatz zu den meisten anderen Methoden die Abhängigkeiten zu Vorgängern und Nachfolgern übersichtlich dargestellt werden.

Die Map finden Sie auf der beiliegenden CD-Rom im Verzeichnis \Teil III\2.3\Theorie Termin- und Konfliktmanagement.mmp.

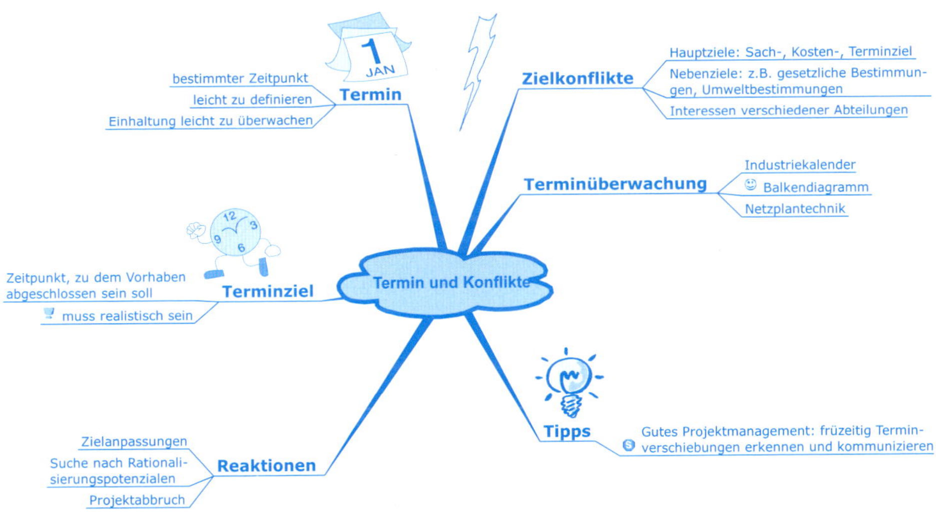

Abbildung 1: *Terminverschiebungen und andere Konflikte können ein Projekt ganz schön aus dem Rahmen werfen*

35 Terminplanung in Intrexx

So, wenn die friedliche Phase der Planung abgeschlossen ist und das Projekt mit „harten Terminen“ einmal läuft, gibt es auch meist schon die ersten Konflikte, weiß Logik. Den Projektleiter möchte er kennen lernen, dem es nicht so ergeht.

Eifrig macht er sich am Montagmorgen daran, die ersten Verzögerungen im Intrexx-Projektplan einzupflegen. Dabei stellt er fest, dass er nach dem kleinen Excel-Exkurs mit den Mitarbeiter-Kostensätzen ganz vergessen hatte, die Ressourcen zunächst einmal den Aufgaben zuzuordnen. Das erledigt Logik über die Grafik-Ansicht. Noch immer beeindruckt von seinem Intranet-Balkendiagramm, klickt er hinter dem ersten Vorgangsnamen auf das Symbol für *Ressourcen zuordnen* und gelangt damit zum Eingabeformular *Ressourcen bearbeiten*.

Für die Aufgabe *Vorstudie Intranet* wählt er aus der Auswahlliste *Ressource* zunächst seinen Projektleiter Peter Kreativ aus. Sämtliche Ressourceninformationen, die er zuvor eingegeben hatte, erscheinen automatisch in den restlichen Feldern. Das beschleunigt die Eingabe – so soll es ja schließlich auch sein! Nach dem Speichern bleibt ihm die Wahl, eine weitere Ressource zur selben Aufgabe hinzuzufügen oder über die Schaltfläche im rechten oberen Bildrand den nächsten Vorgang zu bearbeiten.

Auf diese Weise muss Logik nicht jedes Mal über die Grafik oder die Aufgabenliste auf der Hauptseite die Ressourcen einzeln zuordnen.

Die Ressourcenliste liegt Logik bereits vor und so sind im Handumdrehen dem Team die entsprechenden Projektaufgaben zugewie-

Abbildung 1: *Ressourcenverwaltung in Intrexx*

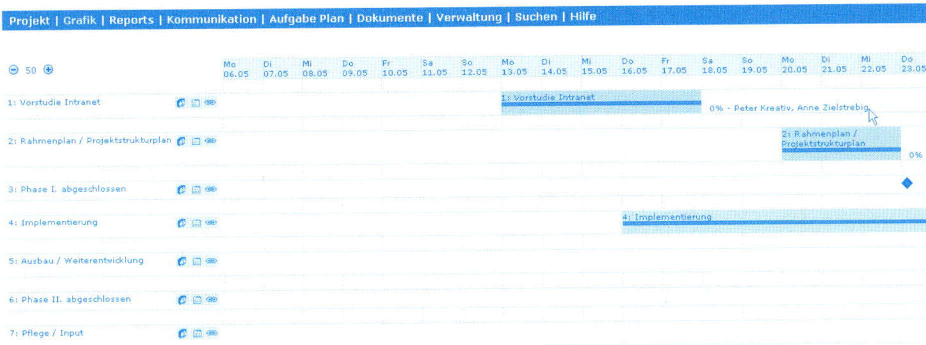

Abbildung 2: *Die Ressourcenverteilung in der grafischen Ansicht*

sen. Zur Kontrolle lohnt sich auch hier wieder ein Blick in die Ansicht *Grafik*. Denn die zugeordneten Ressourcen finden sich hinter den Vorgangsbalken wieder.

Logik hat den Vorgang nun um eine Woche verschoben, indem er den Plan-Starttermin von *Vorstudie Intranet* über den Befehl *Aufgabe bearbeiten* verändert hat.

Peter Kreativ ist zudem als Verstärkung von Anne Zielstrebig eingeplant worden. Auch sie soll der Aufgabe zugeordnet bleiben. Es macht wenig Sinn, ihrer ursprünglichen Aufgabe jetzt gleich mehrere Ressourcen zuzuordnen. Obschon dies in der Praxis vielleicht so sein wird. Später würde die Überwachung bei vier oder fünf zugeordneten Ressourcen pro Vorgang aber nur unübersichtlich sein. Logik möchte lieber eine genaue Erfassung der tatsächlichen Ist-Werte. Diese gehen später schließlich über die Ist-Kosten ans Controlling.

Als aktuelle Projektinfo hängt Logik der Aufgabe über den Befehl *Logbuch* ein kurzes Memo an. Bis zum Projektmonatsbericht ist damit die aktuelle Info schon für jedermann zugänglich. Man weiß ja nie, wann ein Hubert Kommando mal einen Blick in die Projektplanung wirft ...

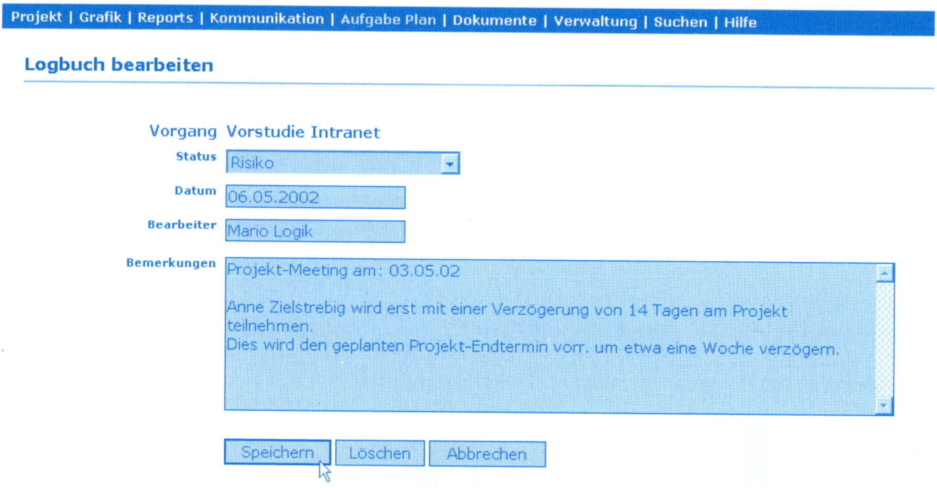

Abbildung 3: *Im Logbuch können kurze Memos hinterlegt werden*

36 Projektmonatsbericht vorbereiten

Die Aufgabe

Der erste Projektmonatsbericht wird bereits nach 14 Tagen erstellt und soll Informationen über den aktuellen Stand, die erledigten Aufgaben und vor allem den Zeitrahmen enthalten. Ebenso gehören die auf den zeitlichen Rahmen abgestimmten Ziele für die kommenden zwei Wochen zum eigentlichen Projektmonatsbericht.

Der Weg

Mario Logik stehen inzwischen eine Reihe von Informationen zur Verfügung, die im Laufe des Projekts erstellt wurden. Die aktuelle Mind Map dient ihm dazu als gute Vorlage für ein Formular. Sämtliche relevante Rückmeldungen der Teammitglieder zum Projektstatus können damit rasch eingepflegt werden.

Die Umsetzung

Peter Kreativ nimmt nun die Mind Map als Grundlage und erarbeitet den Projektmonatsbericht. Mario Logik hat alles Notwendige sehr gut vorgearbeitet und alle festen Details sind bereits in das verlinkte Formular eingebaut. Der Projektleiter kann über die Mind Map navigieren, ohne weitere Ordner im Explorer öffnen zu müssen.

Zusammenhänge zwischen den Terminzielen und den erledigten Aufgaben sind nun auf einen Blick erkennbar. Er definiert die Ziele für die kommenden zwei Wochen und korrigiert seine anfängliche Zeitplanung. So bleiben er und das Team für das Projekt sehr flexibel und Neuigkeiten können schnell eingearbeitet werden.

Die Geschäftsleitung und der Lenkungsausschuss erhalten die Ausarbeitung natürlich in ihrer gewohnten und gewünschten Form: den Monatsbericht als Formular.

Die Weisheit

„Was nicht auf dem Papier steht, wurde nie gesagt."

37 Funktion und Inhalt eines Projektmonatsberichts

Was verstehen wir unter einem Projektmonatsbericht?

Wie in Kapitel 30 (Projektstatusbericht/Projektprotokoll) bereits erörtert, trägt ein gesunder Informationsfluss zur erfolgreichen Projektarbeit bei. Es geht darum, dass die richtige Information zum richtigen Zeitpunkt am richtigen Ort ist und dort in der erforderlichen Form und Qualität vorliegt. Ein Werkzeug zur Aufrechterhaltung dieses Wissensflusses aus dem Projekt, hin zu übergeordneten Stellen und Funktionen, ist der Projektmonatsbericht. Dieser ist ein Schriftstück, welches den Status eines Aufgabenbereichs im Projekt in monatlichem Turnus dokumentiert. Projektmitarbeiter oder andere Projektbeteiligte legen Rechenschaft über ihre Projektleistung im jeweils vergangenen Monat ab. Dabei wird insbesondere auf die Terminsituation und auf etwaige Abweichungen vom Projektterminplan eingegangen und es werden geplante Gegenmaßnahmen kommuniziert. Oftmals wird der Projektmonatsbericht auch dafür genutzt, Monatsziele für den kommenden Monat zu definieren. Adressaten des Projektmonatsberichts sind beispielsweise der Projektleiter, der Auftraggeber oder die Geschäftsleitung.

Tipps für den Projektleiter

Während der Projektrealisierungsphase hilft die Installation eines monatlichen Berichterstattungsmechanismus dem Projektleiter dabei, den Überblick über die einzelnen Vorgänge und deren Status zu bewahren. Durch die Monatsberichte wird deutlich, welche Vorgänge anstehen, welche sich in Arbeit befinden, bei welchen mit einem verspäteten Abschluss zu rechnen ist und welche bereits erledigt sind. Der Einsatz von Projektmonatsberichten hat den Vorteil, dass der Leiter automatisch in monatlichem Turnus entscheidungsrelevante und -kritische Informationen aus dem Projektteam erhält. Dies erhöht die Transparenz im Hinblick auf die Gesamtprojektzielerreichung. Das monatliche Berichten kann motivierend auf die Berichterstatter wirken und verhindern, dass ein Projekt einfach vor sich hinplätschert.

Nach Projektabschluss können Monatsberichte bei der Projektdokumentation oder der Analyse des Projektverlaufs hilfreich sein. Dies gilt insbesondere dann, wenn ein Projekt nicht die erwünschten Erfolge gebracht hat oder wenn der Projektendtermin weit nach hinten verschoben werden musste. Das Projekt in seiner terminlichen Abfolge kann leicht rekonstruiert werden.

Ein Formular zur monatlichen Berichterstattung sollte neben Projektnummer, Datum und Namen des Verantwortlichen eine Rubrik enthalten, in der die Leistung im Berichtsmonat wiedergegeben werden kann. Daneben sollten Terminsituation, Abweichungen vom Terminplan sowie vorgesehene Gegenmaßnahmen abgefragt werden können.

Die Map finden Sie auf der beiliegenden CD-Rom im Verzeichnis \Teil III\2.4\Theorie Projektmonatsbericht.mmp.

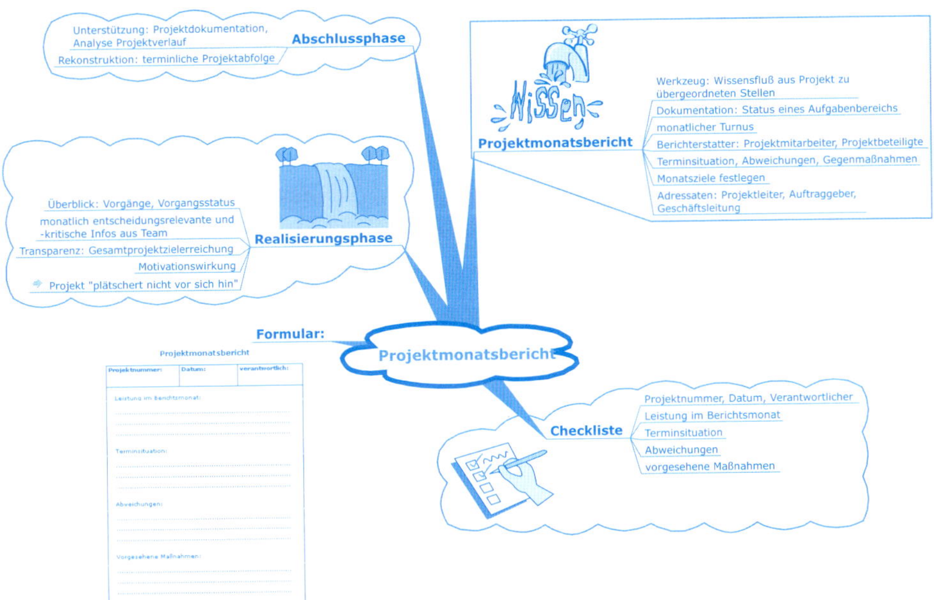

Abbildung 1: *Der Projektmonatsbericht soll den Status lückenlos dokumentieren*

38 Das Formular Projektmonatsbericht

Ein Formular für den Projektmonatsbericht zu erstellen, macht Mario Logik inzwischen keine Mühe mehr. Bereits in der Präsentations-Mind Map des Projektleiters Peter Kreativ konnte er den Entwurf in der Word-Version sehen.

Dennoch hat Logik zur Erstellung des neuen Eingabeformulars „Projektmonatsbericht erfassen" neue Werkzeuge ausprobieren wollen. Zunächst möchte er, wie schon im Projektantrag, einige Felder zweispaltig im Formular positionieren. Für diese ersten Anpassungen auf der Eingabeseite teilt er das Ansichtsfenster in zwei Tabellen auf. Dazu verwendet er wieder die entsprechenden HTML-Codes. Ansonsten fügt Logik im Anwendungsdesigner vor allem die Felder *Auswahlliste* und *Textfeld* ein.

Gerade in Auswahllisten bieten es sich an, einmal vorgenommene Eingaben wieder verwenden zu können. Hierzu muss Logik im Fenster *Auswahlliste bearbeiten* auf der Registerkarte *Einträge* die ent-

Abbildung 1:
Die Formularaufteilung lässt sich mit HTML-Codes leicht ändern

sprechenden Werte aus seiner schon erstellten Projektmanagement-Anwendung auswählen. Dafür bieten sich Projekt-Stammdaten an.

Für die Felder der weiteren Auswahllisten geht Logik genauso vor. Lediglich für das Datenfeld muss er noch ein jeweils passendes Feld aus seinen Stammdaten wählen. Neugierig wirft Logik danach einen erwartungsvollen Blick in den Browser. Hat alles geklappt und sind die HTML-Codes auch an der richtigen Stelle? Das ist immer ein spannender Moment. Aber alles sitzt da, wo es hingehört.

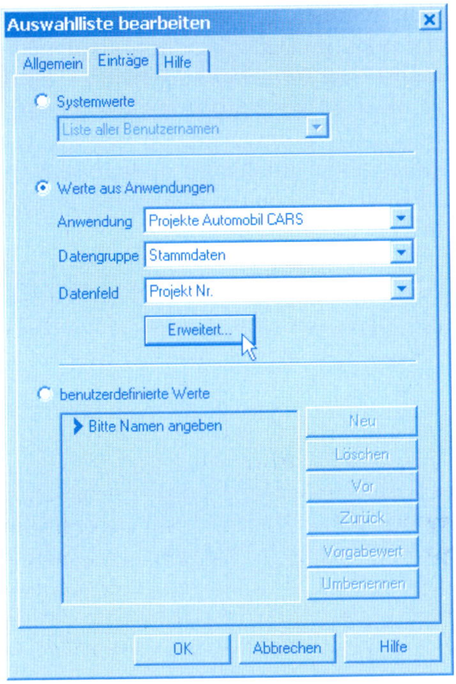

Abbildung 2: *Die Registerkarte* Auswahlliste bearbeiten

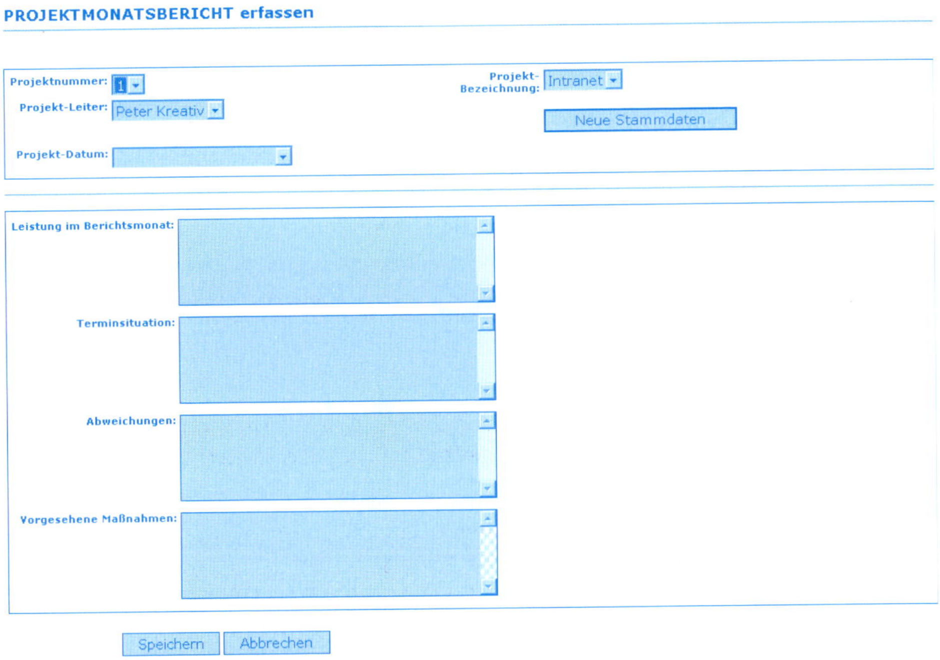

Abbildung 3: *Das fertige Eingabeformular*

Über den Befehl *Anwendungseigenschaften bearbeiten* weist Logik jetzt noch im Feld *Hauptmenü* seine neu erstellte Anwendung dem Hauptmenü *Formulare* zu. Mario L. lässt es sich nicht nehmen, das für neue Anwendungen standardmäßig vorgegebene Hauptmenü *Test* gleich zu umgehen. Da sich die Verlinkung allerdings später immer noch problemlos ändern lässt, ist dabei wohl eher Ungeduld der Vater seines Handelns. Mit Geduld ginge es allerdings ebenso gut!

39 Der Kummerkasten

Die Aufgabe

Innerhalb des Teams braut sich etwas zusammen. Die Anspannung aufgrund der Zeitverzögerung macht sich bemerkbar. Herr Ordentlich aus dem Lenkungsausschuss fragt auch regelmäßig bei den Teammitgliedern nach dem aktuellen Stand und frustriert alle durch seine langatmigen Telefongespräche. Frau Zielstrebig möchte die Zeit aufholen und verlangt von allen die Inhalte für das Informationsoffice. Ulf Technikfreak setzt sich täglich in Szene und meint, er ist der Wichtigste im Team. Die Stimmung ist explosiv.

Der Weg

Peter Kreativ setzt sich mit seinem Assistenten zusammen und die beiden überlegen, wie sie das Team wieder motivieren können. Beide wissen aus ihrer bisherigen Projekterfahrung, dass eine emotionale Schieflage im Team ein Projekt zum Scheitern bringen kann. Das Projektziel kann nur erreicht werden, wenn alle an einem Strang ziehen.

Die Weisheit

„Ein Team ist leistungsfähiger als der beste einzelne Mensch."

Die Umsetzung

Peter Kreativ hat an seiner Wand ein Bild hängen, welches er von den Kollegen zu seinem Geburtstag bekommen hat. Das Bild zeigt die vier Weisheiten für einen guten Projektleiter:

- Das Herz, um zu führen
- Den Bauch, um zu vertrauen
- Die Seele, um die Organisation zu beflügeln
- Die Nase, um zu riechen, dass etwas stinkt

Aus dem letzten großen Projekt hat er noch ein Formular „Kummerkasten" in seinen Unterlagen. Und so fragt er Logik, was er davon hält, einen elektronischen Kummerkasten einzurichten. Ist das technisch machbar?

Mario Logik ist von der Idee begeistert. Einen „Kummerkasten" für die Teammitglieder einzurichten sollte kein großes Problem sein.

40 Wichtig: Projektatmosphäre!

Was verstehen wir unter Projektatmosphäre?

Unter Projektatmosphäre verstehen wir das Arbeitsklima, das innerhalb der Projektgruppe sowie zwischen der Gruppe und außenstehenden Parteien während des Projekts herrscht. Determinanten der Projektatmosphäre sind beispielsweise der Arbeitsplatz, die Projektziele und Zielkonflikte (siehe Seite 164), die Konfliktlösungsfähigkeiten und Regelungskompetenzen des Projektleiters, sein Führungsstil, die Team-Zusammenstellung (siehe Seite 128) oder die Motivatoren bzw. De-Motivatoren beruflicher Leistung (siehe Seite 203).

Eine gute Projektatmosphäre schaffen

An einer guten Projektatmosphäre kann gearbeitet werden! Der Projektleiter sollte das Klima durch einen offenen und kooperativen Führungsstil prägen. Er sollte sich selbst als Teil des Teams sehen und ihm sollte bewusst sein, dass er seine Autorität durch seine Person und nicht durch seine formale Stellung gewinnt. Tauchen Zielkonflikte auf, so gilt es, alle Handlungsalternativen einzubeziehen. Dies schließt im Einzelfall bei ausreichender Legitimation eine rechtzeitige Projekteinstellung ein. Neben Konfliktlösungsfähigkeiten braucht er auch die formalen Regelungskompetenzen, um Konflikte aus der Welt schaffen zu können. Rückendeckung erhält der Projektleiter vom Auftraggeber. Generell muss vor Projektstart eine Kompetenzregelung zwischen Projektleiter, Mitarbeiter und Linienbereichen erfolgen. Des Weiteren hängt eine gute Projektatmosphäre vom Projektteam und seiner Zusammenstellung (z.B. unterschiedliche Persönlichkeitstypen) sowie vom Identifikationsgrad der Teammitglieder mit den Projektzielen ab. Auch Faktoren wie die Entlastung und Freistellung der Mitarbeiter von Linienaufgaben sowie die Mitarbeitermotivation wirken sich auf die Projektatmosphäre aus.

Tipp für den Projektleiter

Verinnerlichen Sie die folgenden Aussagen über die vier wichtigsten Körperteile des Projektmanagers. Ein guter Projektleiter braucht:

- Das Herz, um zu führen
- Den Bauch, um zu vertrauen
- Die Seele, um die Organisation zu beflügeln
- Die Nase, um zu riechen, dass etwas stinkt

Die Map finden Sie auf der beiliegenden CD-Rom im Verzeichnis \Teil III\2.5\Projektatmosphäre.mmp.

Abbildung 1: *Die Projektatmosphäre ist wesentlicher Bestandteil eines gelungenen Projektes*

41 Projektatmosphäre im Netz

Mario Logik ist über seinem Vorhaben, einen Fragebogen als Formular ins Intranet zu stellen, ins Grübeln gekommen. Die Aufgabe erfordert im Detail mehr Fingerspitzengefühl als erwartet. Wenn es um Stimmungen und zwischenmenschliche Kommunikation geht, sind Formulare allein natürlich nicht die beste Lösung. Das weiß auch Logik.

Wer der Sache auf den Grund gehen möchte und ein Feedback für alle nutzbringend auswerten möchte, der kommt nicht umhin, die Anonymität der Befragten zu wahren. Denn je persönlicher Fragen zur Stimmungslage im Team genommen werden können, desto weniger ehrlich sind die Antworten, sobald Namen im Spiel sind. Ähnlich wichtig erscheint Logik auch, dass die Fragen nicht direkt an die Person des Befragten gerichtet werden. Anscheinend kommt bei einigen dann schnell die Sorge auf, man würde mit drastischen Antworten schlafende Hunde wecken oder sich bewusst gegen das Team stellen wollen. Besser wird es also sein, die Fragen als Feststellungen in der „Wir-Form" möglichst auf das Team zu richten. Unter diesen Gesichtspunkten kann sich Mario L. mit der Idee eines elektronischen Kummerkastens immer mehr anfreunden.

Zusammen mit Peter Kreativ hatte er einige Fragen notiert, die unbedingt gestellt werden sollten. Da tritt gleich ein Problem auf. Eine Liste mit Fragen, o.k.. Aber wie sollen die Antworten aussehen? Da wird wahrscheinlich keiner Lust haben, selbst Antworten zu formulieren, denkt sich Logik. Er beschließt, sich mit viel Mühe selbst Antwortalternativen als Optionen zu überlegen. Das erleichtert dann auch die Auswertung.

Gesagt – getan. Logik legt im Anwendungsmanager seine neue Anwendung „Atmosphäre" unter Verwendung der Vorlage *Tabelle* an. Sie soll später im Hauptmenü unter Formulare stehen. Jetzt möchte Logik das Formular im Anwendungsdesigner wieder mit Hilfe von kleinen HTML-Codes in zwei Teile strukturieren. Der erste Teil des Formulars ist schnell aufgebaut, weil er den Aufbau der ersten Tabelle aus dem Formular „Projektmonatsbericht" nahezu übernehmen kann. Das Feld für den Projektleiter soll nicht verwendet werden. Unter dem gesetzten Separator werden zweispaltig die Fragen aufgelistet. Der Übersichtlichkeit wegen, verwendet er das HTML-Textfeld und schreibt den Fragetext dort hinein. Für die drei Ant-

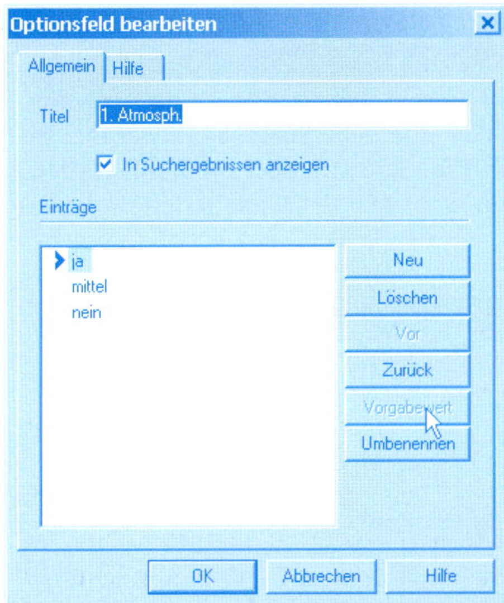

Abbildung 1: *Die Registerkarte* Optionsfeld bearbeiten

wortmöglichkeiten bietet sich eigentlich nur das Optionsfeld in der Werkzeugliste an.

Der Reihenfolge nach trägt Logik im Wechsel ein Optionsfeld und anschließend einen HTML-Text ein. Die Liste füllt sich allmählich. Im Anwendungsdesigner sieht sie zwar noch nicht besonders

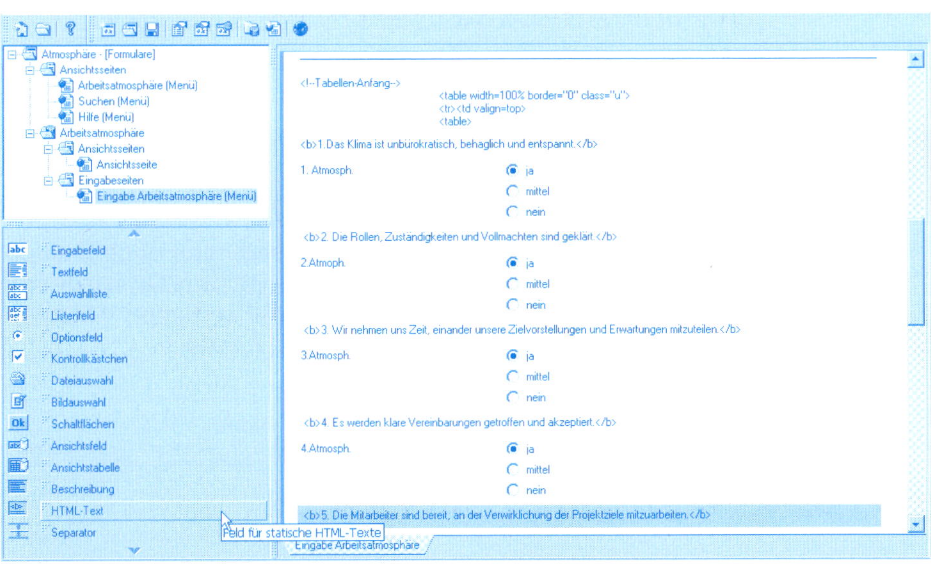

Abbildung 2: *Der Fragebogen entwickelt sich*

schick aus, aber Assistent Mario gewöhnt sich allmählich an seine Entwicklerumgebung.

Im letzten Schritt fügt Logik nach der fünften Frage per HTML-Code eine neue Spalte an, sonst müsste durch die komplette Liste im Browser extra über die Bildlaufleiste geblättert werden. Das war's! Jetzt noch der Blick in den Browser auf das vollendete Werk.

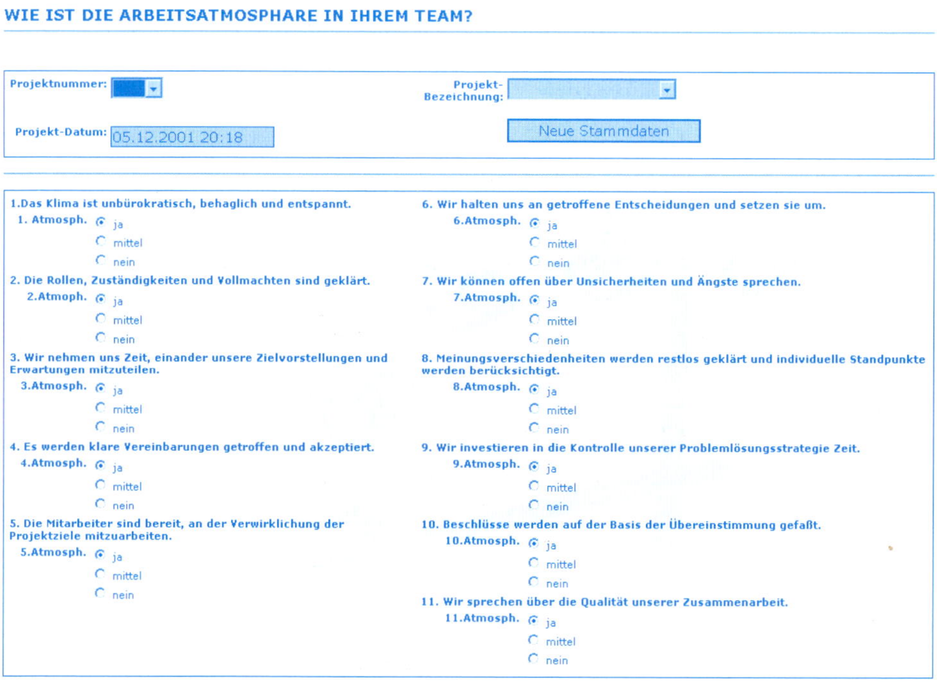

WIE IST DIE ARBEITSATMOSPHARE IN IHREM TEAM?

Projektnummer:
Projekt-Bezeichnung:
Projekt-Datum: 05.12.2001 20:18
Neue Stammdaten

1.Das Klima ist unbürokratisch, behaglich und entspannt.
1. Atmosph. ja / mittel / nein
2. Die Rollen, Zuständigkeiten und Vollmachten sind geklärt.
2.Atmoph. ja / mittel / nein
3. Wir nehmen uns Zeit, einander unsere Zielvorstellungen und Erwartungen mitzuteilen.
3.Atmosph. ja / mittel / nein
4. Es werden klare Vereinbarungen getroffen und akzeptiert.
4.Atmosph. ja / mittel / nein
5. Die Mitarbeiter sind bereit, an der Verwirklichung der Projektziele mitzuarbeiten.
5.Atmosph. ja / mittel / nein
6. Wir halten uns an getroffene Entscheidungen und setzen sie um.
6.Atmosph. ja / mittel / nein
7. Wir können offen über Unsicherheiten und Ängste sprechen.
7.Atmosph. ja / mittel / nein
8. Meinungsverschiedenheiten werden restlos geklärt und individuelle Standpunkte werden berücksichtigt.
8.Atmosph. ja / mittel / nein
9. Wir investieren in die Kontrolle unserer Problemlösungsstrategie Zeit.
9.Atmosph. ja / mittel / nein
10. Beschlüsse werden auf der Basis der Übereinstimmung gefaßt.
10.Atmosph. ja / mittel / nein
11. Wir sprechen über die Qualität unserer Zusammenarbeit.
11.Atmosph. ja / mittel / nein

Abbildung 3: *In der Browseransicht sieht der Fragebogen sehr professionell aus*

Logik fällt auf, dass er diese Art des Fragebogens im Übrigen ausgezeichnet für Checklisten jeder Art verwenden kann. Gerade im Projektmanagement lassen sich beispielsweise bestimmte Freigaben von Meilensteinen schön mit Checklisten vorprüfen.

42 Projektplanung mit verschiedenen Programmen

Vorgänge und Maßnahmen zum Projekt sind alle so detail- und termingenau wie möglich zusammengetragen. Die Inhalte sollen nun alle in Microsoft Project übertragen und dargestellt werden.

Die Aufgabe

Peter Kreativ weiß, dass Microsoft Project ein effektives Ressourcenmanagement sowie eine übersichtliche Kosten-/Terminüberwachung und das Erstellen aussagekräftiger Berichte ermöglicht. „Doch die bereits zusammengetragenen Informationen werde ich zeitsparender und sehr viel einfacher mit MindManager als mit Microsoft Project synchronisieren können“, denkt er.

Der Weg

Er nimmt seine bereits erstellte Mind Map **Praxis Termine** (siehe Seite 162) und öffnet über die Symbolleiste die Aufgabenverteilung. Er entscheidet über die Reihenfolge der Erledigungen und weist jeweils einen Verantwortlichen zu.

Die Umsetzung

In Microsoft Project lassen sich diese Ressourcen unter Verwendung von Ansichten wie Kalender und Ressource hervorragend planen und zuweisen. Die im MindManager angelegten Aufgaben kann er in die Projektdatei exportieren, um sie in Microsoft Project weiter verarbeiten zu können. Er klickt dafür jeden Ast an und vergibt Prioritäten, legt das Anfangsdatum und Fälligkeit fest. Die Ressourcen gibt er in dem dazugehörigen freien Feld an, sowie die veranschlagte Arbeitsdauer und evtl. Kategorien. So geht er Zweig für Zweig durch die gesamte Map.

Zum Einrichten der Verknüpfung zwischen der Map und einer Microsoft Project-Datei klickt Peter Kreativ im Menü auf *Datei/Synchronisieren/Mit MS Project synchronisieren*. Die gesamte Mind Map ist nun als Microsoft Project-Datei zu lesen. Alle Textnotizen, Hyperlinks etc. sind in die Datei eingearbeitet.

Peter Kreativ ist von der Funktion total begeistert und ruft sofort Mario Logik in sein Büro. Dieser kennt diese Funktion innerhalb des MindManagers noch nicht. Als er in das Büro seines Chefs kommt und die Vorführung erlebt, ist er gleich begeistert. Herr Logik ist zwar ein totaler Project Fan, doch die Möglichkeit, die ersten Planungen eines Projektes mit MindManager zu machen, überzeugt ihn.

Gedanken über den Ablauf eines Projektes, Ziele, zeitliche Eingaben usw. wurden bisher auf dem Papier, Flipchart oder Metaplan gemacht. Erst danach wurde aus den gesammelten Materialien eine Microsoft Project-Datei aufgebaut. Das war wesentlich zeitintensiver. „Die Funktion ist super“, denkt sich Logik.

Die Weisheit

„Wenn es einen Weg gibt, etwas Besseres zu machen: Finde ihn“ (Thomas Edison)

Die Map finden Sie auf der beiliegenden CD-Rom im Verzeichnis \Teil III\2.6\Praxis MindManager & Project.mmp.

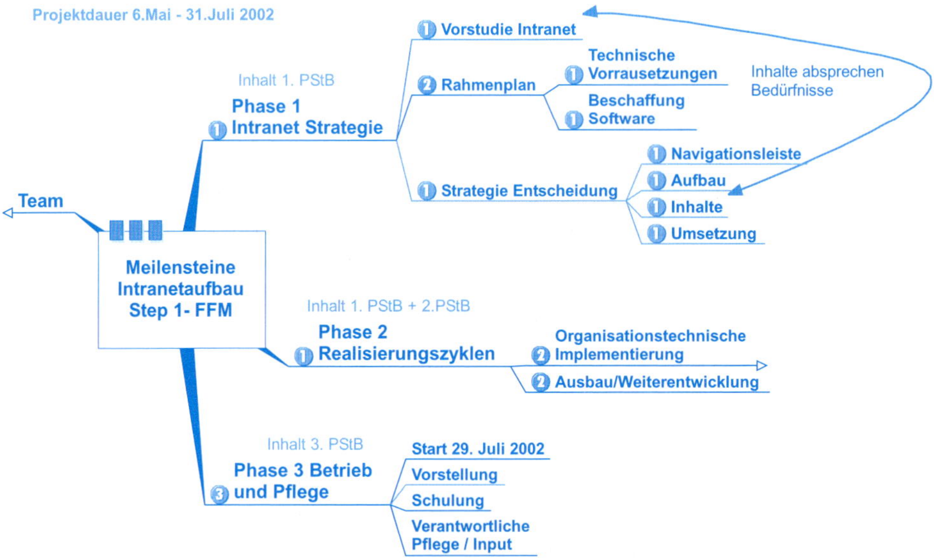

Abbildung 1: *Die Meilensteine der Mind Map lassen sich problemlos in Microsoft Project importieren*

43 MindManager und Microsoft Project im Zusammenspiel

Stärken der Programme

Als erfolgreiches und zeitsparendes Visualisierungsinstrument hilft der MindManager, Informationen rasch darzustellen und zu erfassen. Er fördert eine schnelle und dennoch ausgeprägte Problem- oder Situationsanalyse und unterstützt den Anwender bei der Strukturierung komplexer Planungs- und Organisationsaufgaben. Die Stärken des MindManagers kommen insbesondere dort zur Geltung, wo die Entwicklung neuer Ideen und kreativer Lösungen gefragt ist. Im Projektmanagement hat er in der Planungsvorbereitung ein ideales Einsatzgebiet. Die Stärken von Microsoft Project liegen in der Projektplanung und -überwachung. Microsoft Project ermöglicht effektives Ressourcenmanagement, eine übersichtliche Kosten- und Terminüberwachung und das Erstellen aussagekräftiger Berichte.

Tipp: MindManager und Microsoft Project Hand in Hand

Sehr häufig wird in der Projektmanagement-Praxis Microsoft Project verwendet. Dabei kann ein kombinierter Einsatz zwischen Microsoft Project und MindManager sehr effektiv sein. Beispielsweise kann der Projektleiter zur Planungsvorbereitung in einer individuellen Brainstormingsitzung oder in einer kreativen Teamsitzung sämtliche Ideen, Vorgänge oder Maßnahmen zum Projekt in einer Mind Map zusammentragen. Im Anschluss daran werden die gesammelten Inhalte in Microsoft Project weiterverarbeitet. Dabei sind die Programme dahingehend kompatibel, als sie den Import von externen Informationen aus dem jeweils anderen Programm erlauben.

Beispielsweise können Mind Maps als Textgliederungen exportiert werden. Über einen Automatismus werden auf Knopfdruck TXT- oder RTF-Dateien erzeugt. Da die Informationen der Zweige in der neuen Datei hierarchisch gegliedert aufgeführt werden, muss zuvor die erwünschte Zweigreihenfolge festgelegt werden. Diese ist unabhängig von der dargestellten Zweiganordnung in der Map und regelt die Nummerierung der einzelnen Gliederungspunkte. Die so erzeugte Textdatei kann dann ohne viel Arbeit in Microsoft Project importiert werden. Auch in die andere Richtung funktioniert die Zusammenarbeit zwischen den Programmen. Beispielsweise können Vorgänge in Microsoft Project in die Zwischenablage kopiert werden. Entleert man diese bei markiertem Hauptthema im MindManager, so werden sämtliche Vorgänge in Form von Zweigen eingefügt.

Die Map finden Sie auf der beiliegenden CD-Rom im Verzeichnis \Teil III\2.6\Theorie MindManager & Project.mmp.

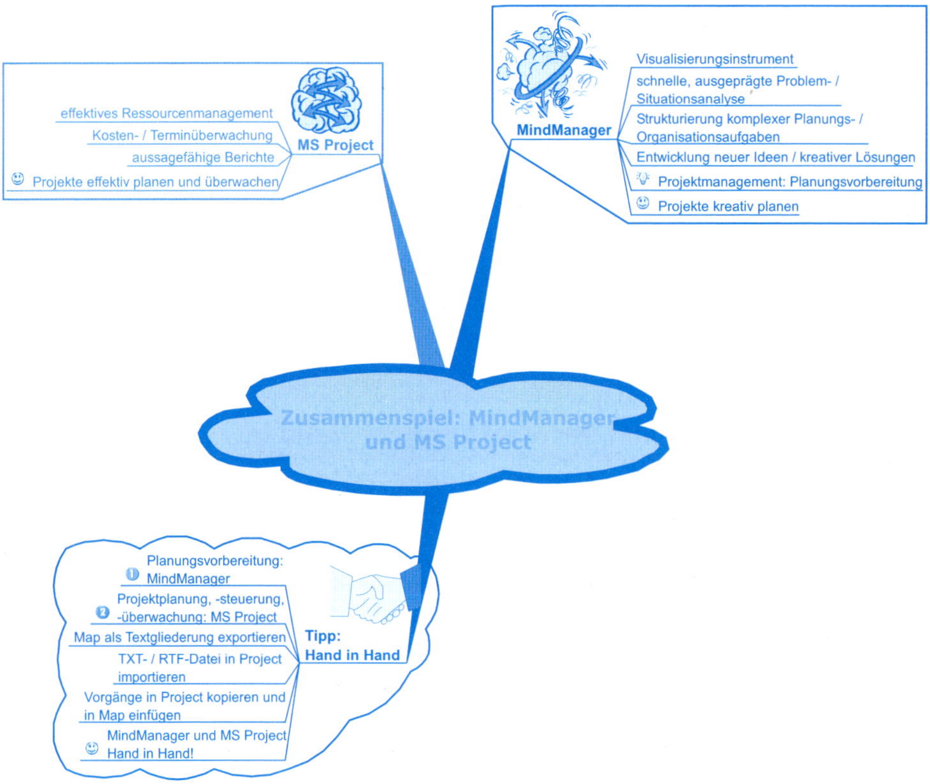

Abbildung 1: *Das Zusammenspiel von MindManager und Microsoft Project*

44 Exkurs: MindManager und Microsoft Project

MindManager und Microsoft Project – ein gutes Team

Am Anfang steht wieder einmal die Idee. Das gilt im Projektmanagement allemal; ob es nun eine komplexe Baugruppe eines technischen Geräts ist oder das Vorhaben, ein Intranet aufzubauen. Jeder Entwurf, jedes Konzept trägt zunächst eine Vielzahl von Ideen in sich, die gesammelt (z.B. in einem Brainstorming) und ausgewählt werden müssen. Erst danach folgen die Grobplanung der auszuführenden Arbeiten mit zeitlichen Vorgaben und die Präsentation bei den Entscheidungsträgern wie z.B. einem Lenkungsausschuss. Bis die Idee an Struktur gewinnt und schließlich in einem Projektplan in die eigentliche Feinplanung der Termine, Aufgaben und Ressourcen mündet, sind die Möglichkeiten des Mind Mappings hilfreich.

Von der Map in den Projektplan

Gehen wir davon aus, Sie beginnen ein neues Projekt und stehen noch sprichwörtlich vor dem berühmten weißen Blatt Papier. Sie haben die Wahl. Begeben Sie sich jetzt in eine hochkomplexe Anwendung, die Ihnen schon frühzeitig Informationen über Vorgänge abverlangt, von denen Sie noch nicht einmal wissen, ob Sie jemals stattfinden werden? Oder wählen Sie ein Tool, dass Sie bei der Informationsbeschaffung unterstützt?

Für das erste Brainstorming im Team verwenden Sie den MindManager. Jede erdenkliche Aufgabe wird in die Map eingegeben. Schrittweise organisieren Sie diese Aufgaben später, gruppieren sie neu und fügen übersehene Punkte hinzu, bis die erfassten und in eine Hierarchie gebrachten Aufgaben eine Struktur annehmen.

Ihre Map sieht inzwischen schon ganz gut aus. Sie haben das Projekt bereits übersichtlich in Phasen eingeteilt und die Hierarchie fein strukturiert. Vieles hat sich erst in den letzten Tagen der Planung genauer herausgestellt. Erst ein vorläufiger Zeitrahmen wurde Ihnen genannt. Doch haben Sie es sich nicht nehmen lassen, für jeden Zweig, hinter dem sich eine zukünftige Aufgabe verbirgt, Ihre persönlichen Schätzwerte einzugeben. Dazu hat Ihnen die Funk-

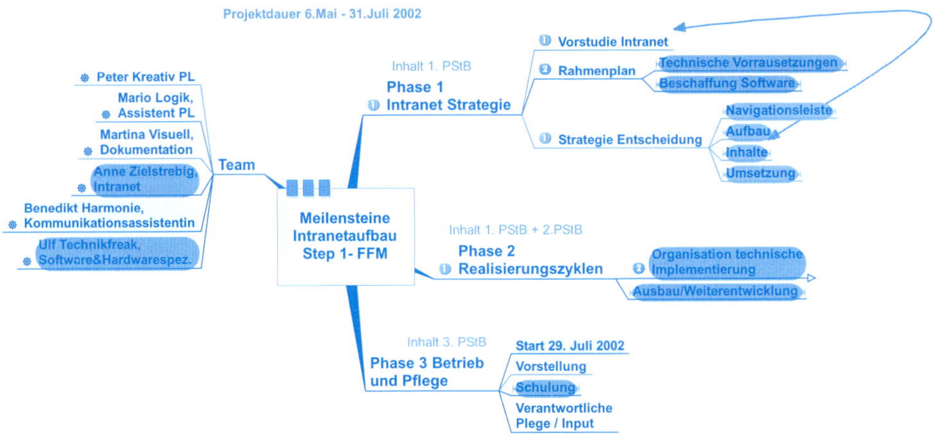

Abbildung 1: *Das Brainstorming kann zu einer komplexen Map führen*

tion *Aufgabenplanung* geholfen, die Sie über das Menü *Ansicht/Aufgabenbereiche auswählen* erreicht haben.

Jeder Vorgang ist somit schon mit einer geschätzten Dauer versehen. Das Projektteam ist zurzeit allerdings noch eher eine Wunschliste, deshalb nutzen Sie die Möglichkeit, Ressourcen den Aufgaben zuzuordnen fürs Erste noch nicht. Dennoch ist der Zeitpunkt gekommen, wo Sie die Planung gern in Microsoft Project sehen möchten.

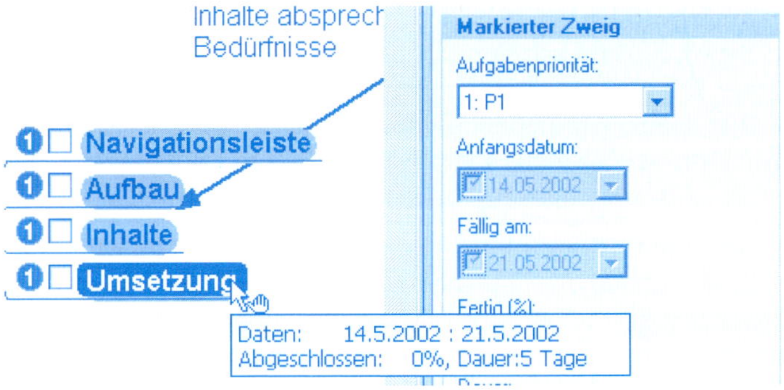

Abbildung 2: *Der Aufgabenbereich im Mind Manager*

Export in den Microsoft Project-Projektplan

Wenn Sie sich nun für den Export der aktuellen Map nach Microsoft Project entschieden haben, wählen Sie im Menü *Datei* den Befehl *Synchronisieren*. Im Untermenü klicken Sie auf *Mit Microsoft Project synchronisieren*. Wählen Sie im Dialogfeld *Import oder Export*

Abbildung 3: *Das Dialogfenster für den Import und Export von und nach Microsoft Project*

wählen die Option *Aktuelle Map in eine neue MS Project Datei exportieren.*

Über die Auswahlliste *Exportieren* stehen Ihnen grundsätzlich zwei Möglichkeiten offen. Sie können die gesamte Map oder lediglich einen Hauptzweig der Map exportieren. Belassen Sie die Grundeinstellung und bestätigen Sie mit *OK*. Sämtliche Zweige Ihrer Map werden nun in eine neue Projektdatei exportiert.

Hinweis

Sie brauchen dazu nicht Microsoft Project geöffnet zu haben. Die Daten der Map werden immer in ein neues Projekt exportiert. Der Export von Informationen in ein existierendes Projekt ist nicht möglich.

Sehen Sie sich nun in Microsoft Project Ihre neue Projektdatei an.

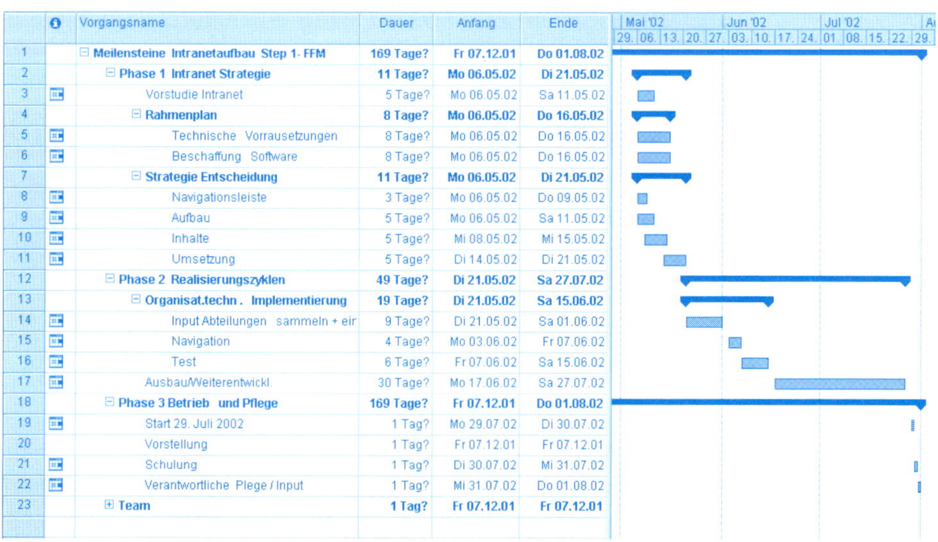

	Vorgangsname	Dauer	Anfang	Ende
1	Meilensteine Intranetaufbau Step 1- FFM	169 Tage?	Fr 07.12.01	Do 01.08.02
2	Phase 1 Intranet Strategie	11 Tage?	Mo 06.05.02	Di 21.05.02
3	Vorstudie Intranet	5 Tage?	Mo 06.05.02	Sa 11.05.02
4	Rahmenplan	8 Tage?	Mo 06.05.02	Do 16.05.02
5	Technische Vorrausetzungen	8 Tage?	Mo 06.05.02	Do 16.05.02
6	Beschaffung Software	8 Tage?	Mo 06.05.02	Do 16.05.02
7	Strategie Entscheidung	11 Tage?	Mo 06.05.02	Di 21.05.02
8	Navigationsleiste	3 Tage?	Mo 06.05.02	Do 09.05.02
9	Aufbau	5 Tage?	Mo 06.05.02	Sa 11.05.02
10	Inhalte	5 Tage?	Mi 08.05.02	Mi 15.05.02
11	Umsetzung	5 Tage?	Di 14.05.02	Di 21.05.02
12	Phase 2 Realisierungszyklen	49 Tage?	Di 21.05.02	Sa 27.07.02
13	Organisat.techn . Implementierung	19 Tage?	Di 21.05.02	Sa 15.06.02
14	Input Abteilungen sammeln + eir	9 Tage?	Di 21.05.02	Sa 01.06.02
15	Navigation	4 Tage?	Mo 03.06.02	Fr 07.06.02
16	Test	6 Tage?	Fr 07.06.02	Sa 15.06.02
17	Ausbau/Weiterentwickl.	30 Tage?	Mo 17.06.02	Sa 27.07.02
18	Phase 3 Betrieb und Pflege	169 Tage?	Fr 07.12.01	Do 01.08.02
19	Start 29. Juli 2002	1 Tag?	Mo 29.07.02	Di 30.07.02
20	Vorstellung	1 Tag?	Fr 07.12.01	Fr 07.12.01
21	Schulung	1 Tag?	Di 30.07.02	Mi 31.07.02
22	Verantwortliche Plege / Input	1 Tag?	Mi 31.07.02	Do 01.08.02
23	Team	1 Tag?	Fr 07.12.01	Fr 07.12.01

Abbildung 4: *So sieht der Mapinhalt in Microsoft Project aus*

Microsoft Project hat sämtliche Zweig-Informationen aufgenommen. Sowohl Hyperlinks als auch Textnotizen können abgerufen und verwendet werden. Dabei wurde die standardmäßige Reihenfolge der Zweige (Uhrzeigerrichtung) für die Synchronisierung ebenso beachtet wie die gesamte Hierarchie der Map einschließlich der gesetzten Prioritäten. Sämtliche Vorgänge, für die im MindManager ein Fälligkeitsdatum definiert wurde, haben automatisch die Einschränkungsart *Ende nicht früher als* erhalten. Die Mühe der sorgfältigen Aufgabenplanung im MindManager hat sich also gelohnt! Der Projektanfangstermin wurde in Microsoft Project auf das aktuelle Datum gesetzt. Speichern Sie anschließend Ihre Microsoft Project-Datei. Der Projektplan wird automatisch mit dem Namen der Map versehen und im gleichen Verzeichnis abgelegt.

Tipps

- Fertig (%) wird mit Microsoft Project synchronisiert. Beträgt dieser Wert in Microsoft Project einhundert Prozent, wird dem Zweig in MindManager bei Synchronisierung der Kode *Fertig* hinzugefügt. Bei weniger als einhundert Prozent erhält der betreffende Zweig den Kode *Nicht fertig*. Wenn der Kode *Fertig* in MindManager hinzugefügt wird, erhält die Aufgabe bei der Synchronisierung in Microsoft Project den Status einhundert Prozent erledigt. Bei Hinzufügen des Kodes *Nicht fertig* wird Fertig (%) in Microsoft Project auf null Prozent gesetzt.
- Die neun Prioritätsstufen in MindManager werden mit den entsprechenden Stufen in Microsoft Project synchronisiert. Das kann sich je nach verwendeter Version von Microsoft Project unterschiedlich gestalten.

Sie werden feststellen, dass sich auch in Ihrer Map etwas getan hat. Jeder Zweig hat ein Feld für den Status erhalten, das anfangs auf „Nicht abgeschlossen" steht. Die Felder für Dauer *Anfangstermin* und *Fälligkeit* werden nun als schreibgeschützt angezeigt. Gleiches gilt für die Kategorie *Ressourcen* der Aufgabenplanung. Sie ist nicht mehr bearbeitbar, sobald die Map einer Synchronisation mit Microsoft Project unterzogen wurde.

Die Map ist nun mit der Projektdatei verknüpft. Sie können sowohl im MindManager als auch in Microsoft Project Änderungen vornehmen und diese dann anschließend synchronisieren.

Synchronisierung „bei laufendem Betrieb"

Inzwischen haben Sie mehr Klarheit über die Ressourcenverteilung bekommen und möchten im Projektplan die Mitarbeiter einzelnen Vorgängen zuordnen. Nachdem Sie die Datei gespeichert haben, sollen nun die in Microsoft Project vorgenommenen Änderungen mit Ihrer Map synchronisiert werden. Wählen Sie dazu wiederum die Befehlsfolge *Datei/Synchronisieren*. Im Untermenü klicken Sie

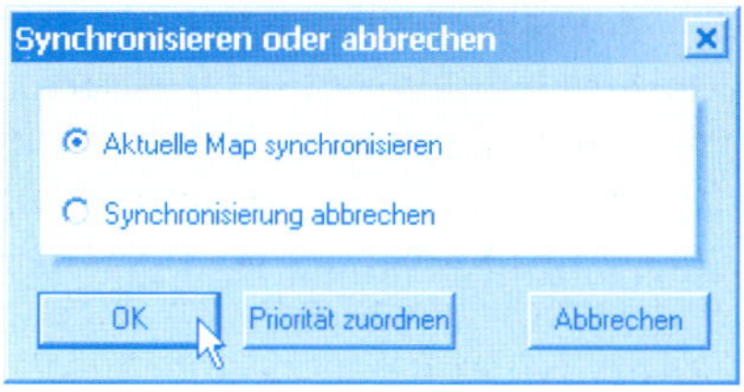

Abbildung 5: *Das Dialogfeld* Synchronisieren oder abbrechen

auf *Mit Microsoft Project synchronisieren.* Es erscheint nun das Dialogfeld *Synchronisieren oder Abbrechen.*

Bestätigen Sie mit OK und verfolgen Sie anschließend die Änderungen in Ihrer Map. Sie stellen fest, dass Microsoft Project glücklicherweise trotz des Schreibschutzes in der Mind Map noch Zugriff auf das Feld *Ressource* hat. Sämtliche Ressourcen werden in der Map zugeteilt. Verfahren Sie mit sämtlichen Änderungen auf die gleiche Weise.

Sollten Sie im Laufe des Projekts einmal versehentlich gleichzeitig an beiden Dokumenten Änderungen vorgenommen haben und diese in der Zwischenzeit gespeichert haben, weist MindManager Sie auf den Konflikt hin.

Ein Konflikt entsteht dann, wenn eine einzelne Aufgabe in beiden Dateien geändert wurde. Entscheiden Sie in diesem Fall, mit welcher der drei angebotenen Optionen der Konflikt gelöst werden soll.

Wichtig

Sobald eine verknüpfte Microsoft Project-Datei verschoben wird (ihr Pfad sich also ändert), schlägt eine Synchronisierung fehl. Es wird eine Fehlermeldung angezeigt. Sie müssen daraufhin unter Verwendung der Schaltfläche *Durchsuchen* den neuen Speicherort

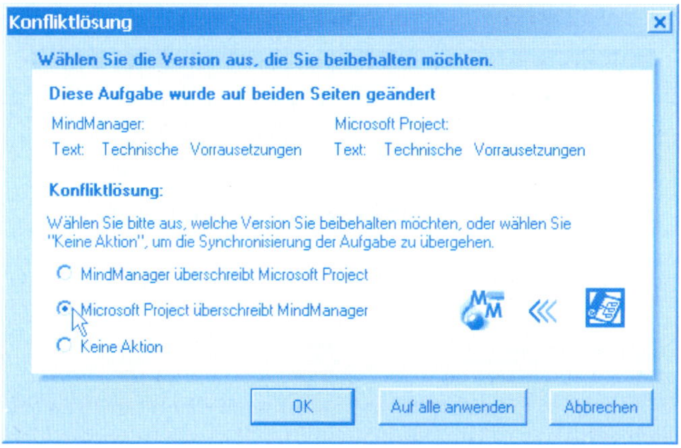

Abbildung 6: *Die Konfliktlösung mit MindManager*

der Microsoft Project-Datei angeben. Die Synchronisierung kann grundsätzlich nur mit der ursprünglichen Datei erfolgen.

Hinweis Bereits vorgenommene Änderungen werden nicht rückgängig gemacht. Im Master-Modus des MindManagers überschreibt die Master-Anwendung immer die Daten der anderen Anwendung.

Vom Projektplan zurück in die Map

Möchten Sie den umgekehrten Weg wählen und einen bereits in Microsoft Project erstellten Plan im MindManager anzeigen? Dann wählen Sie den gleichen Befehl wie beim Export *Mit Microsoft Project synchronisieren*. Entscheiden Sie sich für den *Import* und wählen Sie über die Schaltfläche *Durchsuchen* die gewünschte Microsoft Project-Datei aus. Der Import von Microsoft Project zur Map verläuft ebenso reibungslos wie schon der Export zuvor. Sämtliche in Microsoft Project definierten Werte können im MindManager geprüft werden.

Hinweis Die Daten aus Microsoft Project werden dabei nicht in eine vorhandene offene Map importiert, sondern es wird eine neue Map angelegt.

Nutzen Sie die völlig unterschiedlichen Sichtweisen und Methoden beider Instrumente zur Projektplanung. Sie können problemlos zwischen Microsoft Project und MindManager „im laufenden Betrieb" wechseln. Das ermöglicht Ihnen das Pflegen der Daten von beiden Seiten aus, ohne einen zusätzlichen manuellen Abgleich vornehmen zu müssen. Profitieren Sie damit von den besten Funktionen beider Programme.

Den Inhalt des Exkurses als Map finden Sie auf der CD-Rom im Verzeichnis \Teil III\2.6\Exkurs Project.mmp.

45 Fallstrick Mehrprojekttechnik

Die Aufgabe

Die Geschäftsleitung startet parallel zum Laufenden ein weiteres Projekt. Die EDV-Abteilung soll in zwei Wochen umziehen. Im Erdgeschoß wurde der gesamte rechte Flügel umgebaut. Dort soll nun der IT-Bereich angesiedelt werden. Das bedeutet für das Projekt Information Office Frankfurt eine massive Änderung der Ressourcen, denn die beiden Projektmitglieder Frau Zielstrebig und Herr Technikfreak werden dringend abgerufen und in der Umzugsphase für den IT-Bereich eingesetzt.

Die Aufgabe besteht darin, die Ressourcen zentral zu verwalten, zu steuern und zu kommunizieren.

Der Weg

Peter Kreativ wusste bereits zu Beginn seines Projektes, dass in dem Zeitraum von Mai bis Juli eventuell der Umzug der IT-Abteilung ansteht. Er hatte riskanterweise darauf gehofft, dass, wie üblich, die Umbauarbeiten nicht rechtzeitig fertig werden würden. Aber wie der Teufel so will, haben sich hier die Bauarbeiter fast überschlagen vor Eifer. „Wieder ein Problem mehr", denkt Kreativ.

Allerdings hat das Ganze auch positive Seiten. Die IT-Abteilung gewinnt durch den Umzug neue technische Möglichkeiten, besonders mit dem neuen leistungsstarken Server und der gesamten Technik wird ein effektiveres Arbeiten möglich sein. Das kommt natürlich auch der Umsetzung des Projektes „Information Office" zugute – nur der Zeitpunkt ist halt nicht gerade ideal für den armen Peter Kreativ.

Die Weisheit

„Oft genug gibt es zwei Wahrheiten – eine die uns gefällt und eine die uns verfolgt." (Art van Reyen)

Die Umsetzung

Hubert Kommando ist als oberste Instanz für die Mehrprojektplanung verantwortlich und behält die Gesamtsituation im Auge. Er hat als Projektleiter für das Projekt *Umzug IT* den Kollegen Roland Zukunft (Abteilungsleiter IT) bestimmt. Alle Informationen/Planungen etc. über beide Projekte laufen bei Herrn Kommando zusammen. Er legt besonderes Augenmerk auf die reibungslose und gut funktionierende Kommunikation zwischen den beiden Projektleitern sowie auf die Koordination von Terminen und Aufgaben.

Die gute Zusammenarbeit und die Teamfähigkeit der Projektleiter sind bei parallel laufenden und auf ähnliche Ressourcen zurückgreifenden Projekten ausschlaggebend. Nur so können beide Projekte miteinander harmonieren.

46 Das Instrument Mehrprojekttechnik

Was verstehen wir unter Mehrprojekttechnik?

Unter Mehrprojekttechnik verstehen wir die gleichzeitige Verwaltung mehrerer Teilprojekte. Die Notwendigkeit hierzu kann durch die Komplexität einzelner Projekte oder durch die mangelnde Übersicht bei parallel durchzuführenden Projekten entstehen. Die gemeinsame Verwaltung paralleler Projekte ist umso ratsamer, je intensiver die Abhängigkeiten zwischen den Projekten sind. Bei sehr umfangreichen Projekten ist es oftmals hilfreich, sie in Teilprojekte zu zerlegen und diese separat zu bearbeiten.

Wie bei der Einzelprojektplanung müssen auch bei der Mehrprojektplanung Termin- und Ressourcenkonflikte gelöst werden. Ressourcen werden dabei in einem gemeinsamen Ressourcenpool verwaltet. So ist die Ressourcenverfügbarkeit des Gesamtunternehmens bzw. des jeweiligen Unternehmensbereichs transparent und Überlastungen können frühzeitig festgestellt und ausgeglichen werden. Oft werden die Daten der (Teil-) Projekte in einem übergeordneten Gesamtprojekt zusammengeführt, sodass für die Gesamtheit der Projekte ein kritischer Pfad ermittelt werden kann.

Tipps zur Umsetzung

Eine informationstechnische Umsetzung der Mehrprojekttechnik erfolgt im Führen mehrerer Projektdateien. Diese werden von verschiedenen Projektmitarbeitern bearbeitet und verwaltet. Sie werden in einem übergeordneten Dokument zusammengeführt. Wichtig ist eine zentrale Verwaltung des Ressourcenpools. Er sollte an nur einer Stelle im Unternehmen gepflegt werden.

Der einzelne Projektleiter nimmt nach wie vor Aufgaben der Einzelprojektplanung wahr. Hierzu gehören Team-Zusammenstellung, Budgetüberwachung oder das Melden von Planabweichungen im eigenen Projekt. Den Projektleitern übergeordnet befindet sich eine weitere Instanz (z. B. auf Unternehmensführungsebene), die für die Mehrprojektplanung verantwortlich ist und die Gesamtbelastung des Unternehmens oder Bereiches im Auge behält. Die Planung von Personal und von Maßnahmen zur Personalentwicklung gehört ebenso zu diesen übergeordneten Aufgaben wie die Weitergabe von Terminbestätigungen an die Projektleiter.

Kommunikationsbereitschaft und -fähigkeit zwischen den Projektbeteiligten sind Grundvoraussetzungen einer funktionierenden Projektarbeit. Dies gilt umso mehr in Anbetracht der Tatsache, dass bei der Anwendung der Mehrprojekttechnik im Vergleich zur Einzelprojekttechnik mehr Leute „mitreden" dürfen. Auch hier wird das Klima in Gruppe und Bereich stark durch die Projektverantwortlichen geprägt. Es ist auf einen offenen, kooperativen und teamorientierten Führungsstil zu achten.

Die Map finden Sie auf der beiliegenden CD-Rom im Verzeichnis \Teil III\3.1\Theorie Mehrprojekttechnik.mmp.

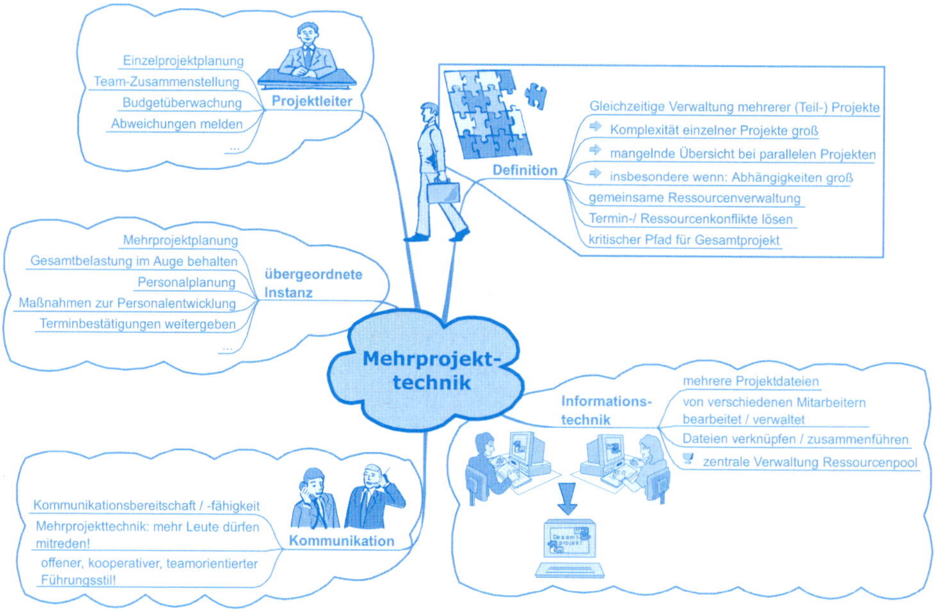

Abbildung 1: *Parallele Projekte werden mit der Mehrprojekttechnik effektiv organisiert*

47 Mehrprojekttechnik und Ressourcenplanung

Beim Thema Mehrprojekttechnik muss Logik unwillkürlich an das Thema Ressourcenpool denken. Eines kommt ab einer gewissen Größenordnung meist nicht ohne das andere aus. Selbst mit einer professionellen Projektplanungssoftware wie zum Beispiel Microsoft Project ist die komplexe Mehrprojekttechnik samt gemeinsamem Ressourcenpool kein Kinderspiel. Ohne weiteres lässt sich mit Hilfe von Intrexx diese Aufgabe erst recht nicht lösen.

Mario Logik hat inzwischen die Anwendung Projektmanagement gut studiert. Eine Möglichkeit der Multiprojektplanung haben die Softwareentwickler offenbar noch nicht vorgesehen. Die komplexe Anwendungsvorlage ist zunächst nur für ein Projekt ausgelegt. Natürlich lassen sich zusätzlich beliebig viele Anwendungen für weitere Projekte und ergänzende Formulare erstellen. Das allein ist jedoch noch längst kein funktionstüchtiges Multiprojektmanagement. Würde Logik es schaffen, die Projekte miteinander zu verknüpften, wäre ein erster Schritt getan. Er spielt einige Varianten durch.

Ein Ansatz wäre, eine Art Masterplan zu erstellen. Je nach Sichtweise müssten darin entweder sämtliche Projektsammelvorgänge in groben Vorgängen vorkommen oder es müssten sämtliche Ressourcen, die in Projekten verplant sind, als projektübergreifende Vorgänge erfasst werden. Da es Peter Kreativ um die Kapazitäten und Auslastung der Ressourcen geht, ist in diesem Fall eine Ressourcenansicht gewünscht, schlussfolgert Logik. Einen solchen Plan anzulegen ist kein Problem, denkt sich Logik. Doch muss der Plan auch automatisch mit den aktuellen Daten gefüttert werden.

Das größte Problem sieht Logik jedoch darin, dass der Aufwand, diesen Plan zu pflegen und zu überwachen, schon bei nur wenigen parallel laufenden Projekten immens wäre. Die Daten manuell einzupflegen, wäre nicht besonders fortschrittlich und widerspräche zudem allen Ansätzen und Zielen des Intranets. Mario Logik möchte sich gleich morgen mit Ulf Technikfreak treffen. Der wird ihm mit Sicherheit einen *Externen* nennen können, der ihm seine Wünsche in die Tat umsetzt. Möglich ist alles! Du musst nur die Zeit haben oder jemanden, der es für dich macht.

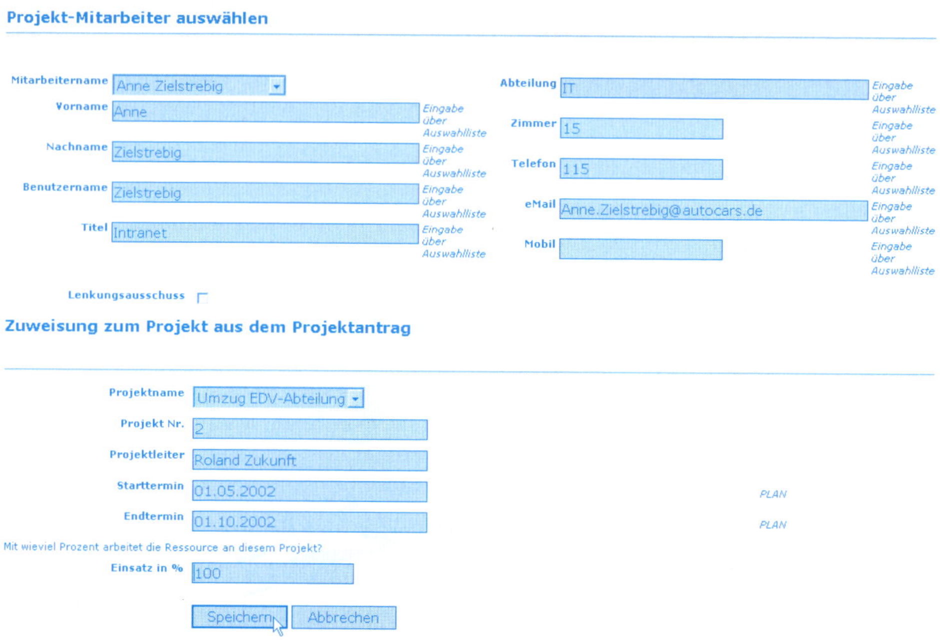

Abbildung 1: *Auswahlliste Projektmitarbeiter*

Damit aber Peter Kreativ sofort ein kleines Formular zur projektübergreifenden Ressourcenzuordnung bekommt, setzt Logik sich schnell an den Rechner und probiert einen kleinen Trick aus. Er erstellt eine neue Anwendung, die auf den vorhandenen Datensatz der Mitarbeiterstammdaten zugreifen soll. Im ersten Schritt wird der Mitarbeiter über eine Auswahlliste selektiert. Danach soll er dem bereits angelegten Projekt zugeordnet werden.

Ist die Verknüpfung einmal hergestellt, wird die zugeordnete Ressource in die Projektmitarbeiterliste aufgenommen. Dort lässt sich dann zumindest für den Projektleiter sehen, an welchen Projekten die Mitarbeiter eventuell gleichzeitig arbeiten. Auf einen Blick lässt sich ebenso prüfen, ob die Arbeiten einzelner Mitarbeiter sich zeitlich überschneiden und damit Ressourcenkonflikte entstehen können.

Am Beispiel der stets überlasteten Anne Zielstrebig macht Logik die Probe aufs Exempel. Er weist sie in seiner neuen Anwendung beiden bislang im System erfassten Projekten zu. Die Stammdaten für Anne Z. und für die beiden Projekte werden automatisch ausgefüllt. Einzig die Auslastung in % muss noch eingetragen werden. Sollte die Projektdauer recht lang sein oder die Abstimmung detaillierter vorgenommen werden, können die Termine der Aufgaben selbst zum Vergleich hinzugefügt werden.

Ressourcenübersicht: Alle Projekte

Benutzername	Projektname	Projekt Start	Projekt Ende	Aufgabe Start	Aufgabe Ende	Einsatz in %
Zielstrebig	Intranetaufbau	01.05.2002	30.07.2002			100
Zielstrebig	Umzug EDV-Abteilung	01.05.2002	01.10.2002			100

Abbildung 2: *Ressourcenübersicht: Alle Projekte*

Nach dem Speichern kann in der nach Mitarbeitern sortierten Ressourcenliste schnell eine Überlastung wie in diesem Fall erkannt werden. Mario Logik ist vollends zufrieden, auf die Schnelle eine kleine Hintertür des komplexen Systems Ressourcenpool gefunden zu haben.

48 Pi mal Daumen? Die Schätzmethodik

Die Aufgabe

Das Projekt befindet sich in einer kritischen Phase. Durch die vierzehn Tage Verzug steigen die Kosten unverhältnismäßig an. Das gesamte Team ist im Moment derart mit sich und der Umsetzung der Ideen beschäftigt, dass die Notwendigkeit übersehen wird, den bisherigen Zeit- und Kostenschätzungen Rechnung zu tragen. Die Aufgabe von Peter Kreativ ist es nun, die notwendigen Korrekturen durchzuführen und das Schiff wieder in die richtige Richtung zu lenken.

Der Weg

Die Wichtigkeit der Projektdokumentation wird nun sehr deutlich. Peter Kreativ möchte dringend eine gemeinsame Datenbank für die Dokumentation ähnlicher Projekte anlegen.

Die Umsetzung

Noch aus Studienzeiten besteht ein freundschaftlicher Kontakt zu Kreativs früherem Mentor und Professor Prof. Dr. Dr. Weißich. Dieser ist zwar mittlerweile im Ruhestand, doch er hält immer noch Gastbeiträge an der Universität und ist, was Projektplanung und Marktstrategien betrifft, noch immer eine Quelle des Wissens.

Das schätzt Kreativ sehr und er freut sich jedes Mal auf einen interessanten Abend mit dem alten Herrn. Schon beim letzten Treffen schlug Weißich vor, bei Bedarf den Hörsaal mal in Kreativs Firma zu verlegen und zu bestimmten Themen vor seinem Team einen Kurzvortrag zu halten. Etwa „Schätzmethodiken – Notwendigkeiten und Erfolge“. „Das wäre jetzt genau das Thema, zu dem meine Pappenheimer etwas wissen sollten“, denkt Kreativ.

Ein kurzes Telefonat mit Prof. Weißich und der Termin des Vortrages steht. Für das Team ist es eine gelungene Abwechslung, von einer projektfremden Person neue Impulse zu empfangen, neue Gedanken und Ideen zu erhalten.

Die Weisheit

„Dieselbe Arbeit unter denselben Bedingungen wird von zehn Schätzern unterschiedlich geschätzt werden. Oder von einem Schätzer unterschiedlich zu zehn verschiedenen Zeitpunkten.“

49 Die Schätzmethodik richtig einsetzen

Was verstehen wir unter Schätzen?

Unter Schätzen verstehen wir das Ermitteln eines optimalen Ergebnisses auf der Grundlage von Erfahrungswerten und logischen Überlegungen. Schätzen heißt also weder „Wissen" noch „Raten". Das richtige Einschätzen von Kosten, Dauer oder Arbeitseinsatz ist ein Kernproblem des Projektmanagements. Die Kunst des Schätzens besteht darin, einen realistischen Wert zu erhalten. Voraussetzungen für diese Realitätsnähe sind Expertenwissen und Erfahrungswerte. Hier wird die Wichtigkeit der Projektdokumentation deutlich. Es gilt, Erfahrungen zu sammeln und diese schrittweise zu verfeinern. Auch das Anlegen einer gemeinsamen Datenbank für die gleichzeitige Dokumentation ähnlicher Projekte ist empfehlenswert.

Blick in die Praxis

Zur Aufwandschätzung von Projekten wird häufig das so genannte Analogieverfahren eingesetzt. Seine Ergebnisse sind oft Basis für Budgetberechnungen oder dienen der Projektlegitimation. Das mitunter als Daumenmethode bekannte Verfahren ermöglicht pauschale Rahmenschätzungen durch den Rückgriff auf Erfahrungen aus ähnlichen Projekten. Hier liegt bereits ein Nachteil dieser Methode verborgen. Durch ihren Vergangenheitsbezug lässt sie sich nur für ähnliche Projekte und kaum für neuartige Lösungen einsetzen. Voraussetzung für ihren Einsatz ist das Vorliegen und die Pflege einer Projekthistorie.

Auch die Function-Point-Methode ist in der Projektmanagement-Praxis sehr beliebt. Sie wird häufig im Rahmen großer Softwareentwicklungsprojekte eingesetzt. Durch Ermittlung und Bewertung einzelner Geschäftsvorfälle werden so genannte Function Points ermittelt, die gewichtet mit Einflussfaktor-Werten als Grundlage für die Aufwandsermittlung in Personenmonaten dienen.

Exkurs: Grundlagen Statistik

Um Aussagen über die Güte von Schätzungen zu machen, ist der Einsatz statistischer Verfahren unerlässlich. Das wohl bekannteste Maß der deskriptiven Statistik ist der Mittelwert. Der im Sprachgebrauch auch als Durchschnittswert bekannte Kennwert wird ermittelt durch Summierung aller Einzelwerte einer Zahlenreihe dividiert durch die Anzahl ihrer Werte. Der Mittelwert der Reihe 3, 3, 6, 6, 9 lautet dann 27/5 oder 5,4. Dabei liegt ein Teil der Werte aus der Zahlenreihe unterhalb, ein anderer oberhalb des Mittelwertes. Maße für die Streuung der Zahlenwerte um den Mittelwert sind Varianz und Standardabweichung. Der Variationskoeffizient ergibt sich durch Division der Standardabweichung durch den Mittelwert und ist sozusagen die in „Mittelwertseinheiten" ausgedrückte Standardabweichung.

Die Map finden Sie auf der beiliegenden CD-Rom im Verzeichnis \Teil III\3.2\Theorie Schätzmethodik.mmp.

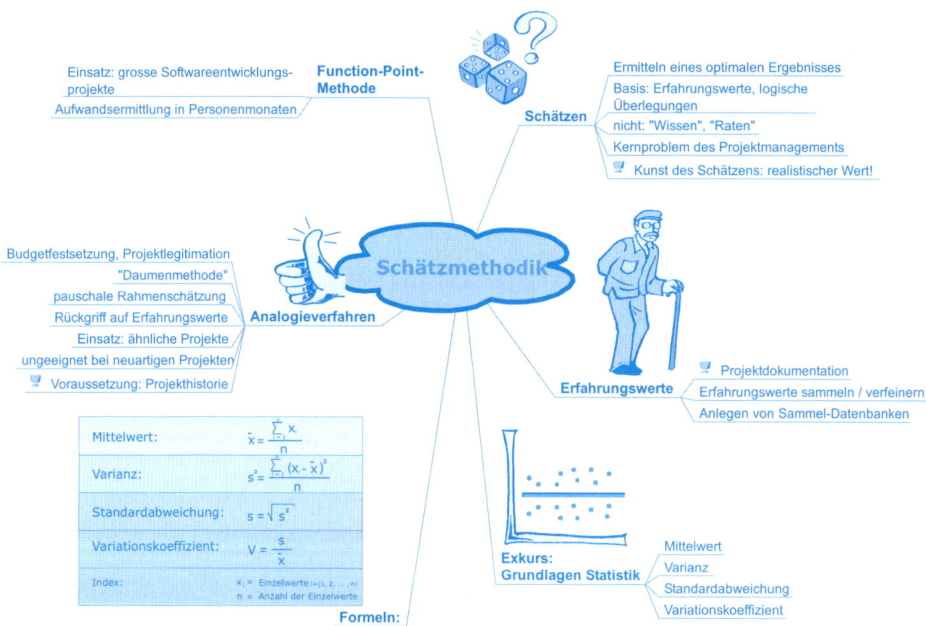

Abbildung 1: *Pi mal Daumen ist nicht immer die richtige Planungsmethode*

50 Der Rettungsanker: Motivation

Die Aufgabe

Das Team hat zwar durch den Vortrag von Professor Weißich einen neuen Kick bekommen, aber nach dem kurzen Hoch kommt wieder eine lange Durststrecke. Die Stimmung ist nicht gut und das Projekt droht an fehlender Motivation zu scheitern.

Der Weg

Peter Kreativ macht sich Gedanken, wie er sein Team motivieren kann. Über das Feedback, welches er über den elektronischen Kummerkasten bekommt, hat er einen ziemlich detaillierten Stimmungsüberblick. Erst heute Morgen hatte er in seiner Tageszeitung einen interessanten Bericht über Sorgen im Alltag gelesen. Die Redakteurin zitierte folgenden Spruch:

Die Weisheit

„Dass die Vögel der Sorgen und des Kummers über deinem Haupte fliegen, kannst du nicht ändern. Aber dass sie Nester in deinem Haar bauen, das kannst du ändern."

Peter Kreativ beschließt den „Nestbau" zu verhindern. Er will einen gemeinsamen Abend arrangieren, an dem alle Teammitglieder eingeladen sind, um einmal ohne den Projektdruck beisammen zu sitzen. Peter Kreativ ist davon überzeugt, dass sein Team an diesem Abend das wichtige Stück zusammenrückt, das für alle notwendig ist, um das Projekt zu Ende zu führen.

Die Umsetzung

Er lässt seinen Gedanken freien Lauf und so entsteht Stück für Stück eine ganz besondere Mind Map, die so gar nichts mit den üblichen Maps des Projektmanagement zu tun hat.

Er möchte sein Team zu einem ganz besonderen Italiener einladen. Er bringt die italienischen Farben als Zweigfarben ein und sucht die passenden Symbole aus. Das Ganze würzt er mit freien Texten. Es entsteht eine rundherum tolle Einladungs-Map.

Da die Map etwas Besonderes ist, will er sie nicht wie üblich mailen, sondern den Kollegen persönlich überreichen. Hierzu besorgt er schönes Büttenpapier und legt der Einladung auch noch eine Danksagung als Map bei. Schon bei der Übergabe der Einladung schwappt ihm eine Welle positiver Reaktionen entgegen. Alle freuen sich auf den bevorstehenden Ausflug. Die Idee zeigt erste Wirkung.

Die Maps finden Sie auf der beiliegenden CD-Rom im Verzeichnis \Teil III\3.3\Praxis Einladung.mmp und Praxis Danke.mmp.

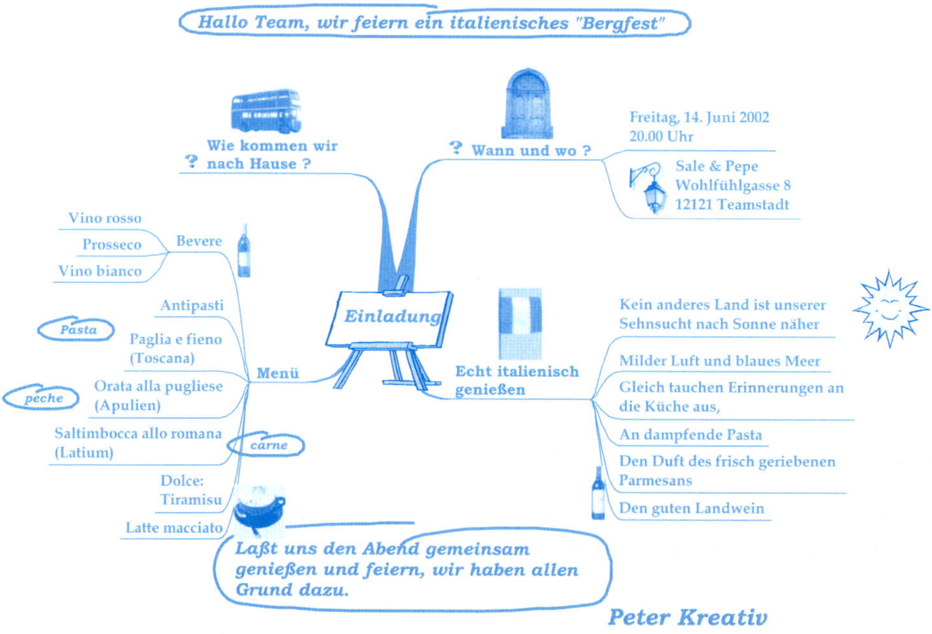

Abbildung 1: *Ein Bergfest für das Projekt ist eine tolle Idee*

51 Motivation als Führungsinstrument

Was verstehen wir unter Motivation?

Unter Motivation verstehen wir das Wirksamwerden eines Motivs bzw. das Streben des Menschen, einen empfundenen Mangelzustand zu beseitigen.

Einen Grundstein für die humanistische Psychologie legte Abraham H. Maslow[1] mit seinem motivationstheoretischen Ansatz. Hiernach ist Motivation das Streben nach Bedürfnisbefriedigung. Maslow geht davon aus, dass der Mensch durch zwei Arten von Bedürfnissen beeinflusst wird: durch Defizit- und Wachstumsbedürfnisse. Es liegt eine hierarchische Struktur vor, die Maslow wie folgt unterteilt: Physiologische Bedürfnisse, Sicherheitsbedürfnisse, Soziale Bedürfnisse, Achtung und Wertschätzung und Selbstverwirklichung. Dabei wirkt immer das momentan unbefriedigte Bedürfnis als Motivator. Erst mit seiner Befriedigung erlischt die Motivationswirkung und das nächst höhere Bedürfnis kann in Erscheinung treten.

Tipps für den Projektleiter

Natürlich ist diese Einteilung idealtypisch und kann nicht schematisch angewandt werden. Dennoch können aus ihr hilfreiche Tipps und Handlungsanweisungen abgeleitet werden. Um Mitarbeiter zu besseren Leistungen zu motivieren, müssen bereits im Vorfeld Grund-, Sicherheits- und soziale Bedürfnisse befriedigt sein. Hierzu gehören ein angemessenes Entgelt, ein gutes Arbeitsklima oder Möglichkeiten zur sozialen Interaktion. Als ungerecht empfundene Gehaltsunterschiede oder Über- bzw. Unterforderung des Mitarbeiters beeinträchtigen seine Motivation. Auch der willkürliche Machtgebrauch oder Machtmissbrauch durch den Vorgesetzten sowie Warnungen vor Entlassungen wirken in der Regel demotivierend.

---

[1] vgl. Abraham H. Maslow: Motivation and Personality; Harper & Row; New York 1954

Erkennen Sie den Mitarbeiter und seine Leistungen an und wecken Sie sein Verantwortungs- und Zugehörigkeitsgefühl. Dies kann beispielsweise durch seine Mitwirkung an Entscheidungen und Problemlösungen, durch Zielsetzung und -vereinbarung oder durch seine Beteiligung am Unternehmenserfolg geschehen. Auch auf Teams wirkt die Artikulierung von Anforderungen und die Vereinbarung von Gruppenzielen meist leistungssteigernd. Nutzen Sie das Motivations-Thermometer (siehe Abbildung), um Ihre Mitarbeiter einzustufen und Schwachstellen zu fördern.

Die Map finden Sie auf der beiliegenden CD-Rom im Verzeichnis \Teil III\3.3\Theorie Motivation.mmp.

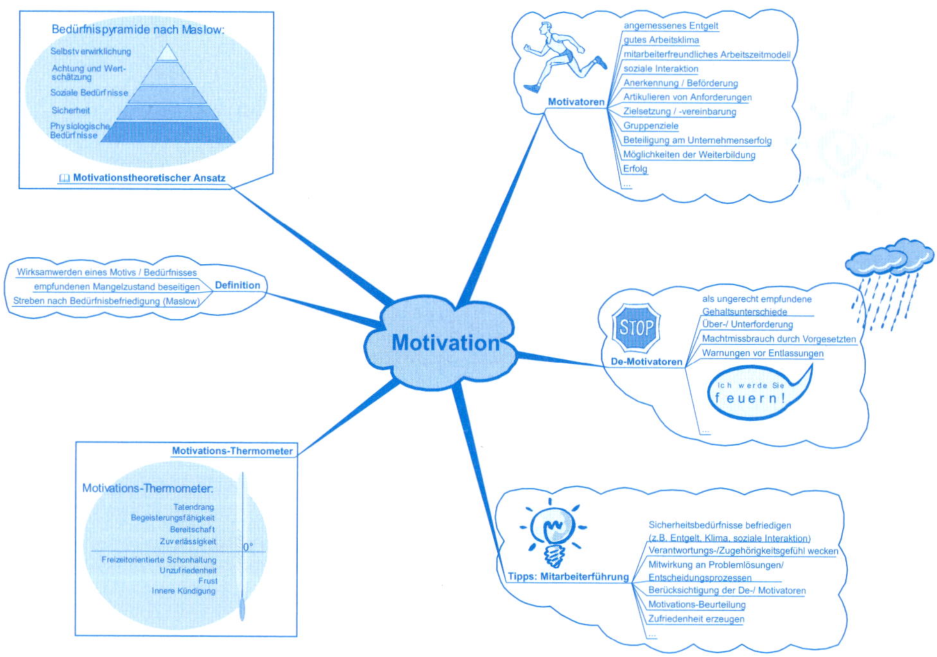

Abbildung 1: *Motivation ist ein entscheidender Erfolgsfaktor*

52 Exkurs Word

Ein wichtiger Partner des Mind Managers ist Microsoft Word. Auch heute noch wird ein Großteil der Dokumentation und schriftlichen Kommunikation mit Hilfe dieses Office-Programms erledigt. Daher ist eine Kompatibilität der beiden Programme unabdingbar. In MindManager Business und MindManager Enterprise lassen sich entsprechend strukturierte Dokumente aus Microsoft Word importieren und in Maps umwandeln. In diesem Exkurs geben wir Ihnen einen Einblick über die verschiedenen Möglichkeiten, die sich bieten.

Textausgabeformat einstellen

Stellen Sie sich vor, Sie haben während eines Meetings eine Mind Map als Besprechungsprotokoll erstellt. Um dieses Protokoll nun sinnvoll nach Word zu exportieren, müssen Sie zunächst einige Einstellungen vornehmen. Hierzu gehen Sie im Menü *Format* auf die Option *Textausgabe*. Es öffnet sich das Dialogfenster *Textausgabeformat.*

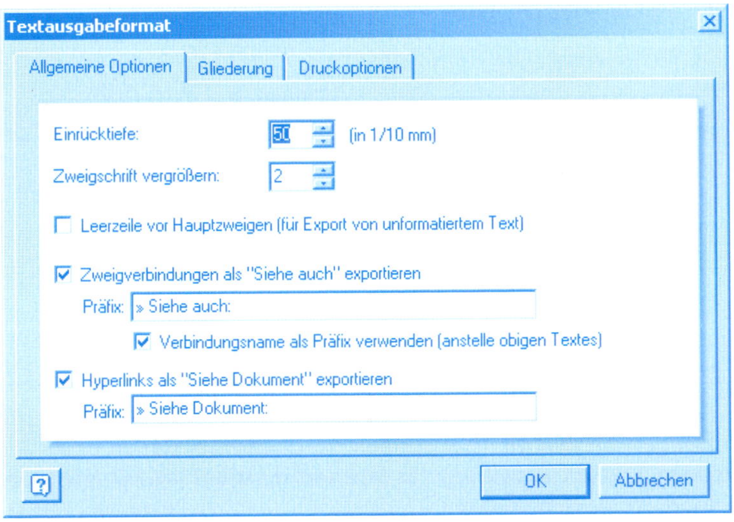

Abbildung 1:
Das Dialogfenster Textausgabeformat *für die Exportformatierung*

Allgemeine Optionen

In der Registerkarte *Allgemeine Optionen* können Sie einstellen, wie tief die Einrücktiefe von exportierten Unterzweigen sein soll und ob Leerzeilen beim Export von unformatierten Texten eingefügt werden sollen. Ebenso können Sie definieren, wie Zweigverbindungen angezeigt werden und welches Element vor dem Zweignamen stehen soll. Die Standardeinstellung ist *Siehe auch*. Sie können jedoch auch einen anderen voranzustellenden Text wählen und in das Textfeld eingeben. Auf dieselbe Weise können Sie das Präfix für Hyperlinks festlegen. Die Standardeinstellung ist *Siehe Dokument*. Auch hier können Sie einen anderen voranzustellenden Text in das Textfeld eingeben. Wenn Sie für exportierte Zweige oder Hyperlinks kein solches Präfix verwenden möchten, deaktivieren Sie die bzw. das entsprechende Kontrollkästchen.

Gliederung

Mit Hilfe der Steuerelemente in der Registerkarte *Gliederung* können Sie das Format der Textgliederung definieren. Das Register besteht aus zwei Teilen: Im rechten Bereich wird in einer Vorschau angezeigt, wie sich Ihre Gliederung bei Wahl der Einstellungen auf der linken Seite ändert.

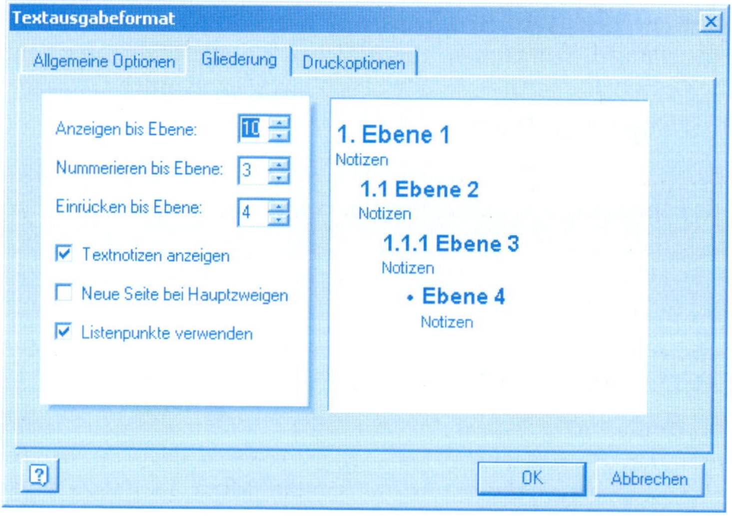

Abbildung 2: *Die Registerkarte* Gliederung

Folgende Einstellungen können Sie vornehmen:

Anzeigen bis Ebene: Hier können Sie die Anzahl der zu exportierenden Ebenen auswählen. Es können maximal 40 Zweigebenen exportiert werden.

Nummerieren bis Ebene: Mit dieser Option können Sie Nummern vor den Zweignamen hinzufügen und festlegen, welche Zweigebenen nummeriert werden sollen. Wenn Sie lediglich Nummern für die Überschriften der ersten Ebenen einfügen möchten, wählen Sie im Bereich *Nummerieren bis Ebene* den Wert 1. Wenn Nummerierungen auf Ebene 2 angezeigt werden sollen, wählen Sie für diese Option den Wert 2 usw.

Hinweis

Wenn Sie in der Map bereits die Äste nummeriert haben (über *Format/Toolkit*), erfolgt in der Textausgabe eine doppelte Nummerierung. Um dies zu vermeiden sollten Sie die Nummerierung innerhalb der Map mit dem Toolkit einfach entfernen.

Einrücken bis Ebene: Hier legen Sie den Abstand des Zweigs und des Textes vom linken Seitenrand fest.

Textnotizen anzeigen: Mit dieser Option können Sie festlegen, ob Textnotizen in den Export einbezogen oder beim Export ignoriert werden sollen.

Listenpunkte verwenden: Mit Hilfe dieser Einstellung bestimmen Sie, ob Listenpunkte in den Export einbezogen oder beim Export ignoriert werden sollen.

Neue Seite bei Hauptzweigen: Bei Wahl dieser Option wird beim Export nach den Hauptzweigen jeweils eine Zeile eingefügt. Dies ist beim Export in die Zwischenablage oder bei Verwendung des ASCII-Textformats eine empfehlenswerte Einstellung.

Der Export zu Word

Speichern Sie nun Ihre fertigte Map. Beim Export haben Sie nun zwei Möglichkeiten. Sie können das Dokument als Gliederung oder als Worddokument exportieren.

Der Gliederungsexport

Für den Gliederungsexport wählen Sie in der Menüleiste *Datei/Export/Datei* und das Dialogfeld *Datei-Export* wird aufgerufen.

Das Exportformat wählen Sie aus, indem Sie auf die Schaltfläche zum Durchsuchen klicken und in der Liste Dateityp die Option TXT oder RTF wählen. Wenn Sie die Mind Map-Gliederung und/oder die Textnotizen in Ihrem Textverarbeitungsprogramm weiterbearbeiten möchten, verwenden Sie die RTF-Exportfunktion. Aktivieren Sie das Kontrollkästchen *Zweige mit leeren Textnotizen auslassen*, wenn nur Zweige mit Textnotizen exportiert werden sollen. Der exportierte Inhalt kann zur weiteren Bearbeitung direkt in die meisten Textverarbeitungsprogramme kopiert werden. Klicken Sie auf *OK*. Der Exportvorgang beginnt.

Abbildung 3: *Beim Dateiexport können Sie zwischen Map- und Gliederungsexport wählen*

Tipp Mit der Funktion *Datei/Schnellexport* können Sie den Export der Textgliederung wiederholen, nachdem Sie Ihre Map bearbeitet oder die Exporteinstellungen verändert haben.

Der Worddokumentexport

Für den Export als Worddokument gehen Sie über das Menü Datei/Export/Word-Dokument. Wählen Sie in dem sich öffnenden Dialogfenster das Verzeichnis, in welches Sie das Dokument ablegen wollen und benennen Sie es. Standardmäßig vergibt der MindManager den Map-Titel als Dokumentnamen. Wenn Sie auf Speichern klicken, beginnt der Export. In dem vorher bestimmten Verzeichnis finden Sie jetzt das Worddokument, welches Sie als Gliederung öffnen können.

Der Export unterliegt allerdings einigen Formatierungsregeln. MindManager weist den Zweigen der Map Überschriftenstile zu und legt das Dokument folgendermaßen an:

Map-Titel: Dem Map-Titel wird kein Stil zugewiesen, sodass Sie ihn zur Hervorhebung nach Belieben formatieren können.

Zweige: Zweige werden immer zu Überschriften. Durch die Verschachtelung wird die Überschriftenebene im Dokument bestimmt.

Textnotizen: Textnotizen werden unter den entsprechenden Überschriften als Text exportiert. Grafiken im Text werden ebenfalls mit dem Text exportiert.

Hyperlinks und Lesezeichen: Hyperlinks und Lesezeichen in der Map sowie Hyperlinks auf externe Dokumente und Webseiten werden in das Dokument exportiert.

Import einer Worddatei in den MindManager

Wichtig

Beim Import einer Worddatei in den MindManager ist eine wichtige Grundvoraussetzung gegeben: das Dokument muss die richtigen Überschriftenformatierungen vorweisen. Dies muss über die jeweilige Formatvorlage eingefügt werden. Geschieht dies nicht, schlägt der Import fehl.

Haben Sie ein formatiertes Dokument vorliegen, gehen Sie über die Menüleiste *Datei/Import/Word Dokument* und rufen Sie so das Dialogfenster *Word-Dokument importieren* auf. Wählen Sie über die Schaltfläche *Durchsuchen* das entsprechende Dokument aus und bestätigen Sie Ihre Eingabe mit *öffnen*. Es wird eine Map erstellt. Beim Export greifen folgende Regeln:

Zweige: Überschriften werden zu Zweigen. Die Verschachtelung der Zweige in der Map wird durch deren Ebenen bestimmt. Wenn die Überschriftenebenen nicht in fortlaufender Reihenfolge vorliegen, wenn also beispielsweise Überschrift 3 von Überschrift 6 gefolgt wird, werden leere Zweige eingefügt.

Textnotizen: Text ohne Überschriftformat wird dem vorangehenden Zweig als Textnotiz hinzugefügt. Grafiken im Text werden ebenfalls importiert. Eine Ausnahme bilden lediglich OLE-Objekte. Diese werden ignoriert.

Hyperlinks und Lesezeichen: Hyperlinks und Lesezeichen im Worddokument werden in ein Lesezeichen für einen Zweig und einen Hyperlink zu diesem Lesezeichen umgewandelt. Hyperlinks zu externen Dokumenten werden nicht importiert.

Weitere Informationen zum Export zu Word finden Sie in der Map auf der beiliegenden CD-Rom im Verzeichnis \Teil III\4.1\Exkurs Word.mmp.

53 Soll-Ist-Vergleich – Eine Bilanz

Die Aufgabe

Für Peter Kreativ ist es nun an der Zeit, Bilanz zu ziehen. Er muss gegenüber der Geschäftsleitung Rechenschaft ablegen, ob die Arbeit am Projekt erfolgreich war und sich der betriebene Aufwand gelohnt hat.

Der Weg

In der Planungsphase des Projektes hat Peter Kreativ Kosten und Termine definiert und festgelegt. Diese Werte sind als Soll-Grundlage dokumentiert worden. Laufende Anpassungs- und Korrekturmaßnahmen hat er eingearbeitet. Diese Werte müssen nun mit den aktuellen Werten verglichen und in Zusammenhang gebracht werden.

Die Umsetzung

Die ermittelten Kennzahlen sind die Voraussetzung für einen weitgehend objektiven Soll-Ist-Vergleich. Für Herrn Kreativ ist dafür der Zugriff zu den aktuellsten Daten über das Intranet sehr dienlich. „Hoffentlich machen demnächst alle Projektgruppen, Mitarbeiter und die Geschäftsleitung die gleichen guten Erfahrungen mit dem Information Office, die wir auch gemacht haben. Die Funktionalität ist wirklich vorstandssicher“, schmunzelt er. Den Zielerreichungsgrad von Kostenzielen stellt er durch den Vergleich mit dem festgesetzten Budget und den tatsächlich entstandenen Kosten fest, sowie dem angestrebten Terminziel und dem tatsächlichen Termin.

Er ist sehr zufrieden, denn schließlich haben die effektive Kommunikation und der schnelle Informationsfluss einiges an verloren geglaubter Zeit wieder gewonnen. Die tatsächlichen Kosten sind nur geringfügig höher ausgefallen. Eine gute, detaillierte und übersichtliche Planung vor Beginn des Projektes macht sich nun mal bezahlt, wie auch ein genau definiertes und mit dem Team kommuniziertes Ziel. Die eingesetzte Zeit für die Teambildung, -motivation und -förderung haben das ihre dazu beigetragen.

Die gesammelten Daten werden nun von seinem Assistenten in einem Formular umgesetzt und dann der Geschäftsleitung zur Verfügung gestellt.

Die Weisheit

„Altes achten, Bewährtes bestehen lassen und mit dem Neuen verknüpfen – das ist Fortschritt.“ (Dagmar Herzog)

54 Der Soll-Ist-Vergleich

Was verstehen wir unter einem Soll-Ist-Vergleich?

In der Planungsphase eines Projektes werden im Hinblick auf beispielsweise Termine oder Kosten End- und Zwischenziele definiert. In messbaren Werten festgehalten sind sie Soll-Grundlage des Soll-Ist-Vergleichs und werden mit den entsprechenden realisierten Werten verglichen. Dieser Vergleich kann entweder bereits während der Realisierungsphase des Projektes stattfinden und als Instrument der Planüberwachung dienen, oder er kann in der Projektabschlussphase stattfinden und eine Aussage über den Zielerreichungsgrad des Gesamtprojektes ermöglichen. Voraussetzung für einen weitgehend objektiven Soll-Ist-Vergleich ist dabei die Verwendung eindeutiger, messbarer Kennzahlen.

Funktionen des Soll-Ist-Vergleichs

In der Realisierungsphase hat der Soll-Ist-Vergleich Prozesscharakter und sorgt dafür, dass Planabweichungen frühzeitig erkannt und laufende Anpassungs- und Korrekturmaßnahmen durchgeführt werden können. Als Abschlussdiagnose über das Projekt ermöglicht er Aussagen über seinen Zielerreichungsgrad. Dabei sollte die Erfüllung des Sachziels an eindeutigen Zahlenwerten wie Produktivitäts- und Maschinenleistungskennzahlen oder Absatzquoten gemessen werden. Ist dies nicht möglich, so liegt es im Ermessen des Auftraggebers oder Kunden, ob die Anforderungen an das Projektergebnis als erfüllt gelten. Der Zielerreichungsgrad von Kostenzielen kann durch einen Vergleich mit dem gesetzten Budget oder Kostenrahmen festgestellt werden. Ähnlich ist es bei Terminzielen. Hier ermöglicht der Vergleich realisierter Termine (z. B. tatsächlicher Projektendtermin) mit geplanten Daten eine zuverlässige Aussage. Bei der laufenden Terminüberwachung ist der Einsatz eines Balkendiagramms (vgl. Abbildung: Soll-Ist-Balkendiagramm) sehr hilfreich, um auch bei sehr komplexen Projekten den terminlichen Überblick zu bewahren.

Sollwerte und Istwerte im Projekt hängen von zahlreichen Determinanten ab. So gehen in einen Sollwert Faktoren wie das Unternehmenszielsystem, Projektziele, Erfahrungswerte sowie Risikoneigung oder optimistische bzw. pessimistische Erwartungen des Projektleiters ein. Istwerte werden durch Betriebs- und Arbeitsklima, Projektteam und Projektbedingungen oder gesetzliche, personelle und andere Rahmenbedingungen beeinflusst.

Die Map finden Sie auf der beiliegenden CD-Rom im Verzeichnis \Teil III\4.2\Theorie Soll-Ist-Vergleich.mmp.

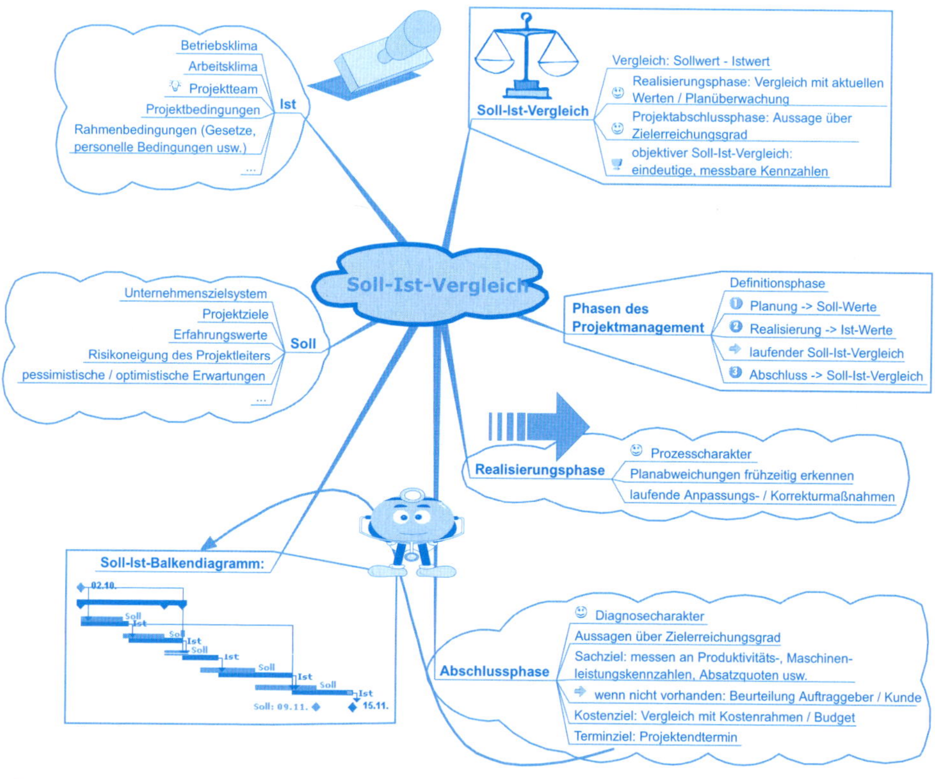

Abbildung 1: *Der Soll-Ist-Vergleich ist ein wichtiger Erfolgsindikator*

55 Der Soll-Ist-Vergleich in Intrexx

Der Soll-Ist- oder Plan-Ist-Vergleich, den Peter Kreativ zum Ende seines Projektes durchführen möchte, ist für Logik letztlich kaum etwas anderes als eine Art Statusanalyse. Da die Planwerte längst festgeschrieben sind und die Istwerte im Laufe der Projektüberwachungsphase fortlaufend aktualisiert wurden, gibt es für Logik jetzt kaum noch etwas zu tun. Neue Formulare zu erstellen, macht derzeit wenig Sinn.

Logik sieht sich auf der Browseroberfläche in seinem Projektmanagement-System ein wenig um und sucht nach geeigneten Aus-

Intranet

Aufbau des firmeninternen Intranets mit Hilfe von Intrexx.

Status: In Bearbeitung

Kostenstelle: 111
Projektleiter: Peter Kreativ eMail: Peter.Krativ@automobilcars.de
Stellvertreter: Mario Logik eMail: Mario.Logik@automobilcars.de

	Start	Ende	Kosten	Umsatz
Plan	06.05.2002	31.07.2002	53.200,00 €	0,00 €
Ist	06.05.2002	12.08.2002	80.800,00 €	0,00 €

ID	Aufgabe	Prozent erledigt	Start Plan	Ende Plan	Dauer Plan	Arbeit Plan
1	Vorstudie Intranet	100	06.05.2002	10.05.2002	5 Tage	10 Tage
2	Rahmenplan / Projektstrukturplan	100	13.05.2002	15.05.2002	3 Tage	3 Tage
3	Phase I. abgeschlossen	100	15.05.2002	15.05.2002	0 Tage	0 Tage
4	Implementierung	100	21.05.2002	10.06.2002	15 Tage	30 Tage
5	Ausbau / Weiterentwicklung	100	11.06.2002	09.07.2002	21 Tage	42 Tage
6	Phase II. abgeschlossen	100	10.07.2002	10.07.2002	0 Tage	0 Tage
7	Pflege / Input	100	10.07.2002	24.07.2002	11 Tage	22 Tage
8	Schulung	100	25.07.2002	29.07.2002	3 Tage	3 Tage
9	Vorstellung	100	30.07.2002	30.07.2002	1 Tag	1 Tag
10	Strategieentscheidung	100	30.07.2002	31.07.2002	2 Tage	6 Tage

30

Abbildung 1: *Vorgangsliste Projektdetails in Intrexx*

wertungsansichten. Im Menüpunkt *Projekt*, erinnert er sich, ließen sich Details zum Projekt anzeigen, die Plan- und Istwerte bereits umfassten.

Logik klickt dazu auf das Plus-Symbol und überblickt die gesamte Vorgangsliste samt der allgemeinen Projektinfos. Hier sind im oberen Teil bereits Summenwerte der Kosten und Termine aufgeführt. Die Ansicht dient eher zur Orientierung und wird für eine vorstandstaugliche Analyse wohl etwas dürftig sein.

Da fallen Logik die Reports wieder ein. Er hatte die einzelnen Ansichten seiner Projektmanagement-Anwendung seit einiger Zeit nicht mehr genutzt. Jetzt muss er über sich selbst lachen. Es gibt ja einen nahezu perfekten Report, der das gesamte Datenmaterial der Intranet-Anwendung übersichtlich gliedert. Unter der Kategorie *Übersichten* findet Logik den ausdruckfertigen Report *Plan-Ist-Vergleich*. Hier sind alle Vorgänge einzeln mit Plan- und Istwerten aufgeführt. Zusätzlich sind die zugeteilten Ressourcen und Vorgänger aufgelistet.

Das dürfte dem Chef als permanente und unkompliziert abrufbare Ergänzung zu den üblichen Auswertungen und Analysen eine nützliche Bereicherung sein, freut sich Logik. Doch auch für diese Übersicht gilt: Sie ist nur so aktuell wie ihre eingegebenen Daten.

ID	Aufgabe		Dauer	Start	Ende	Kosten	% Abg.	verbleibende Arbeit	erledigte Arbeit
1	Vorstudie Intranet	Plan	5 Tage	06.05.2002	10.05.2002	6.000,00 €			
		Ist	12 Tage	06.05.2002	21.05.2002	14.400,00 €	100 %	0 Tage	10 Tage
		Ressourcen	7 Peter Kreativ						
			3 Anne Zielstrebig						
2	Rahmenplan / Projektstrukturplan	Plan	3 Tage	13.05.2002	15.05.2002	1.200,00 €			
		Ist	5 Tage	22.05.2002	28.05.2002	2.000,00 €	100 %	0 Tage	3 Tage
		Ressourcen	9 Mario Logik						
		Vorgänger	1 Vorstudie Intranet						
3	Phase I. abgeschlossen	Plan	0 Tage	15.05.2002	15.05.2002	0,00 €			
		Ist	0 Tage	29.05.2002	29.05.2002	0,00 €	100 %	0 Tage	0 Tage
		Vorgänger	2 Rahmenplan / Projektstrukturplan						
4	Implementierung	Plan	15 Tage	21.05.2002	10.06.2002	12.000,00 €			
		Ist	33 Tage	29.05.2002	12.07.2002	26.400,00 €	100 %	-30 Tage	60 Tage
		Ressourcen	6 Benedikt Harmonie						
			4 Ulf Technikfreak						
5	Ausbau / Weiterentwicklung	Plan	21 Tage	11.06.2002	09.07.2002	16.800,00 €			
		Ist	22 Tage	12.07.2002	12.08.2002	17.600,00 €	100 %	0 Tage	42 Tage
		Ressourcen	10 Martina Visuell						
			9 Mario Logik						
6	Phase II. abgeschlossen	Plan	0 Tage	10.07.2002	10.07.2002	0,00 €			
		Ist	0 Tage	12.07.2002	12.07.2002	0,00 €	100 %	0 Tage	0 Tage

Abbildung 2: *Ein nahezu perfekter Report Soll-Ist-Vergleich liegt in Intrexx bereits vor*

56 Licht am Ende – Der Projektabschlussbericht

Die Aufgabe

Das Projekt geht nun seinem Ende entgegen. Die Ergebnisse sollen festgehalten und in schriftlicher Form dargestellt werden. Die Aufgabe des Projektleiters ist es, einen Projektabschlussbericht zu verfassen.

Der Weg

Peter Kreativ weiß, dass dieser Bericht eine umfangreiche Dokumentation darstellen muss, damit die Zusammenhänge des Projektes auch Außenstehenden deutlich werden. Wie es seine Art und Weise ist, sammelt er alle Gedanken, was in den Bericht hinein soll, in einer Mind Map.

Die Umsetzung

Peter Kreativ lässt das Projekt noch mal vor seinen Augen vorbeiziehen: Der Start bis zum Projektauftrag, die Zieldefinitionen, die Zusammenstellung des Teams usw. „Wenn ich daran denke, wie Herr Zukunft geschimpft hat, als ihm bewusst wurde, dass zwei seiner Mitarbeiter für das Projekt abgestellt werden", schmunzelt Kreativ. Doch wie schnell hat Herr Zukunft dann den Vorteil des Projektes für seine Abteilung und der gesamten Firma gesehen. „Aber es gibt auch wieder die Unbelehrbaren wie Herrn Ordentlich", denkt Peter Kreativ. Dieser klebt seine Mitteilungen für sein Team nämlich immer noch mit völliger Hingabe an das schwarze Brett. Kreativ glaubt aber fest daran, auch diesen Kollegen noch von den tollen Möglichkeiten des Intranets zu überzeugen. „Spätestens bei der Abschlussfeier ist er bekehrt", denkt er.

Mario Logik steckt gerade seinen Kopf durch die Bürotür und sieht seinen Chef konzentriert arbeiten. „Darf ich kurz stören?", fragt er vorsichtig. Er bringt seinem Chef gerade noch die letzten Zahlen von Herrn Ganzgenau, die er sich angesehen und geprüft hat. Peter Kreativ nimmt auch die neuen Informationen in den Bericht auf. Er analysiert den gesamten Projektverlauf. Informationen zu den Plandaten im Vergleich zu den aktuellen Istdaten holt er sich aus dem Intranet.

Welch eine Erleichterung!! Er kann nun jederzeit die benötigten Informationen nachlesen, zu jeder Zeit an jedem Ort – unabhängig. Und auch das Team kann sich einfach, schnell und unabhängig voneinander informieren.

Er exportiert seine fertige Map als Worddokument, schickt das Dokument an Mario Logik und muss das Dokument nach der Fertigstellung nur noch unterschreiben.

57 Der Projektabschlussbericht

Was verstehen wir unter einem Projektabschlussbericht?

Im so genannten Projektabschlussbericht werden wesentliche Ergebnisse der Projektarbeit festgehalten. Er enthält eine inhaltliche Komponente, die das Projekt selbst betrifft, und eine organisatorische Komponente, bei welcher auch das Projektmiteinander Beachtung findet. Der Abschlussbericht ist schriftliche Grundlage für die Projektabschlusssitzung und wird vom Projektleiter in der Abschlussphase der Projektarbeit verfasst und verteilt. Wesentliche Bestandteile sind dabei der Projektauftrag und das Pflichtenheft, die dokumentierten Istkosten, der Soll-Ist-Vergleich (siehe Seite 211) sowie eine Bewertung der Projektorganisation.

Tipps für den Projektleiter

In der Regel werden in der Praxis Projektabschlussformulare verwendet. Neben den üblichen Daten wie Projektname, Firma, Projektleiter und Datum im Formularkopf (vgl. Abbildung: Formular) werden die Projektziele und deren Anforderungen laut Projektauftrag aufgeführt. Auch die Ziel- und Anforderungsveränderungen im Projektverlauf werden dokumentiert. In einem Abschnitt Projektorganisation und -struktur werden Auftraggeber, Projektleiter und -mitarbeiter, beteiligte Fachabteilungen sowie weitere Projektbeteiligte wie externe Berater aufgelistet. Die Projektkosten und die Einhaltung gesetzter Budgets werden häufig in einem gesonderten Punkt betrachtet. Im Gliederungspunkt „Beschreibung der Leistung“ wird das Endergebnis beschrieben und im Hinblick auf die Projektzielerreichung bewertet. Über kritische Probleme, aber auch andere wichtige Ereignisse wird Buch geführt. Dabei wird beispielsweise das Projektmiteinander beleuchtet. An dieser Stelle oder in einem gesonderten Punkt findet auch eine Analyse des Projektverlaufs statt. Plandaten werden Istdaten gegenübergestellt. Etwaige Abweichungen werden erörtert. Auch Methodeneinsatz und Arbeitstechniken können hier betitelt werden. Häufig werden im Abschlussbericht Ansprechpartner und Verantwortliche für weitere Aktivitäten, die mit dem Projekt zusammenhängen, genannt. Das

Projektabschlussformular wird in der Regel von Projektleiter und Auftraggeber unterschrieben. Das Schriftstück hat Vertragscharakter und dokumentiert eine erfolgte Projektabnahme.

Die Map finden Sie auf der beiliegenden CD-Rom im Verzeichnis \Teil III\4.1\Theorie Projektabschlussbericht.mmp.

Abbildung 1: *Der Projektabschlussbericht setzt den Endpunkt eines Projektes*

58 Den Projektabschlussbericht in Intrexx erfassen

Logik schnappt sich das Worddokument seines Chefs und macht sich an die Arbeit. Im Groben hat der Abschlussbericht in etwa Ähnlichkeit mit dem Aufbau des Projektmonatsberichtes. Logik erstellt eine neue Anwendung mit der Vorlage *Tabelle* und nennt sie Projektabschlussbericht.

Da sämtliche Projektdaten inzwischen in verschiedenen Anwendungen und Eingabeseiten erfasst wurden, möchte Logik über die Auswahl der Projektnummer die gewünschten Stammdaten automatisch in das Formular bringen. Die Daten liegen bislang im Datensatz Projektstammdaten, den er gleich zu Anfang angelegt hatte.

Um auf diese Werte zugreifen zu können, erstellt er eine Auswahlliste. Unter der Registerkarte Einträge können die einzelnen Werte aus der Datenbank exakt der Anwendung zugeordnet werden.

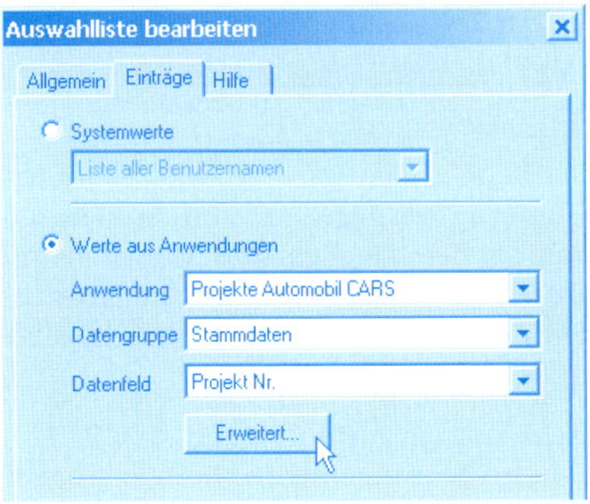

Abbildung 1: *In der Registerkarte* Auswahlliste bearbeiten *können die Einträge bearbeitet werden*

Logik legt nun zunächst verschiedene Eingabefelder an, die dann mit den Daten des Projektes automatisch gefüllt werden sollen. Hierzu verwendet er wieder einige HTML-Codes, um das Tabellen-Layout zu verfeinern. Im Anschluss bearbeitet er wieder sein Auswahllistenfeld *Projektnummer*. Über den Befehl *Erweitert* auf der Registerkarte *Einträge* gelangt Logik in das Fenster *Erweiterte Einstel-*

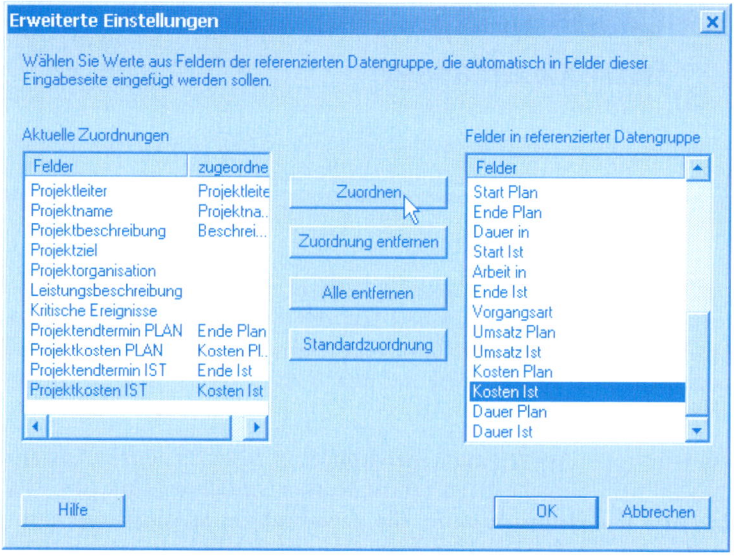

Abbildung 2:
Das Dialogfenster Erweiterte Einstellungen

lungen. Hier nimmt er die Zuordnungen seiner Felder mit dem referenzierten Formular *Stammdaten* vor.

Auf dem Ausdruck von Peter Kreativ sieht Logik, dass sich Kreativ noch Notizfelder beispielsweise für die Projektziele oder kritische Ereignisse gewünscht hat. Da soll lediglich vom Projektleiter ein kurzer Text eingegeben werden. Deshalb wird für diese Punkte jeweils ein Textfeld eingefügt. Änderungen – sollte der Platz im Feld nicht genügen – lassen sich dann später bei Bedarf immer noch vornehmen.

Der Blick in den Browser zeigt, dass Logik inzwischen schon zum Könner aufgestiegen ist. Auf Anhieb muss nichts mehr geändert werden. Die Tabellen sind sauber definiert. Und sobald über die Auswahl der Projektnummer die Ziffer „eins“ für das laufende Projekt gewählt wird, erscheinen alle zugehörigen Werte sofort in den anderen Feldern.

Logik kann jetzt sofort sehen, dass Peter K. seine Werte für die Kosten und Termine offenbar korrekt eingepflegt hat. Schön, wenn etwas auf Anhieb klappt!

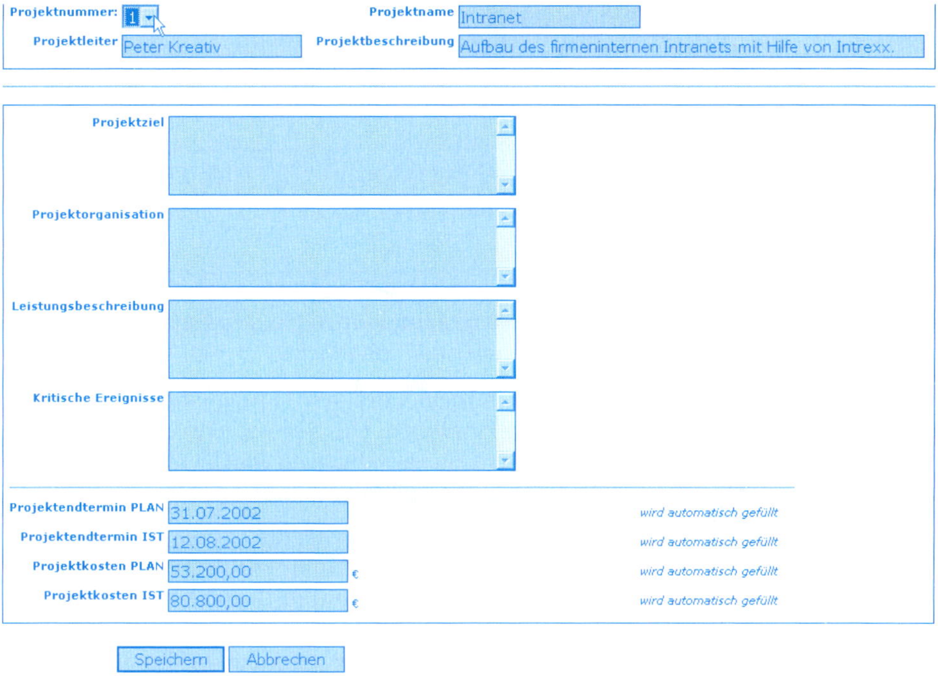

Abbildung 3: *Das fertige Formular in der Browseransicht*

59 Ein Grund zum Feiern

Die Aufgabe

Zu jedem Projekt gehört natürlich auch ein „richtiger" Abschluss: eine Feier! Die Aufgabe besteht darin, ein angemessenes Fest zu planen, organisatorisch wie auch inhaltlich.

Der Weg

Mario Logik hat von seinem Chef den Auftrag erteilt bekommen, das Organisatorische zu planen. Die Aufgabe erledigt er mit links und das Ergebnis finden Sie wie üblich auf der CD zum Buch. Etwas mehr muss da schon sein Chef grübeln.

Peter Kreativ selber möchte nämlich bei dieser Gelegenheit seinem Team offiziell Danke sagen. Er will das Projekt den Mitarbeitern der Firma Automobil CARS vorstellen und die Begeisterung dafür zünden, damit das Intranet auch lebt und nicht vor sich hindämmert. Hierfür müssen die richtigen Worte gefunden und eine Rede geschrieben werden.

Die Umsetzung

Er startet mit einem Brainstorming im MindManager. Kreativ möchte auf jeden Fall seinen Teamkollegen große Beachtung schenken. Er will seine Wertschätzung gegenüber den Projektmitarbeitern Ausdruck verleihen und ihre Leistungen würdigen. Aus Erfahrung weiß er, wie wichtig die Anerkennung für jeden Einzelnen ist. Jeder seiner Teamkollegen birgt ein großes Potenzial zur Erfolgssteigerung in sich. Die Anerkennung und das Lob für den erbrachten Einsatz steigern ein künftiges Engagement und erhöhen die Bereitschaft, in Zukunft wieder in Projekten mitzuarbeiten. Auch Abteilungsleiter, die Mitarbeiter für das Projekt freigestellt haben, sollen lobend Erwähnung finden.

So sammelt Peter Kreativ alle besonderen Begebenheiten und Taten der Einzelnen, mit schmunzelnden Hinweisen auf ihre „besonderen Persönlichkeitsmerkmale".

Des Weiteren nimmt der Nutzen des Projektes für das gesamte Unternehmen einen großen Teil seiner Rede ein. Humorvoll stellt er da Vorher und Nachher gegenüber. Da bleibt auch bei den schärfsten Kritikern kein Auge trocken. In dem neuen firmeninternen Chatroom werden nach dem Fest Bilder, Kommentare und das Feedback der Teilnehmer gestellt.

Die Weisheit

„Willst du mit Jemandem ein Schiff bauen, wecke in ihm die Sehnsucht nach dem Meer."

oder in unserem Falle

„Willst du mit Jemandem ein Intranet aufbauen, wecke in ihm die Sehnsucht nach der effizienten, zeitlich unbegrenzten Kommunikation und dem Wissen."

Geänderte Weisheit

Die Map finden Sie auf der beiliegenden CD-Rom im Verzeichnis \Teil III\4.3\Praxis Abschlussfeier Rede.mmp.

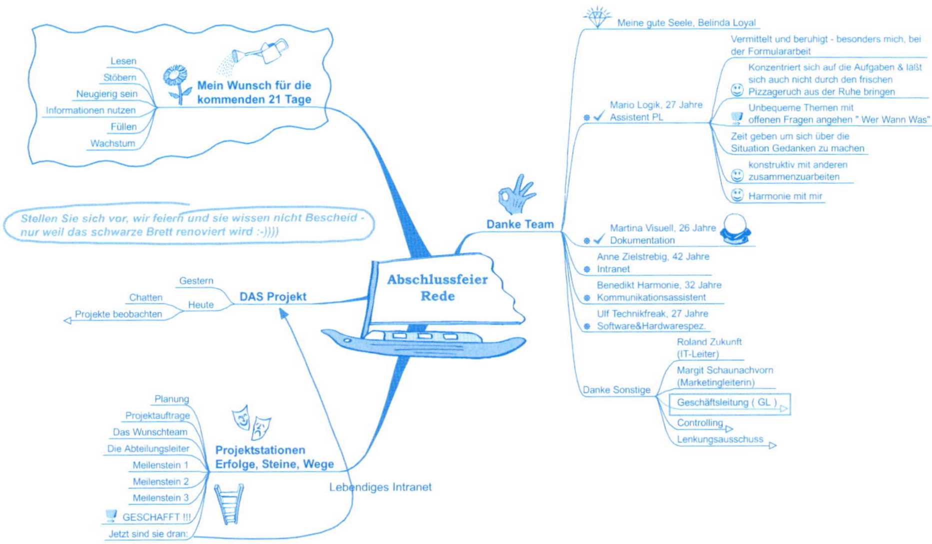

Abbildung 1: *Eine gelungene Redeplanung*

60 Der richtige Projektabschluss

Warum ein Abschlussfest?

Ende eines jeden erfolgreich abgeschlossenen Projektes sollte immer ein sauberer Projektabschluss sein. Zu ihm gehört ein mit aussagekräftigem Zahlenmaterial untermauerter Projektabschlussbericht (siehe Seite 217). Doch sollte auch das wichtigste Element in Unternehmen und Projekt, der einzelne Mitarbeiter, ausreichende Beachtung finden. So kann die Wertschätzung des Mitarbeiters und seiner Leistung im Feiern eines Abschlussfestes zum Ausdruck gebracht werden. Neben dem Belohnungscharakter wirkt sich das lockere, unformelle Zusammenkommen positiv auf das Zusammengehörigkeitsgefühl im Unternehmen und auf die Identifikation mit den Unternehmenszielen aus.

Feedback

Projektmitarbeiter sollten immer ein Feedback über erbrachte Leistungen sowie über Stärken und Schwächen in der Projektzusammenarbeit erhalten. Ein zufriedener und motivierter Mitarbeiter birgt ein großes Potenzial zur Erfolgssteigerung in sich. Anerkennung und Lob für erbrachten Einsatz sind bewährte Motivatoren für künftiges Engagement und erhöhen die Bereitschaft, in Zukunft wieder in Projekten mitzuarbeiten.

Tipps für den Projektleiter

Auch ein erfolgreiches Abschlussfest will organisiert sein. Mind Mapping kann hier sehr hilfreich sein und dazu beitragen, dass wesentliche Punkte nicht vergessen werden. Wie zu Beginn dieses Buches erwähnt, ist Mind Mapping eine Art Brainstorming mit sich selbst. Ausgehend von einem zentralen Thema wird durch freie Assoziation ein kreatives Geflecht um dasselbe aufgebaut. Dem Gedankenstrom kann freier Lauf gelassen werden. Eine Strukturierung, Umverteilung und Ergänzung von Informationen erfolgt erst in späteren Schritten. Ein mögliches Ergebnis einer solchen Brainstorming-Sitzung zur Festvorbereitung sehen Sie in der Abbildung rechts.

Die Map finden Sie auf der beiliegenden CD-Rom im Verzeichnis \Teil III\4.3\Theorie Abschlussfest.mmp.

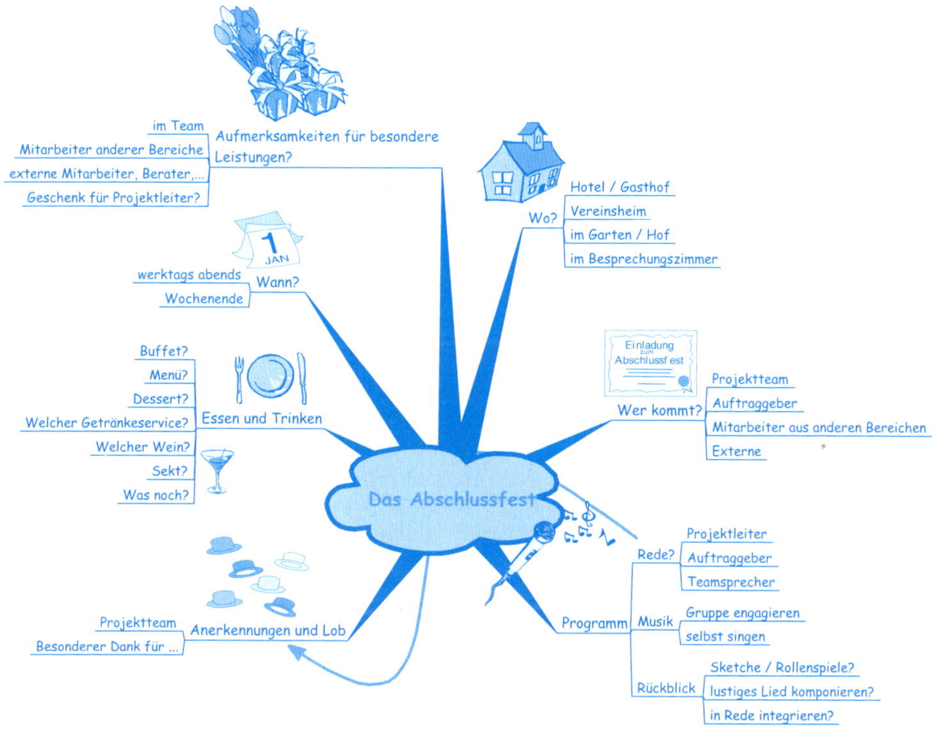

Abbildung 1: *Ein gelungenes Abschlussfest will geplant sein*

61 Installation der Intrexx Dateien im Intranet

Installationsvoraussetzungen

Intrexx ist für den Einsatz auf einem Client-Server-System unter einem Windows-Betriebssystem konzipiert. Der Serverrechner sollte dabei mindestens 200 MHz und 128 MB RAM haben und mit dem Betriebssystem Windows NT 4.0 Server (mit Service Pack 4), Windows 2000 Server oder Windows XP Professional ausgestattet sein. Möchten Sie Intrexx lediglich zum Testen auf Ihrem Computer installieren, reicht Windows 2000 Professional aus, solange Sie den Betrieb im Netzwerk nicht vorgesehen haben. Das Internetprotokoll TCP/IP muss installiert sein und laufen. Möchten Sie die Mail-Funktion von Intrexx nutzen, müssen Sie zudem einen Mail-Server installiert haben.

Es werden derzeit folgende Datenbanken unterstützt: Microsoft SQL-Datenbank MSDE (im Lieferumfang enthalten), Microsoft Access, Microsoft SQL-Server ab Version 6.5, Oracle ab Version 8i und Informix Dynamic-Server.

Für den Zugriff auf das Intranet ist auf Seiten der Clients ein Browser als Benutzeroberfläche erforderlich. Verwenden Sie beispielsweise den Microsoft Internet Explorer 4.01 oder höher bzw. Netscape 4.07 oder höher. Ansonsten ist die Zugriffsvoraussetzung plattformunabhängig.

Installation des Intrexx-Servers

Starten Sie das Setup-Programm von der Intrexx-Installations-CD. Es werden Ihnen folgende Komponenten zur Verfügung gestellt:

- Intrexx Server
- Intrexx Client
- Microsoft Database Engine 7.0
- Microsoft Internet Explorer 5.5

Wählen Sie die gewünschte Sprache aus und klicken Sie in unserem Beispiel auf *Intrexx Server*. In einem der folgenden Fenster geben Sie Ihren Namen und den Ihrer Firma an. Die Voreinstellungen der weiteren Dialogfelder können Sie mit *Weiter* bestätigen. Sie sollten Ihren Rechner im Anschluss neu starten, insbesondere wenn Sie die mitgelieferte Microsoft Database Engine (MSDE) installieren möchten.

Setzen Sie die Installation nach dem Neustart im Dialogfeld *Sicherheitskontext für Intrexx Server* fort. Als Benutzer mit Administrator-Rechten können Sie für den Intrexx-Server die Benutzerinformationen festlegen. Sie haben damit den Intrexx Administrator bestimmt. Die Installation ist damit abgeschlossen. Im Startmenü finden Sie jetzt die neue Programmgruppe *Intrexx Server*.

Abbildung 1: *Über die Programmgruppe im Startmenü kommen Sie zum Intrexx Manager*

So können Sie die Firma Automobil CARS von der beiliegenden CD importieren

Zur Vorbereitung für den Import der Beispiel-Firma von der CD müssen Sie den gesamten Ordner der Beispielfirma auf Ihre Festplatte kopieren. Da die Verzeichnisse von der CD automatisch mit einem Schreibschutz versehen sind, ist es für den Intrexx-Import notwendig, vorher dieses Attribut zu ändern. Klicken Sie dazu mit der rechten Maustaste auf den Ordner und wählen *Eigenschaften* im Kontextmenü. In der Kategorie Attribute deaktivieren Sie die Option *Schreibgeschützt* und bestätigen Sie mit OK.

Im Dialogfeld *Änderungen der Attribute bestätigen* wählen Sie die Option *Änderungen für diesen Ordner und sämtliche Unterordner* übernehmen.

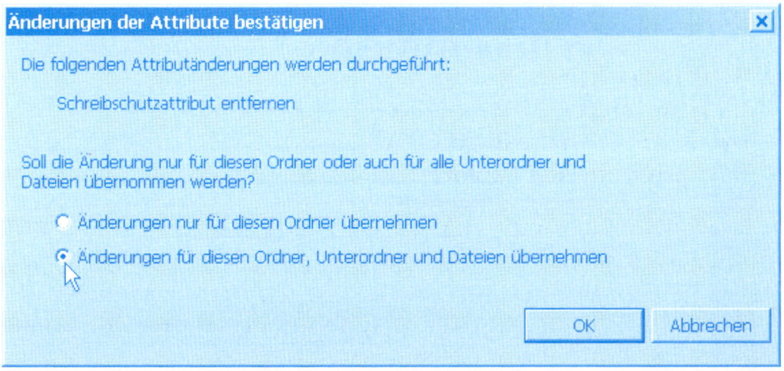

Abbildung 2: *Vor der Installation müssen Sie den Schreibschutz der Dateien deaktivieren*

Öffnen Sie nun im *Startmenü* im Verzeichnis *Programme* die Gruppe *Intrexx Server* und im Untermenü den *Intrexx Manager*. Im Firmenmanager klicken Sie im Menü *Datei* auf den Befehl *Firma importieren*. Sie müssen nun angeben, in welchem Verzeichnis Ihre Firma und entsprechend die zugehörige Datei export.cex liegt.

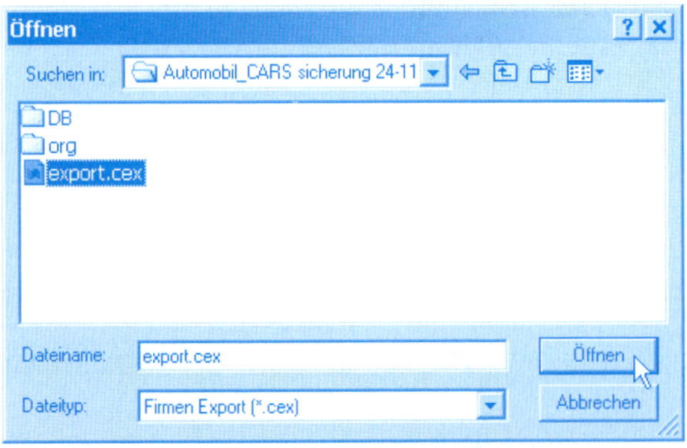

Abbildung 3: *Das Verzeichnis der export.cex-Datei*

Dadurch gelangen Sie zum Dialogfeld *Neue Firma - allgemeine Angaben*. Die weiteren Schritte sind identisch mit denen, die beim Anlegen einer neuen Firma notwendig sind und bereits im Kapitel „Intrexx in 30 Minuten" beschrieben werden. Sie werden vom Firmenassistenten durch die Schritte *Authentifizierung, Datenkopplung, Datenbanksicherheit* bis hin zur *Erzeugung der Firma* geleitet. Schließlich finden Sie Ihre neu angelegte Firma im Intrexx Firmen-Manager in der Liste *Angelegte Firmen*.

Klicken Sie auf den Firmennamen und bestätigen Sie im Dialogfeld *Intrexx Anmeldung* den Benutzer Administrator zunächst ohne Passwort.

Abbildung 4: *Die Intrexx Anmeldung*

Auch das folgende Dialogfeld *Firmeneigenschaften* bestätigen Sie mit *OK*. Dieses Fenster erscheint in Zukunft immer nach dem Öffnen einer Firma. Ihnen stehen dort Änderungsmöglichkeiten über sämtliche zuvor beim Firmenimport vorgenommene Einstellungen zur Verfügung, wie Infos zur Datenbank, Website, Authentifizierung und Datenkopplung.

Sobald Sie sich über Ihre neu importierte Firma einen ersten Überblick im Web-Browser verschaffen möchten, wählen Sie im *Anwendungsdesigner* den Befehl *Intrexx starten* in der Symbolleiste. Damit wird der Browser automatisch geöffnet und Sie gelangen auf die Startseite Ihrer Firma. Klicken Sie auf den Link *Login* und geben Sie nochmals die zuvor festgelegten Benutzerwerte ein, die beispielsweise Administrator ohne Passwort sein können.

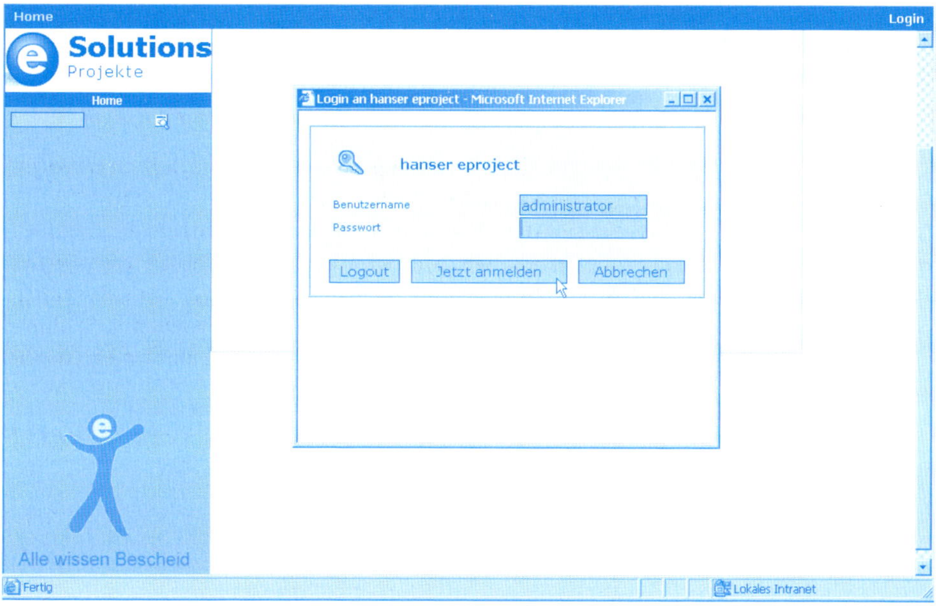

Abbildung 5: *Das Login Fenster zum Intrexx Projekt*

Die Dateien zur Installation des Beispiels finden Sie auf der beiliegenden CD-Rom im Verzeichnis \Teil IV.

Index

M

N

O

P

R

S

T

U

V

W

Z